평생 따라 하는
돈 되는 투자전략
- 수익 투자가 답이다 -

평생 따라 하는 돈 되는 투자전략
-수익 투자가 답이다-

초판 1쇄 발행 2022년 3월 31일

지은이 주식의 神
펴낸이 장현수
펴낸곳 메이킹북스
출판등록 제 2019-000010호

디자인 장지연
편집 장지연
교정 강인영
마케팅 정지윤

주소 서울특별시 구로구 경인로 661, 핀포인트타워 912-914호
전화 02-2135-5086
팩스 02-2135-5087
이메일 making_books@naver.com
홈페이지 www.makingbooks.co.kr

ISBN 979-11-6791-136-0(03320)
값 25,000원

ⓒ 주식의 神 2022 Printed in Korea

잘못된 책은 구입하신 곳에서 바꾸어 드립니다.
이 책의 전부 또는 일부 내용을 재사용하려면 사전에 저작권자와 펴낸곳의 동의를 받아야 합니다.

홈페이지 바로가기

메이킹북스는 저자님의 소중한 투고 원고를 기다립니다.
출간에 대한 관심이 있으신 분은 making_books@naver.com으로 보내 주세요.

체형을 바꾸듯 프레임을 바꿔라!

STOCK Investment

평생 따라 하는
돈 되는 투자전략

- 수익 투자가 답이다 -

주식의 神 지음

세상이 정해 놓은 프레임에 갇히지 말고,
자신에게 맞는 수익 투자법을 찾아라.

메이킹북스

머리말

> "
> 세상이 정해 놓은 프레임에 갇히지 말고,
> 자신에게 맞는 수익 투자법을 찾아라
> "

누구에게나 똑같이 주어진 환경이나 여건 속에서, 어떤 사람들은 희망을 찾고, 어떤 사람들은 희망을 잃는다. 현대화되지 않은 후진국에서 맨발로 다니는 아이들을 보았을 때 어떤 사람들은 미래에 크게 성장할 신발 시장이 있다고 판단할 것이고, 어떤 사람들은 신발이 필요하지 않은 시장이라고 생각한다. 여러분은 맨발로 뛰어 다니는 아이들을 보았을 때 어떤 생각을 하고 판단하는 사람인가 스스로 생각해 보라.

지금은 황당하지만, 과거에는 "지구가 둥글다.", "지구가 돈다."라고 주장하면 사형을 당하는 무서운 세상에 사람들이 산 적도 있다. 만약 지금 누군가가 지구가 둥글지 않고, 지구가 돌지 않는다고 한다면 그냥 웃고 넘어갈 것이다. 물론 지금까지도 세계에는 지구가 평평하다고 믿고 살아가는 사람들이 존재한다(http://www.hankyung.com/

entertainment/article/2017120797524). 하지만, 그들에게 사형이라는 무서운 형벌을 내리지 않으니 걱정하거나 두려워할 필요는 없다. 그만큼 요즘 세상은 다양성이나 각자의 생각이나 이념을 주장을 할 수 있는, 살맛나는 세상이다.

가끔 드라마 속에서 미래에서 온 주인공이 스마트폰 기능에 대해 이야기를 하면 황당하다는 표정을 짓거나 농담이라고 생각하거나 재미난 이야기라고 생각하고 웃어 버리는 상황이 연출되곤 한다. 이런 드라마를 보더라도, 우리는 현재 존재하고 확인할 수 있고, 누구나 공감하는 프레임 속에 갇혀서 살고 있다는 것을 알 수 있다.

누군가의 주장이나 이론이 처음에는 낯설고 황당하지만, 짧게는 몇 년, 길게는 몇십 년이 지나지 않아 그 주장이나 이론이 사실이자 진실로 드러나는 경우를 자주 접하게 된다.

주식 투자로 성공하기 위해서는 자신의 건강을 위해서 자신의 체형을 바꾸듯이 기존에 가지고 있는 주식 투자에 대한 생각의 프레임을 바꾸어야 한다. 특히 잘못 해석되어 시간의 개념에만 포커스를 둔 장기 투자에 대한 프레임을 바꾸어야만 한다. 그러기 위해서는 "장기 투자가 아니라 수익 투자가 답이다"라는 것을 명심하고 '수익 투자 지침서'가 될 이 책에 따라 투자를 해야 한다.

"장기 투자가 아니라 수익 투자가 답이다."라고 캐치프레이즈를 건 이 책은 과거에 지구가 둥글다고 주장한 사람들을 핍박한 것만큼 가혹하지는 않겠지만, 아마도 지금 당장은 주식 전문가들에 의해 가볍게 여기거나 가벼운 웃음으로 무시될 수도 있다. 하지만, 주식의 神이 제공하는 100% 공개된 실전 투자 결과(통장 매매 내역)를 보고, 개인 투자자들이 반신반의하면서도 이 책에 따라 투자를 했을 뿐인데 투자한 결과가 버핏보다 수익률이 높은 것으로 드러날 때 주식의 神이 창안한 《평생 따라 하는 돈 되는 투자 전략》은 주식 투자에 새로운 패러다임으로 부각될 것이다. 어쩌면 개인 투자자들이 사용할 수 있는 주식 투자 방법 중 가장 효율적인 투자 방법으로 세상에 널리 퍼져, 개인 투자자들의 삶을 가장 윤택하게 만들어 주는 주식 투자법으로 기억될 것이다.

개인 투자자가 《평생 따라 하는 돈 되는 투자 전략》에 따라서 장기 투자라는 시간의 프레임을 벗어나 자신에게 꼭 맞는 수익 투자 방법을 찾고, 그 수익 투자법에 맞는 투자 철학, 원리, 원칙을 만들고, 세우고, 지켜 나간다면 누구나 주식의 神이 주장하는 버핏보다 수익률 높은 주식 고수가 될 수 있다.

사업이나 인생에서처럼 주식 투자에 있어서도 남들이 파놓은 함정이나 프레임에 갇혀서 허우적대지 말고, 개인 투자자 스스로가 노력을 해서 자신에게 딱 맞는 수익 투자 프레임을 만들고, 그 프레임 속에서 하나씩 쌓아 올려 철옹성을 만든다면, 어떤 외부 환경에서도 흔들리지 않고, 주가의 오르내림에도 스트레스를 받지 않으면서 행복한 투자를 할 수 있다. 단, 반드시 명심해야 하는 것은 자신의 투자 철학, 원리, 원칙을 만들기 전에 우선적으로 기간의 욕심, 수익(성과)의 욕심, 비교하는 욕심을 버려야 하며, 남들에 의해서가 아닌 자신 스스로가 남들과 다르다는 것을 인정하고 깨달아야 하며, 자신에게 맞는 투자법을 배워야 하고, 배운 투자법을 최소 3년 이상 꾸준히 익혀야 한다는 것이다.

《평생 따라 하는 돈 되는 투자 전략》은 누구나 원칙을 지켜서 투자를 따라 하기만 하면, 때가 되어 돈을 벌 수 있도록 만든 책이다. 이 책은 주식의 神이 수십 년간 다양한 사업을 하면서 깨달은 경험과 온·오프라인으로 주식 투자 강의를 하거나 동영상 강의를 제작하면서 깨우친 주식 투자 교본이자 지침서이다. 그러므로 누구나, 아무리 주식 투자의 초보자인 주린(주식 투자에서 어린이)이라고 할지라도 《평생 따라 하는 돈 되는 투자 전략》에 따라 주식 투자를 한다면 주가의 오르내림에 스트레스 받지 않고 편안하고 여유롭게 주식 투자를 하면서 삶을 즐길 수 있다. 특히 주가 창을 보고 있지 않아도 때가 되면 목표했던 수익이 자신도 모르게 달성되어 돈을 벌게 해 준다.

《평생 따라 하는 돈 되는 투자 전략》은 누구나 원칙을 지키며 따라 하기만 하면 돈으로부터 자유, 시간으로부터 자유, 스트레스로부터 자유를 얻는 주식 고수의 삶을 누릴 수 있다.

주식의 神은 자유로운 영혼을 가진 세 아이의 아버지이자, 가장 믿고 사랑하는 아내와 한집에서 오손도손 살아가는 평범한 50대의 가장일 뿐이다. 주식의 神은 지위가 높거나 유명한 사람들처럼 특별한 능력을 가지고 있지도 않고, 방송에 나오는 주식 전문가들처럼 최고의 학벌을 가졌거나, 1년에 수백 %의 수익률을 내거나, 매년 수십억, 수백억 원을 버는 일명 슈퍼 개미 투자자도 아니다.

주식의 神은 일반적인 개인 투자자들처럼 평범한 한 가정의 가장이고 개인 투자자였기에 평생 함께할 수 있는 주식 투자 비법이 필요했다. 특히 주가의 오르내림에 일희일비하지 않고, 라면을 끓여 먹듯 손쉽게 따라 할 수 있는 투자 방법을 알려 주는 책을 만들고자 했다. 조리법에 따라 물을 넣고, 스프를 넣고, 건더기를 넣고 끓이기만 하면 지상 최고의 맛은 아니지만 배고픔을 충분히 달래 줄 수 있는 한 끼를 만들 수 있는 것처럼, 그대로 따라 투자를 할 수 있는 방법을 연구하다가 만든 것이 《평생 따라 하는 돈 되는 투자 전략》인 것이다.

주식 투자를 하는 대부분의 개인 투자자들은 엄청난 스트레스를 받는다고 한다. 만약 스트레스를 받지 않고 주식 투자를 하면서 돈을 벌 수 있다면, 라면을 끓이듯이 주식 투자를 할 수 있다면, 한꺼번에 많은 돈이 아니어도 꾸준하게만 돈을 벌 수 있다면 얼마나 좋을까, 하는 고민에서 개발하기 시작한 것이 《평생 따라 하는 돈 되는 투자 전략》이다.

2016년부터 방대한 자료를 모으고, 분석하고, 어느 정도 결과가 나오면 실전 투자를 해 보면서 《평생 따라 하는 돈 되는 투자 전략》을 만들어 가기 시작했다. 연구와 실전 투자를 거듭하면 할수록 처음에서 랜덤 함수처럼 답이나 길이 없어 보였다. 드디어 찾았다 싶어서 값을 대입하여 실전 투자를 하면 어떤 때는 되고 어떤 때는 되지 않는 것이었다. 더 큰 문제는 몇 개월 동안 원칙에 따라 투자한 결과가 만족스러워서 '이것'이라고 생각하는 순간, 다시 원점으로 돌아갔다. 성공과 실패를 반복하면서 더 많은 투자 방법을 연구하고, 분석해 보고, 다시 실전 투자에 접목해 보면서, 어느 날부터 실전 투자 성공 확률이 높아지기 시작했다. 그리고 그 성공 확률이 95% 이상 도달했을 때 증권 계좌 통장을 100% 공개하면서 수익 투자의 결과를 개인 투자자와 함께 공유하기로 결심했다.

  100% 통장을 공개(흔한 말로 통장을 깠다)한다는 것은 쉽게 보일 수 있지만, 매일 투자 결과를 오픈해야 하기에 그 부담감은 엄청나고 결과가 원하는 방향을 가지 않는다면 곤란한 상황이 발생할 수도 있었다. 하지만 수년간의 데이터와 실전 투자 결과가 있었기에 반드시 버핏보다 높은 월평균 1.7%를 넘어, 주식 고수 단계인 월평균 3%(연 42.58%)도 가능할 것이라 확신을 했다.

  2020년 7월 1일부터 21년 6월 30일까지 《평생 따라 하는 돈 되는 투자 전략》에 따라 투자한 결과 1년 만에 투자금 5,000만 원으로 수익률 116.32%를 찍으면서 무려 58,157,449원을 벌었다. 특히 통장을 100% 오픈하면서 공개적으로 수익 투자를 했기에 더 만족스러웠고, 최종 5,000만 원 실전 투자 결과를 통해 수익 투자의 효과를 100% 이상 더 확신하게 되었다.

처음에는 나 자신을 위해 시작한 《평생 따라 하는 돈 되는 투자 전략》이, 누구나 따라 하기만 하면 주식 투자로 돈을 벌 수 있는 주식 투자 비법으로 만들어진 것이다. 버핏이 주식 투자로 성공했다면, 나도 가능할 것이고, 일반인 누구나 가능할 것이라는 신념이 있었다. 물론 그 성공의 범위는 다르다. 하지만 비교할 수 없을 만큼 큰돈을 투자하는 버핏보다는 일반 개인 투자자가 가지고 있는 가장 큰 장점인, 언제든지 사고팔 수 있는 적은 투자 금액과 기간이 정해지지 않은 돈으로 투자하는 것으로 인해 훨씬 유리할 것이라고 확신을 했다. 정보적인 측면에서는 다소 불리하다고 할 수 있지만 주식 투자를 해 본 사람은 깨닫고 있는 사실이자 진실은 결국 주식의 가치는 회사 본연의 가치를 따라간다는 것이다. 그러므로 정보가 상대적으로 늦거나 모자라서 특정 기간 내에서 좀 더 비싸게 사고, 좀 더 싸게 팔 수는 있지만, 회사 본연을 가치를 보고 투자를 한다면 반드시 자신이 원하는 목표 수익에 맞게 싸게 사서 비싸게 팔 수 있다는 것이다.

주식의 神이 창안한 《평생 따라 하는 돈 되는 투자 전략》에 따라 투자를 하게 되면 주식 투자 성공 스토리에 나오는 것처럼 1년에 수백

%의 수익률을 내거나, 1년에 수십억, 수백억 원을 벌 수는 없어도 투자금과 자신의 월평균 수익률에 따라서 안정적으로 월 천 벌기가 가능하며, 월 40만 원씩 20년간 꾸준하게 투자를 하면 13억 만들기 등을 이룰 수 있다. 다시 말해 《평생 따라 하는 돈 되는 투자 전략》에 따라 투자를 하면 누구나 스트레스 받지 않고 월 천 이상은 벌 수 있다.

단언컨대 주식의 神이 월 천 이상을 벌 수 있다면, 어떤 누구도 수익 투자 지침서를 통해 월 천 이상을 벌 수 있다. 그 이유는 주식의 神 역시 여러분처럼 어떤 '누구나'에 속하는 평범한 사람이기 때문이다.

많은 개인 투자자들이 《평생 따라 하는 돈 되는 투자 전략》에 따라 투자를 하면서 자연스럽게 버핏보다 수익률 높은 주식 고수가 되어, 우선적으로 돈으로부터 자유를 얻기 바란다. 나아가 버핏보다 수익률 높은 주식 고수 한 분 두 분이 모여 1,000명이 되고, 나아가 10만 명, 100만 명의 주식 고수가 양성된다면 우리나라 대한민국의 주식 시장을 바른 방향으로 움직이게 할 수 있을 것이고, 나아가서는 전 세계 주식 시장을 대한민국 주식 고수들의 힘에 의해 움직이게 되는 멋진 힘을 가진 우리나라 대한민국이 되지 않을까, 하는 희망이 생겼다.

《평생 따라 하는 돈 되는 투자 전략》을 통해 개인 투자자들이 새로운 투자 패러다임을 깨달아 누구나 욕심을 버리고 원칙에 따라 투자를 하면 손절매하거나 손해를 보지 않고 주식 투자를 하나의 사업처럼 운영해 나가길 바란다.

　대학교 4학년 때부터 멋모르고 사업을 시작하면서 말로 표현할 수 없을 만큼 다양한 경험을 했고, 끝이 없어 보이는 여러 개의 터널들도 통과했고, 말할 수 없을 만큼 힘든 시기도 있었다. 지금은 주식 투자를 통해 돈으로부터 자유를 얻었고, 가족과 함께 행복하게 살고 있다. 어쩌면 이런 삶을 살아갈 수 있는 가장 큰 이유는 주위에 많은 분들이 도와주었고, 믿어주었기 때문이다. 특히 세상 어떤 위대한 인물보다도 존경하는 나의 아버지, 힘들 때마다 허튼 생각을 하지 않도록 나의 정신적 지주가 되어주신 나의 어머니, 별 탈 없이 잘 자라준 자유로운 영혼을 가진 세 아이들, 누구보다도 나를 끝까지 믿고 함께해 준 사랑스런 아내, 나의 사랑스런 아내를 키워 주신 장인어른과 장모님, 힘들 때마다 나를 더 강하게 만들어 준 형, 항상 묵묵하게 내 곁을 지켜 준 많은 가족, 친지, 지인 분들, 친구들에게 진심으로 감사의 마음을 전하며, 직간접적으로 많은 것을 깨닫게 해 준 수강생, 다양한 책, 다양한 강의, 다양한 방송, 사회 시스템 등에 함께 감사의 마음을 전한다.

　원칙을 지키면 수익률은 저절로 따라오고, 욕심을 부리면 수익률은 저 멀리 도망간다.

2022년 1월
주식의 神

목차

머리말 · 4

1장 장기 투자가 아니라 수익 투자가 답이다!

장기 투자의 잘못된 해석 · 22
장기 투자의 위험성 · 34
수익 투자의 효과 · 45
수익 투자의 무서운 복리 효과 · 47

2장 욕심을 버려라

실현 가능한 목표를 정하라 · 58
기간과 수익의 욕심을 버려라 · 73
비교하는 욕심을 버려라 · 83

평생 따라하는 **돈** 되는 **투자전략**

 원칙을 지켜라!

싸게 사서 비싸게 팔아라 · 92
늦으면 2년, 최악은 5년 이상 기다려라 · 101
급락하면 땡큐하며 추가 매수하라 · 107

 실전 투자 3단계

저평가된 유망 가치주를 찾아라 · 116
호재, 악재, 이슈 등을 찾아라 · 135
수익 투자에 맞게 저점에서 매수하라 · 140

5장 수익 실현 2단계

유망 가치주의 목표 수익을 정하라 · 158
수익 실현(매도) 2단계 · 170
효율적인 분할 매도 · 175
예시로 배우는 수익 실현 2단계 · 178

 ## 6장 황금의 법칙

황금의 법칙을 지켜라 · 188
수익 투자에 맞는 황금의 법칙 · 193
예시로 배우는 황금의 법칙 · 201

 ## 7장 0123 투자 법칙

손해보고 팔지 마라 (0의 법칙 첫 번째: 손절 0) · 214
기간이 정해진 돈으로 투자하지 마라
(0의 법칙 두 번째: 기간 정해진 돈 0) · 221

타인에게 의존하지 마라(0의 법칙 세 번째: 의존 0) ・ 226

실력이 없으면 돈을 빌리지 마라
(0의 법칙 네 번째: 대출 0) ・ 231

수익 투자 지침을 지켰다면 두려워 마라
(0의 법칙 다섯 번째: 두려움 0) ・ 240

투자한 것을 지켜보지 마라
(0의 법칙 여섯 번째: 감시 0) ・ 244

대장주 또는 1등 기업에 투자를 하라
(1 또는 10의 법칙 첫 번째) ・ 247

10종목 이상 분산 투자하라(1 또는 10의 법칙 두 번째) ・ 251

10년 이상 성장할 기업에 투자하라
(1 또는 10의 법칙 세 번째) ・ 255

10개 이상 체크리스트를 통해 투자하라
(1 또는 10의 법칙 네 번째) ・ 258

1시간 이상 HTS, MTS를 보지마라
(1 또는 10의 법칙 네 번째) ・ 263

최소 2년은 보유한다고 생각하라
(2 또는 20의 법칙 첫 번째: 보유기간 2년) ・ 267

한 종목의 최대 비중은 20%이다
(2 또는 20의 법칙 첫 번째: 비중 20% 이하) ・ 270

신문 2부 이상을 읽어라
(2 또는 20의 법칙 첫 번째: 신문 2부 구독) ・ 273

책을 20권 이상 읽어라
(2 또는 20의 법칙 첫 번째: 책 20권 이상) ・ 276

주식 투자는 수단이지 목적이 아니다
(2 또는 20의 법칙 다섯 번째: 우선순위 2) ・ 279

주가 상승을 2배 이상 잡지 마라
(2 또는 20의 법칙 여섯 번째: 주가 2배) · 282

PER 20 이하에 투자하라
(2 또는 20의 법칙 일곱 번째: PER 20) · 284

PBR 2 이하에 투자하라
(2 또는 20의 법칙 여덟 번째: PBR 2) · 286

PSR 3 이하에 투자하라
(3 또는 30의 법칙 첫 번째: PSR 3) · 288

3배 이상 상승한 종목에 투자하지 마라
(3 또는 30의 법칙 두 번째: 상승 3배) · 290

월 3% 수익을 얕잡아 보지 마라
(3 또는 30의 법칙 세 번째: 월 3%수익) · 293

30년 이상 투자를 할 수 있다
(3 또는 30의 법칙 네 번째: 투자 30년) · 296

누구나 가능한 1년 수익률 116.32%

5,000만 원을 가지고 1년간 수익 투자하다 · 302

장기 투자의 잘못된 해석 ·22

장기 투자의 위험성 ·34

수익 투자의 효과 ·45

수익 투자의 무서운 복리 효과 ·47

1장

장기 투자가 아니라 수익 투자가 답이다!

체형을 바꾸듯 투자의 프레임을 바꿔라!

장기 투자의 잘못된 해석

　주식 투자를 시작할 때는 단순히 시간적 개념으로 오랜 기간 투자하는 것이 아니라 수익에 포커스를 두고 접근해야 한다. 잘못 해석하여 시간의 개념으로 접근을 하게 되면, 시간이 지나면 지날수록 인플레이션으로 인해 자연스럽게 상승하는 것을 시간에 비례해서 자연스럽게 수익이 오르는 것이라고 잘못 판단하게 되어 장기간 투자를 했음에도 불구하고 수익이 없거나 오히려 손실을 보는 경우가 발생할 수 있다. 개인 투자자가 자신의 자산을 두 배로 늘리고 싶은 마음에 주식에 투자를 한다고 가정할 때, 수학적으로 계산하면 개인 투자자는 100%의 순수익을 얻고자 하는 것이다. 은행 이자가 연 5%라고 가정을 하더라도 은행으로부터 100%의 수익을 얻기 위해서는 최소 20년 이상 예금해야 한다. 그러므로 개인 투자자는 최소 20년 이상 100% 수익이 날 때까지 기다리겠다는 마음으로 투자를 해야 한다.

자신이 원하는 목표 수익이 높으면 높을수록 은행에 예금하는 기간을 더 늘리면 시간에 비례해서 원하는 목표 수익을 얻을 수 있다. 하지만 저평가된 유망 가치주에 투자를 한 뒤 일정한 시간이 지나 주가가 상승할 때가 되면, 예상했던 기간보다 훨씬 더 짧은 기간에 원하는 목표 수익을 얻을 수도 있지만, 시간이 지나길 기다린다고 해서 무조건 주가가 시간과 비례해 상승하는 것은 아니다. 어쩌면 고점을 찍고 급락할 수도 있다.

개인 투자자들은 은행에서 예금 이자를 번다는 마음으로 목표 수익에 따라 투자 기간을 길게 잡고 투자를 한다면 주가의 오르내림에 스트레스 받지 않고 투자를 할 수 있을 것이다. 운이 좋을 때는 몇 개월 만에도 원하는 수익을 얻을 수 있고, 운이 나빠도 은행 예금보다는 훨씬 유리하게 수익을 얻을 수 있으므로, 자신의 목표 수익에 따라 투자 기간을 길게 생각하기 때문에 장기 투자를 예상하는 것이지, 은행 이자처럼 시간에 비례해서 수익이 늘어날 것이라고 착각하여 장기 투자를 하면 안 된다는 것이다.

투자 기간은 목표 수익의 높고 낮음에 의해 수익 실현이 될 때까지 기다리는 기간이 상대적으로 길어지고 짧아지는 것이므로 목표 수익에 따른 기간의 길고 짧음에 대한 마음가짐을 이야기한 것이지, 주식 투자를 하면 은행 이자처럼 시간에 비례해서 수익을 더 많이 안겨 준다고 잘못 해석하면 목표 수익 계획 없이 막연하게 많이 벌고 싶다는 마음으로 장기 투자라는 프레임에 빠지게 되고, 투자 기간 동안 충분한 수익을 올릴 수 있었음에도 불구하고 수익 실현을 못하는 결과를 초래하게 된다.

개인 투자자들이 시간이 지나면 지날수록 더 많은 수익을 얻을 수 있다는 잘못된 해석의 장기 투자 프레임에 빠지는 이유는 아마도 언론, 뉴스, 카더라 통신 등을 통해 "어떤 종목을 투자한 후 오랜 기간 보유하고 있었는데, 어느 날 계좌를 열어 보니 주가가 엄청나게 상승하여 많은 부를 안겨다 주었다."라고 하는 성공 신화가 자주 들리기 때문이 아닐까 생각이 든다.

개인 투자자들이 주식 투자를 통해 돈을 벌기 위해서는, 건강을 위해 체형을 바꾸듯 반드시 주식 투자에 대한 프레임을 바꾸어야 한다. 주식 투자에 대한 프레임을 바꾸기 위해서는 장기 투자가 아니라 수익 투자로 주식 투자를 해야만 돈을 벌 수 있다는 것을 실전 투자를 통해서 깨달아야만 가능하다.

개인 투자자들은 장기 투자에 대해 잘못 이해하고 있다. 긴 시간 동안 보유하기만 하면 은행에서 이자를 주듯이 더 많은 수익을 줄 것이라는 것이다. 특히, 유명한 증권사 대표, 자산 운용사 대표, 임원 직원들이 나와서 장기 투자를 해야만 돈을 벌 수 있다고 주장을 하면, 그 주장을 그대로 받아들여 장기 투자를 해야만 한다고 생각하게 되는 프레임에 빠지게 된다. 주식 전문가들이 말하는 장기 투자라는 말 그 자체가 파 놓은 함정이지만 그 프레임에 빠져 막연하게 장기 투자가 무조건 좋은 것으로 판단해서 무작정 긴 세월을 기다리거나, 잘 안 되면 자녀에게 물려준다는 식으로 막연하게 장기 투자를 하는 것을 볼 수 있다.

많은 전문가들은 명확하게 말해주지 않는다. 장기 투자를 할 경우, 자신들이 생각하고 있는 목표 수익을 얻기 위해서는 상대적으로 긴 시간 동안 기다려야 한다는 것을 말이다. 그 본질이 숨겨진 채 그냥 장기 투자라는 시간의 개념만 개인 투자자들에게 강제로 입력시키는 결과를 초래하고 있다. 그래서 그런지 많은 개인 투자자들은 착각하고 실망하고 스트레스를 받는다. 전문가들 말대로 장기 투자를 했음에도 불구하고 실질적인 수익은 거의 나지 않거나, 과거에는 100% 이상 수익이 났지만 현재는 마이너스이거나, 은행 이자도 못 벌고 있는 현실에 직면하고 있다고 말한다. 그래서 어쩌면 급등주, 테마주, 작전주 등에 몰려서 더 큰 피해를 입고 있는 것은 아닐까 하는 생각이 든다.

원론으로 돌아가서 과연 장기 투자가 답일까? 즉, 시간의 개념만 적용시킨 장기 투자가 답일까? 주식의 神은 100%, 아니 1000% 장담한다. 그것은 잘못된 해석이라고 말이다.

그럼 장기 투자는 잘못된 것일까? 딱 잘라서 말하면 잘못된 것이 아니라 잘못 해석되었다고 하는 것이 정확하다. 즉, 장기 투자는 절대적인 시간에 포커스를 두는 것이 아니라 상대적인 시간에 포커스를 둬야 한다는 것이다.

주식 고수 카페에서 100% 수익 투자 종목으로 추천한 코오롱인더의 경우(https://cafe.naver.com/herareading/10393)를 예를 들어 설명해 보겠다. 개인 투자자가 코오롱인더를 2020년 9월 7일에 한 주당 33,200원에 매수(투자)했다고 가정하고, 개인 투자자가 주식의 神의 수익 투자 지침서에 따라 100% 수익 투자로 투자했다면 232일(21년 4월 27일, 66,900원) 만에 수익 실현을 했을 것이고, 자신의 성향에 따라 50% 수익 투자를 했다면, 148일(2021년 2월 2일, 53,300원) 만에 달성했을 것이다.

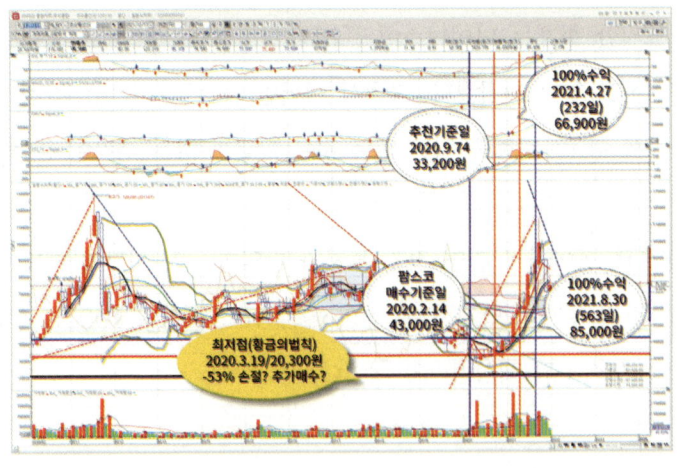

코오롱인더에 투자를 한 경우에는 100% 수익 달성보다는 50% 수

익 달성이 당연히 절대적으로 시간이 짧게 걸릴 것이다. 만약 목표 수익을 200%에 두었다면 374일(21년 9월 16일, 103,500원) 만에 달성했을 것이고, 최고점을 찍은 21년 9월 23일(114,400원) 이전까지 목표 수익을 244% 이하로 두었다면 모두 수익 투자에 성공했을 것이다. 만약 9월 23일을 기준으로 코오롱인더를 분석한다면 시간이 지남에 따라 우상향하면서 상승세를 이어가고 있으므로 많은 전문가들은 이 사실을 가지고 왜 장기 투자가 좋은지 강조할 수도 있다. 하지만, 글을 쓰고 있는 21년 12월 19일 기준으로 보면 74,500원(매수가 33,200원)으로 약 124% 수익을 가리키고 있다.

12월 19일을 시점으로 단순하게 보면 50% 수익 투자보다는 100% 수익 투자가 옳고, 100% 수익 투자보다는 200% 수익 투자자가 옳다. 하지만, 만약 300% 수익 투자를 두었다면 현재 시점에서 오히려 200%보다 못한 결과를 나타내고 있는 것이다. 물론 20년 후 주가가 어떻게 변할지는 아무도 모르기 때문에 갑론을박은 하지 않기로 한다.

코오롱인더에 투자한 단순한 결과만 보더라도 무조건 오랜 기간을 가지고 있다고 해서 무조건 수익이 더 많이 나는 것이 아니라는 것을 보여준다. 과거 차트에 나타나듯이 2011년 7월까지 상승했다가, 8월부터 우하향한 후 차트처럼 오르내림을 반복하다가 2020년 3월 19일처럼 최저점 20,300원(-38.85%)까지 다시 내려오지 말라는 법은 없다. 다시 말해 만약 지금부터 코오롱인더가 계속 하락하게 된다면,

100% 수익보다 못한 수익을 달성할 수도, 아니면 50%보다 못한 수익을, 혹은 나아가서 다시 마이너스를 가리킬 수도 있는 것이다. 물론 반대로 다시 상승한다면 300%, 400%, 500%까지 수익을 낼 수도 있다.

여기서 중요한 것은 자신이 처음 수익 투자 지침서에 따라서 코오롱인더를 투자하기로 결정했을 때 얼마에 목표 수익을 두고 투자할 것인지이다.

또한 목표 수익을 100%에 두고 투자한 후 100% 수익을 달성했을 때 분할 매도를 하지 않고 매수한 수량 전부를 수익 실현을 했다고 해서, 차후 200%를 넘어 500%로 상승할지라도 아쉬워할 필요가 없는 것이다. 왜냐하면 또다시 수익 100%를 낼 수 있는 종목을 찾아서 투자를 하면 되기 때문이다. 물론, 이 책에 따라 분할 매도를 했다면 코오롱인더의 경우는 결과적으로 더 나은 수익을 실현할 수도 있었을 것이다.

하지만 반드시 명심해야 하는 것은 분할 매도 방법이 수익적인 측면에서 더 좋을 때도 있지만, 상승 후 바로 급락을 하게 되면 오히려 분할 매도가 상대적으로 수익이 낮을 수도 있다는 것이다. 그 이유는 어느 누구도 주가의 오르내림을 정확하게 알 수 없기 때문이다. 다시 말해, 멀리 보았을 때 전량 매도가 좋은지 분할 매도가 좋은지는 아무도 알 수 없다. 사실 전량 매도도 옳고, 분할 매도도 옳다. 중요한 것은 자신이 정한 투자 원칙대로 했느냐가 중요한 것이다.

죽은 시계일지라도 반드시 하루에 2번은 정확하게 맞듯이 자신의 투자 철학, 원리, 원칙을 끝까지 지켜야 원하는 수익을 얻을 수 있다.

특히 주식 투자를 하는 기간 동안 한 종목이 아닌 여러 종목에 투자를 할 경우 투자 기간, 수익 등 상황이 바뀐다. 다시 말해 모든 종목이 코오롱인더처럼 같은 방식으로 주가의 오르내림이 움직이지는 않는다는 것이다.

팜스코의 경우(https://cafe.naver.com/herareading/10429) 추천해 준 2020년 2월 14일에 4,160원을 주고 매수(투자)를 했다고 가정할 때, 목표 수익을 100%에 두고 수익 투자를 했다고 가정하면 347일(21년 1월 26일, 8,980원) 만에 목표 수익 100%를 달성했고, 목표 수익 50%를 두고 수익 투자를 했다면 89일(20년 5월 13일, 6,350원) 만에 달성했을 것이다.

코오롱인더는 목표 수익 100%를 232일 만에 달성했지만, 팜스코는 347일 만에 달성한 것이다. 목표 수익 100%를 기준으로 보면 코오롱인더에 투자한 것이 팜스코에 투자한 것보다 115일 정도 효율적이다.

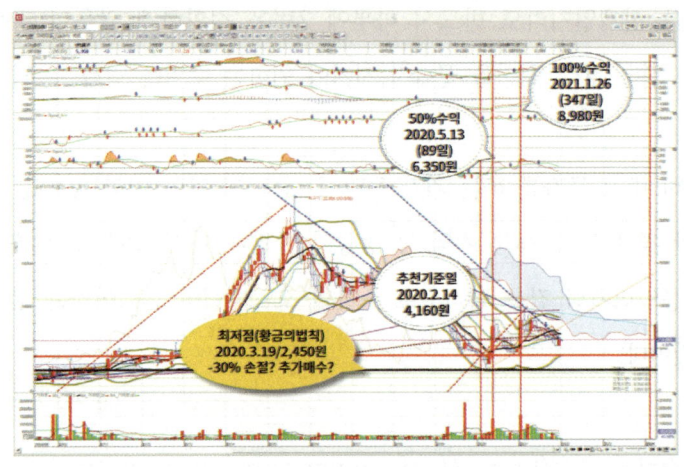

하지만, 목표 수익 50%를 기준으로 보면 코오롱인더는 148일이 걸렸고, 팜스코는 89일이 걸렸다. 만약 두 종목에 목표 수익 50%를 두고 투자했다면 팜스코가 코오롱인더에 투자한 것보다 59일이라는 기간이 효율적이다.

만약 팜스코의 목표 수익을 200%에 두고 수익 투자를 했다면 코오롱인더와는 다르게 아직도 목표 수익을 달성하지 못했을 것이다. 팜스코 주가의 흐름을 보면 21년 2월 17일 9,710원(133% 수익)까지 상승했지만 더 이상 상승하지 못하고 오르내림을 반복하면서 우하향을 하고 있고, 21년 12월 19일 기준으로 보면 43%(21년 12월 17일, 5,950원) 수익을 가리키고 있다.

과거 팜스코의 차트를 보면 2015년 8월까지 22,800원까지 상승했다가 더 이상 상승하지 못하고 하락하기 시작해 20년 3월 31일 2,450원까지 하락했었다. 과거의 차트를 참고할 때 팜스코의 주가가 다시 22,800원까지 상승할지, 아니면 다시 2,450원까지 하락할지 어느 누구도 장담할 수 없다.

정리하면 팜스코의 경우 코오롱인더와는 달리 목표 수익을 100%로 두었다면 100% 수익 실현을 했겠지만, 200%에 두었다면 아직도 수익 실현을 못하고 오히려 상대적으로 손해를 보고 있는 것이다. 물론, 차후 팜스코가 더 상승해서 300%, 400% 이상의 수익을 낼 수도 있다. 하지만 더 상승할지 더 하락할지는 아무도 장담을 할 수 없다는 것이 누구나 아는 사실이자 진실이다.

코오롱인더와 팜스코를 같은 날짜에 투자를 했다면 어떤 결과를 보여주었을지 분석을 해 보면 왜 시간의 투자가 아니라 수익의 투자를 해야 하고, 왜 수익 투자 지침서에 따라 투자를 해야 하는지 알 수 있다.

코오롱인더를 20년 2월 14일에 투자를 한다고 가정하면, 한 주당 43,000원에 매수(투자)할 수 있었을 것이다. 목표 수익을 50%에 두고 투자했다면 420일(21년 4월 9일, 64,700원) 만에 달성했을 것이고, 목표 수익을 100%에 두고 수익 투자를 했다면 563일(21년 8월 30일, 88,400원) 만에 수익 실현을 했을 것이다.

같은 투자 시점을 기준으로 보면 목표 수익 50%에 두고 수익 투자를 하나, 목표 수익을 100%에 두고 수익 투자를 하나 팜스코에 투자한 것이 더 효율적으로 나타난다. 하지만, 목표 수익을 200%에 두고 수익 투자를 했다면, 현재 팜스코는 43%의 수익을 나타내고 있지만 코오롱인더는 73%의 수익을 내는 중이므로 코오롱인더에 투자하는 것이 훨씬 효율적이라 할 수 있다.

코오롱인더와 팜스코의 투자 결과만 보더라도 막연하게 긴 시간 동안 투자를 하는 장기 투자보다는 투자(매수)하고자 하는 종목에 맞게, 자신에게 맞는 목표가(목표 수익)를 설정하여 수익 투자를 하는 것이 더 좋다. 스트레스를 받지 않고, 자신의 여건에 맞고, 자신이 견딜 수 있고, 이룰 수 있는 수익 투자를 해야만 주식 투자로 실패 없이 수익 실현이 가능하다.

주식의 神이 강조하고 싶은 것은 무조건적인 장기 투자는 하지 말아야 한다는 것이다. 투자를 할 당시 목표가를 어떻게 정했는지, 시장 환경 등이 어떤지, 어떤 종목에 투자했는지에 따라 그 목표에 도달하는 기간은 다를 것이다. 그 기간이 얼마나 걸리든 자신이 정한 목표 수익에 도달하면 더 욕심내거나 미련을 두지 말아야 한다. 다른 종목에 투자를 하거나 그 종목의 흐름을 보며 하락장에 다시 투자하라는 것이다.

시간이나 기간에 얽매이지 말고, 수익에 포커스를 두고 자신이 투자한 종목으로부터 얼마를 벌면 매도할 것인가를 명확하게 정하고 투자를 해야 한다. 정해진 시간이나 기간은 빨리 온다. 그러므로 투자 기간을 정해서 기간의 촉박함에 스트레스 받지 말고 자신의 목표 수익까지 어떤 경우라도 끝까지 기다린다는 마음으로 투자를 하면 반드시 수익 투자로 자신이 원하는 수익을 얻을 수 있을 것이다.

자신의 자산을 얼마만큼 불릴 것인지에 대한 목표도 명료하고 명확해야 하지만 자신이 투자하고자 하는 종목으로 어느 정도의 수익을 얻을지도 명료하고 명확하게 정해야 한다. 그래야만 자신만의 수익 투자 철학과 원리, 원칙을 만들어 지킬 수 있을 것이고, 시간이 지나면 자연스레 목표 자산을 만들 수 있을 것이다.

장기 투자의 위험성

사실 어떤 누구도 20년 후, 30년 후의 그 기업의 흥망성쇠를 명확하게 알 수 없다. 그러므로 막연한 장기 투자는 자칫 잘못하면 자신의 자산을 모두 날리거나 은행 이자보다 못한 수익을 낼 수도, 아니면 적자를 낼 수도 있다. 왜냐하면 어느 누구도 최저점을 알 수도 없고, 따라서 최저점에 투자할 수가 없기 때문이다. 주식 투자의 저점과 고점은 절대적인 것이 아니라 상대적인 것이므로 막연한 장기 투자를 감행할 경우에는 엄청난 수익 실현의 기회를 놓치는 경우가 허다하게 발생할 수 있다.

장기 투자를 하기 위해서 가장 우선적으로 적용되어야 하는 것이 지속적으로 우상향하는 기업을 찾아야 한다. 국내 상장된 기업을 2,000개라고 가정할 때 2,000개의 기업 중 과연 몇 개의 기업이 시간이 지남에 따라 지속적으로 우상향하고 있을까? 10%라고 가정해 보면 200개의 기업이 존재하게 되고 200개 기업에 투자를 하면 장기 투자를 하더라도 안전하게 수익을 보장받을 수 있다. 그런데 수학적, 과학적, 통계적, 객관적으로 접근하면 우상향할 기업은 10%이고, 그러지 못한 기업은 90%라는 결론이 나온다. 9:1의 확률 게임은 도박장에 유행하는 바카라보다 확률이 훨씬 낮다. 이런 확률에 피와 땀으로 모은 소중한 돈을 투자할 것인가를 생각해 보면 답을 얻을 수 있을 것이다.

장기 투자가 위험할까? 위험하지 않을까? 감정적이나 정서적으로 판단하지 말고, 장기 투자가 위험한지 위험하지 않은지 확률로 계산을 해 보면 더욱 실감이 날 수 있다.

장기 투자가 위험할 수 있는 확률이 얼마나 높은지 시총 상위권에 있는 누구나 인정하는 우량 기업 LG화학, 현대차, 셀트리온, POSCO, KB금융 등 5개 종목의 월봉 차트를 보고 스스로 판단해 보기 바란다.

LG화학의 월봉 차트를 보면 2011년 4월까지 상승하다가 2015년 1월까지 하락을 했고, 다시 우상향으로 방향을 틀면서 2018년 1월까지 주가의 오르내림을 반복하며 약 3년 동안 상승하다가, 2018년 2월부터 다시 2020년 3월까지 약 2년 동안 하락을 했다. 그리고 2020년 4월부터 본격적인 상승세를 이어가기 시작했고, 2021년 1월에 최고점 1,050,000원을 찍고 다시 하락세를 타고 있는 모습을 보여주고 있다.

만약 개인 투자자가 2011년 4월경에 50만 원을 주고 LG화학의 미래성을 믿고 장기 투자를 했다면, 2020년 5월까지 약 9년 동안 마이너스 수익률을 유지하고 있었을 것이다. 물론 손절매하지 않고 끝까지 보유하고 있었다면 약 10년 만에 100% 수익을 실현할 수 있었을 것이다. 하지만, 100% 수익 투자를 하지 않고 단순한 장기 투자를 하고 있다면 지금은 약 39%의 수익률을 가리키고 있을 것이다. 그런데 만약 주가가 더 떨어져 50만 원 이하로 간다면 10년 이상 장기 투자가 다시 원점 또는 마이너스가 되는 불상사를 초래하게 된다.

설령 개인 투자자가 나름 전문가이어서 2009년 9월경에 35만 원을 주고 LG화학을 투자했다고 가정했을 때, 50% 수익 투자를 했다면 2011년 4월경에 수익 실현을 할 수 있었고, 100% 수익 투자를 했다면, 2020년 8월경에 수익 실현을 할 수 있었을 것이다. 하지만 막연하게 장기 투자를 하고 수익 실현하지 않고 가지고 있다면 수익률은 더 떨어질 수도 있고, 시간이라는 큰 손실을 가지게 될 것이다.

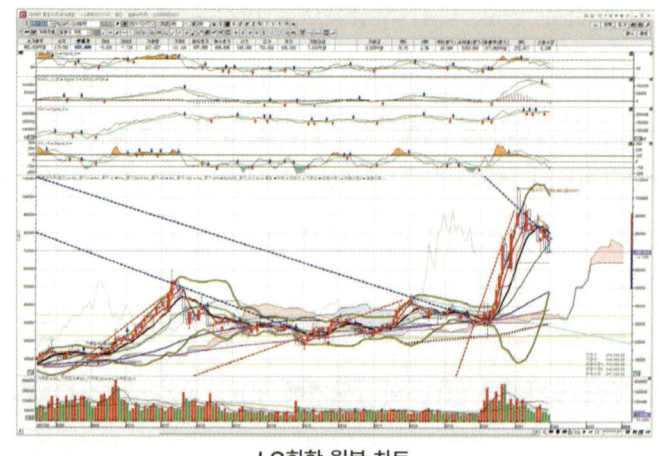

LG화학 월봉 차트

두 번째 종목인 현대차의 월봉 차트를 보면 2011년 6월까지 상승한 후 2012년 5월에 최고점 272,500원을 찍고, 2014년 12월까지 박스권을 유지하다가 2015년 1월부터 하락하기 시작해서 2020년 7월까지 5년 이상 하락을 했다가 2020년 8월부터 2021년 1월까지 상승한 후 2021년 2월부터 현재까지는 하락하는 모습을 보여주고 있다. 2022년 12월 17일 이후에 더 상승할지 하락할지는 아무도 모른다.

개인 투자자가 현대차를 2011년 8월 하락장에 최저점 161,500원에 매수(투자)했다고 가정해 보자. 만약 개인 투자자가 목표 수익을 50%에 두고 수익 투자를 했다면, 2012년 4월경에 수익 실현을 했을 것이다. 하지만 막연하게 장기 투자를 하고 있다면 지금 현재 약 30%의 수익률을 보여주고 있을 것이다. 즉, 10년 동안 투자한 결과 1년에 3% 정도 수익률을 나타내고 있다. 그런데, 최저점이 아닌 20만 원에 매수했다면, 다시 원점으로 돌아간 것이 된다.

주식의 神의 분석을 읽다가 독자들은 이런 의문을 가질 수 있다. 만약 개인 투자자가 목표 수익을 100%에 두고 수익 투자를 했다면 결과적으로 보면 장기 투자와 별 차이가 없지 않나, 라고 주장을 펼 수 있다. 왜냐하면 목표 수익 100%를 달성하기 위해서는 최소 323,000원을 넘겨야 하지만, 현재까지 최고점은 289,000원이기 때문이다.

하지만, 수익 투자 지침에 따라 투자를 할 경우 2011월 8월경에

161,500원으로 매수한다고 할지라도 목표 수익을 50% 이상 잡지 않는다. 아니 잡지 못하게 설계되어 있다. 그러므로 그런 의문은 가질 필요가 없다.

국내 대표 기업인 현대차 역시 막연히 장기 투자를 한다면 결코 여러분이 바라는 대박은 없다는 것을 알 수 있다.

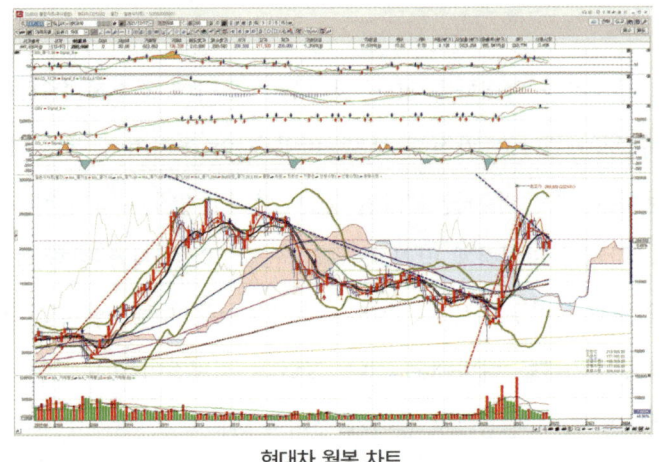

현대차 월봉 차트

바이오제약의 대명사 셀트리온의 주가를 분석해 보면 어떤 결과가 나올까? 셀트리온의 월봉 차트를 보면 2018년 3월(361,230원)까지 지칠 줄 모르고 상승했다. 2008년 5월경에 2,377원 저점 근처에서 매수했다면 흔히 말해 150배가량의 수익을 만들어 내는 대박 신화를 만들었을 것이다. 하지만, 개인 투자자가 셀트리온을 그 가격에 매수하여 10년간 보유한다는 것은 로또보다 더 확률이 낮다고 보면 된다. 그러므로 그런 신화를 만들기 위한 투자가 아니라 개인 투자자가 현실적으로 투자할 수 있는 범위 내에서 투자를 판단해야 옳다. 신화는 신화일 뿐이다.

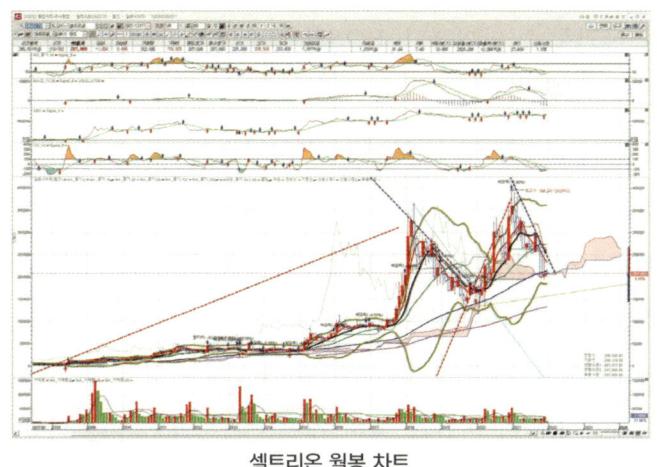

셀트리온 월봉 차트

셀트리온을 2017년 12월경 상승장에서 20만 원에 저점 매수를 했거나, 2018년 10월 하락장에서 20만 원에 매수했다고 가정을 해 보자. 만약 목표 수익 50%를 두고 수익 투자를 했다면 2018년 1월경이나, 2020년 6월경에 수익 실현을 할 수 있을 것이다. 하지만, 만약 막연하게 장기 투자를 했다면 2021년 12월 17일 기준으로 보면 원점으로 다시 돌아왔다.

2017년 12월경에 투자를 했다면 4년이라는 세월을 낭비한 것이 되고, 2018년 10월에 투자를 했다면 3년이라는 세월을 낭비한 결과가 된다. 셀트리온 종목을 20만 원에 매수했다면, 상식적인 범위 내에서 투자를 한 것이고, 그 결과를 보더라도 막연한 장기 투자가 어떤 결과를 가져오는지 알 수 있다.

한때 국민주로 여겨졌던 POSCO는 어떤 모습을 보여주는지 POSCO의 월봉 차트를 분석해보자.

POSCO는 2007년 10월까지 꾸준하게 상승했다. 셀트리온처럼 1992년 8월경 저점 14,800원에 매수했다고 가정하고, 2007년 10월경 최고점 765,000원에 매도했다면 15년 만에 50배의 수익을 낼 수 있었다. 하지만, 이런 가정은 최상의 가정이므로 현실 속에서 일어나기 상당히 어렵고, 특히 개인 투자자의 경우는 더욱 더 어렵다. POSCO도 개인 투자자가 현실적으로 투자 가능한 범위로 분석해 보면 2008년 12월경에 35만 원에 매수했다고 가정하면 전 고점 765,000원에서 약 55% 하락한 주가이므로 충분히 개인 투자자가 매수할 수 있는 시점이다. 그러므로 개인 투자자가 2008년 12월경 35만 원에 매수한 후 목표 수익을 50%를 두고 수익 투자를 했다면 2009년 10월경에 1년이 되지 않아 수익 실현을 할 수 있었다. 하지만, 막연한 기대감으로 장기 투자를 했다면 현재 주가 292,000원으로 계산하면 약 -17% 손해를 보여주고 있다.

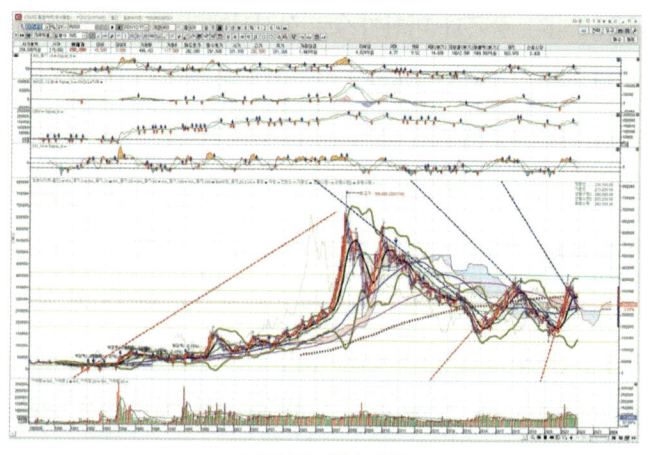

POSCO 월봉 차트

　POSCO 역시 수익 투자 지침서에 따라 수익 투자를 했다면 1년 내에 50%라는 엄청난 수익을 실현했을 텐데 막연한 장기 투자를 했다면 13년 동안 투자한 결과가 -17%라는 황당한 결과를 보여준다. 주식의 神이 왜 개인 투자자는 수익 투자를 해야만 돈을 벌 수 있다고 끊임없이 주장을 하는지 깨달아야 할 것이다.

　마지막 종목으로 가장 안전하고 꾸준하게 수익을 내고 있는 금융권에 시총 1위인 KB금융의 차트를 분석해 보자. KB금융의 차트를 보면 2009년 10월까지 상승한 후 2011년 1월까지 오르내림을 반복하다가 2011년 2월부터 하락하기 시작해서 2013년 9월에는 31,100원까지 하락했었다가, 2016년 3월부터 재상승하기 시작하여 최고점 69,200원을 2018년 1월에 찍고 다시 2020년 8월까지 하락했다가 현재 주가는 58,400원을 가리키고 있다.

KB금융도 다른 종목과 마찬가지로 상식선에서 투자할 수 있는 구간은 2012년에서 2016년 사이라고 할 수 있을 것이다. 만약 개인 투자자 2012년 7월경에 전 고점 대비 -40% 근처인 37,500원에 KB금융을 매수(투자)했다면 누가 보더라도 적정한 가격에 매수했다고 할 수 있다. 만약 이때 목표 수익을 50%에 두고 수익 투자를 했다면 2017년 6월경 약 5년 만에 수익 실현을 했을 것이다. 하지만 막연하게 장기 투자를 했다면 2018년 1월경 약 84% 수익이 무색할 정도로 2020년 3월경(25,850원)에는 약 -32%라는 수익률을 경험했어야 할 것이다. 하지만 다행히 손절매해야 하는 갈림길에서 잘 버티고 지금까지 보유하고 있다면 약 55%의 수익을 보여주고 있을 것이다. 하지만 KB금융의 주가가 더 오를지 내릴지 모르는 상황에서 4년 이상의 기간을 더 투자했음에도 불구하고 목표 수익 50% 수익 투자와 큰 차이 없는 수익은 시간이나 효율적인 리스크를 충분하게 안고 있다고 볼 수 있다.

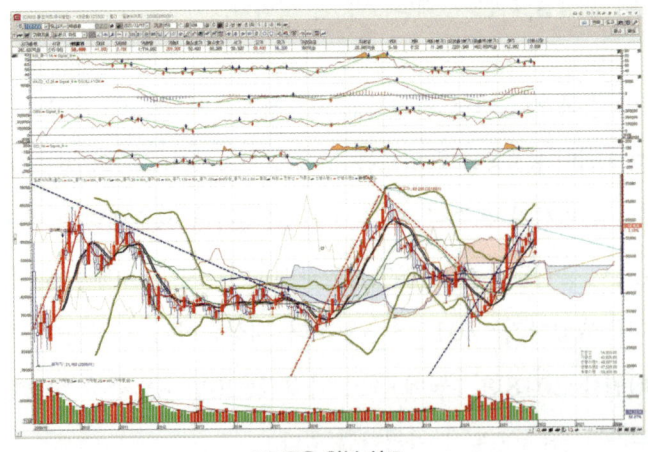

KB금융 월봉 차트

누구나 인정하는 우량 기업 LG화학, 현대차, 셀트리온, POSCO, KB금융 등 5개 종목의 월봉 차트를 분석해 본 결과 딱히 장기 투자를 해야 하는 이유를 찾을 수 없다. 사실 장기 투자를 하는 것보다 수익 투자를 하는 것이 더 효율적이고 리스크를 훨씬 줄인다는 것을 알 수 있다. 만약 우량 기업인 아닌 일반 기업이라면 장기 투자의 결과는 더 좋지 않을 것이라는 것은 누구나 예상할 수 있다.

이 책은 어떻게 하면 개인 투자가 가장 효율적으로 투자를 하면서 수익률을 극대화시키는 방법을 다양한 기업 경영과 수년간의 강의를 통해 수학적, 과학적, 통계적, 객관적인 방법으로 접근하여 만든 투자법을 담고 있으므로 지침서에 따라서 수익 투자를 하면 누구나 버핏보다 수익률 높은 주식 고수가 될 수 있다.

만약 누군가 신적인 능력이 있어서 영원히 우상향하는 기업을 최저점에 매수해서 최고점에 팔 수 있거나 영원히 보유할 능력이 있다면 모를까 그렇지 않다면 개인 투자자에게 가장 효율적인 수익 투자 지침서에 따라서 투자를 하기 바란다. 백문이 불여일견이라는 말처럼 3년간 초등학생이 수학 학원과 영어 학원에 다닌다는 마음으로, 학원비 월 40만 원씩 낸다는 마음으로 3년 동안만 월 40만 원씩 투자를 직접 해 보라. 그러고 나서 수익 투자를 해야 할지, 하지 말아야 할지 판단해도 늦지 않을 것이다. 수익 투자는 개인 투자자가 주식 투자를 할 때 발생할 수 있는 리스크를 최대한 줄이고, 효율성을 최대한 높인 투자법이다. 그러므로 딱 3년만 믿고 따라서 해 본 후 결과를 가지고 결정하기 바란다.

 주가의 미래는 알 수 없지만, 주식 투자를 수학적, 과학적, 통계적, 객관적으로 접근하여 투자하는 수익 투자 지침서에 따라 투자를 한다면 막연한 장기 투자로 인한 위험을 해소할 수 있을 뿐만 아니라 평생 돈으로부터 자유를 얻을 수 있을 것이다.

수익 투자의 효과

수익 투자의 가장 큰 효과는 첫 번째, 자신에게 맞는 수익 투자를 함으로 인해 주가의 오르내림 등에 따라 발생할 수 있는 주식 투자의 스트레스를 받지 않고 돈으로부터 자유를 얻는 것이다.

두 번째는 작전주, 세력주, 테마주, 급등주 등에 현혹되어 투자하는 추격 매수를 원천적으로 막을 수 있다.

세 번째는 MTS, HTS 등의 주가 창을 지속적으로 쳐다보지 않고도 원하는 수익률을 만들 수 있다.

네 번째는 1% 수익 투자를 제외하고는 한 달에 몇 시간만 투자하면 자신이 원하는 수익을 얻을 수 있다.

다섯 번째는 투자해야 할 종목을 얻거나 찾기 위해서 비싼 주식 정보 이용료를 지불할 필요가 없다.

여섯 번째는 전문가의 리딩 없이도 누구나 스스로 수익 투자 지침서에 따라서 투자를 하면서 버핏보다 높은 수익률을 실현할 수 있다.

일곱 번째는 자신에게 꼭 맞는 수익 투자를 꾸준하게 함으로 인해 그 분야에서 최고의 수익 투자 전문가로 살아갈 수 있다.

개인이 주식 투자를 하는 가장 큰 이유는 주식 투자를 통해 노동의 대가가 아닌 시스템으로 돈을 벌고, 그 결과 경제적인 부를 얻어서 돈 걱정하지 않고 행복한 삶을 살기 위해서다. 하지만 대부분의 개인 투자자는 잘못된 투자법으로 인해 돈을 떠나서 우선적으로 엄청난 스트레스를 받으면서 투자하고 있고, 수익률적인 측면에서도 대부분 큰 손실을 보고 있는 것이 현실이다.

주식 투자를 시작하는 이유가 각양각색이듯이 주식 투자를 하는 여건 역시 각양각색이다. 그러므로 수익 투자 지침서에 따라서 자신의 성향, 환경, 자금 여력 등에 맞는 수익 투자를 꾸준하게 하게 된다면 반드시 자신이 선택한 수익 투자 방법의 전문가가 될 것이다. 그러므로 두려워하거나 의심하지 말고 딱 3년만 영어, 수학 공부를 배운다는 마음으로 해 보기 바란다. 그러면 어느새 자신도 모르게 버핏보다 수익률 높은 주식 고수가 되어 있는 자신의 모습을 보게 될 것이다.

수익 투자의 무서운 복리 효과

장기 투자를 하라고 많은 전문가들이 권유하는 이유 중에 하나는 개인 투자자들 대부분이 한 방에 많은 수익을 원한다는 것이다. 누구나 부러워하는 뚜렷한 성공 스토리가 남들 보기에도 좋아 보이기 때문일 것이다.

보기 좋아 보이는 높은 수익의 투자 결과라는 프레임을 약간만 벗어나서 생각해보면, 한 번에 높은 수익을 얻는 것이나, 작은 수익을 여러 차례 얻는 것이나 같다는 것을 깨달을 수 있다.

A라는 투자자는 1억 원을 투자를 해서, 3년 만에 1억 원을 벌었고, B라는 투자자는 1% 수익 투자로 70번을 성공했고, C라는 투자자는 2% 수익 투자로 36번을 성공했고, D라는 투자자는 3% 수익 투자로 24번을 성공했다고 가정해 보자.

여러분 생각에는 누가 더 효율적으로 투자했다고 생각하는가? 아니면 누가 더 주식 투자의 고수라고 생각하는가?

A라는 투자자의 수익률을 분석해 보면 결코 나쁘지 않다. 단순한 수익만 계산해도 1억 원으로 1억 원을 벌었으니 순수익 100%를 수익 실현한 것이다. 그러므로 1년 수익률을 단순 계산하면 약 33.3%(복리 약 26%)의 수익을 실현했다. 2021년 은행 금리를 세후 2%를 계산하면 약 17배 수익, 3%로 계산하면 약 11배 수익을 실현한 것이니 결코 나쁘지 않은 투자 결과이다. 또한, 3년이라는 기간도 그렇게 긴 기간이 아니니 아주 훌륭한 투자 결과라고 할 수 있다. 물론 특별한 능력을 가진 투자자에게는 너무나 작아 보이는 투자 결과일 수 있지만, 전 세계 최고의 투자자인 버핏의 평균 수익률이 22% 정도 된다는 것을 감안한다면 결코 나쁘지 않은 결과라는 것에 반박할 사람은 많지 않을 것이다.

B라는 투자자의 수익률을 계산해 보면, 1% 수익 투자를 70번 성공했으니 단순하게 계산하면 70%가 되지만, 복리 계산을 하면 순수익 100%를 수익 실현한 결과를 가지게 된다. 아래의 표는 1% 수익 투자를 했을 때 성공 회수에 따른 수익률을 나타낸 표다.

목표수익 1% 수익투자 성공회수에 따른 복리효과

성공회수	1회	2회	3회	4회	5회	6회	7회
수익률	1.00%	2.01%	3.03%	4.06%	5.10%	6.15%	7.21%
성공회수	8회	9회	10회	11회	12회	13회	14회
수익률	8.29%	9.37%	10.46%	11.57%	12.68%	13.81%	14.95%
성공회수	15회	16회	17회	18회	19회	20회	21회
수익률	16.10%	17.26%	18.43%	19.61%	20.81%	22.02%	23.24%
성공회수	22회	23회	24회	25회	26회	27회	28회
수익률	24.47%	25.72%	26.97%	28.24%	29.53%	30.82%	32.13%
성공회수	29회	30회	31회	32회	33회	34회	35회
수익률	33.45%	34.78%	36.13%	37.49%	38.87%	40.26%	41.66%
성공회수	36회	37회	38회	39회	40회	41회	42회
수익률	43.08%	44.51%	45.95%	47.41%	48.89%	50.38%	51.88%
성공회수	43회	44회	45회	46회	47회	48회	49회
수익률	53.40%	54.93%	56.48%	58.05%	59.63%	61.22%	62.83%
성공회수	50회	51회	52회	53회	54회	55회	56회
수익률	64.46%	66.11%	67.77%	69.45%	71.14%	72.85%	74.58%
성공회수	57회	58회	59회	60회	61회	62회	63회
수익률	76.33%	78.09%	79.87%	81.67%	83.49%	85.32%	87.17%
성공회수	64회	65회	66회	67회	68회	69회	70회
수익률	89.05%	90.94%	92.85%	94.77%	96.72%	98.69%	100.68%

투자자 B가 선택한 1% 수익 투자를 분석해 보면 어떤 결과가 나올까? 투자자 B는 1% 수익 투자를 3년 동안 70번을 성공할 수 있을까? 아니면 성공하지 못할까? 제시되는 자료를 가지고 스스로 가능할지 불가능할지 판단해 보기 바란다.

1년 365일 중 주식을 투자할 수 있는 기간은 약 250일이다. 3년이면 750일이다. 750일 중 70번만 1% 수익 투자를 성공한다면 3년에 자산을 두 배로 늘릴 수 있다. 즉 순수익 100%를 달성할 수 있다. 만약 여러분이 1% 수익 투자를 지침서에 따라서 투자를 한다면 한 달에 몇 번 성공할 수 있을 것 같은가? 현재 주식의 神이 운영하는 주식 고수 카페에 제시된 자료에 따르면 1% 수익 성공 확률은 80%가 훨씬 넘는다. 매일 2 ~ 10개 정도 나오는 1% 수익 투자 종목에 모두 투자를 한다고 가정하고 수학적으로 분석하면 어떤 결과가 나올까?

현재 실전 투자한 1% 수익 투자 성공 확률을 80%로 정하고 계산을 하면, 실패는 20%가 된다. 실패할 경우 -3%에 손절매한다고 가정하고(실질적으로는 손절매하지 않아도 된다) 확률을 계산해 보면, 80%는 1% 수익을 실현하고, 20%는 -3%의 손실을 보기 때문에 결론적으로는 20%가 1%의 수익을 실현할 수 있다는 결론에 도달하게 된다. 그러므로 한 달에 평균 20일 주식장이 열린다고 가정하면, 4일 정도가 수익 1%를 도달하게 된다. 즉, 월평균 4%의 수익을 실현할 수 있다는 결론에 도달한다. 물론 1% 수익 투자의 숙련도에 따라서 성공 확률과 실패 확률도 차이가 날 것이고, 손실률도 차이가 날 것이다. 하지만, 최소의 확률을 계산하기 위해서 최악의 상황을 만들어 보더라도 4%의 수익을 실현할 가능성이 매우 높다. 만약 주식의 神이 가르쳐 준 것처럼 본격적으로 자금을 투자하기 전에 6개월 동안 1,000번 이상의 1% 수익 투자에 대한 실전 경험을 쌓는다면 충분히 4% 이상의 수익 실현도 가능할 것이다.

월평균 4%의 수익률을 유지할 수 있다면, 3년 후에 여러분의 투자 자산은 4배로 늘어난다. 즉, 순수익 300%를 달성할 수 있는 것이다.

결론적으로 1% 수익 투자를 지침서에 따라서 6개월가량 실전 훈련을 한 후 실전 훈련 결과가 월평균 2% 이상 나온다면 3년 후 자산이 최소 2배 이상으로 늘어날 확률이 매우 높아진다. 만약 월평균 수익률이 2% 이하일 경우에는 좀 더 실전 경험을 한 후 월평균 수익률이 2% 이상 되었을 때 본격적인 투자를 해야 안전하게 자산을 늘릴 수 있다.

수익 투자의 가장 장점이자 효율적인 것은 실전 경험을 하면 할수록 성공 확률이 높아지게 되고, 1% 수익 투자의 전문가가 된다는 것이다. 개인 투자자는 어떻게 하면 1% 수익 투자를 효율적으로 성공적으로 할 수 있는지를 경험을 통해 실력을 키운다면, 월평균 4%를 넘어 5%, 6%, 나아가서 10%도 가능할 수 있다. 왜냐하면 시간이 지나면 지날수록 종목 선정도 잘하게 될 것이고, 저점 매수도 아주 효율적으로 할 수 있기 때문이다.

만약 1% 수익 투자로 월평균 5% 정도까지 수익을 낼 수 있는 실력만 키운다면 2년마다 자산이 3배로 늘어날 수 있다. 즉, 3년 동안 월평균 5% 수익만 유지해도 자산은 5.8배가 되고, 순수익만 480%가 된다. 그러므로 1% 수익 투자를 꾸준히 하여 월평균 수익률을 높이는 것을 연구하고 노력해야 할 것이다.

1% 수익 투자는 매일 종목을 찾아내야 한다는 것과 하루에 최소 4시간 정도는 차트를 보면서 1% 수익 투자 지침서에 따라서 매수 시점을 파악하고 투자(매수)해서 수익 실현해야 하는 상대적 단점이 있다

(1% 수익 투자에 필요한 급등주 종목은 https://cafe.naver.com/herareading/10672에서 급등할 종목을 찾는 법을 배운 후 급등주를 찾고, 1% 수익 투자 지침서에 따라 투자를 하면 된다). 왜냐하면 2 ~ 3% 수익 투자나 100% 수익 투자는 실전 투자 3단계를 통해서 매수한 후, 수익 실현(매도) 2단계에 따라 수익 실현이 될 때만 종목을 선정하고 투자하면 되므로 한 달에 많아야 10시간 이내로만 투자를 하면 되지만 1% 수익 투자는 매일 4시간 정도 투자를 해야 한다.

C라는 투자자의 수익률을 계산해 보면, 2% 수익 투자를 36번 성공했으니, 단순하게 계산하면 72%가 되지만, 복리 계산을 하면 순수익 100%를 달성한 결과를 나타낸다. 아래의 표는 2% 수익 투자를 했을 때 성공 회수에 따른 수익률을 나타낸 표다.

목표수익 2% 수익투자 성공회수에 따른 복리효과

성공회수	1회	2회	3회	4회	5회	6회
수익률	2.00%	4.04%	6.12%	8.24%	10.41%	12.62%
성공회수	7회	8회	9회	10회	11회	12회
수익률	14.87%	17.17%	19.51%	21.90%	24.34%	26.82%
성공회수	13회	14회	15회	16회	17회	18회
수익률	29.36%	31.95%	34.59%	37.28%	40.02%	42.82%
성공회수	19회	20회	21회	22회	23회	24회
수익률	45.68%	48.59%	51.57%	54.60%	57.69%	60.84%
성공회수	25회	26회	27회	28회	29회	30회
수익률	64.06%	67.34%	70.69%	74.10%	77.58%	81.14%
성공회수	31회	32회	33회	34회	35회	36회
수익률	84.76%	88.45%	92.22%	96.07%	99.99%	103.99%

투자자 C는 투자자 B와 마찬가지로 한 달에 2% 수익 투자를 몇 번

성공시키느냐에 따라 자신의 자산이 늘어나는 속도가 달라진다. 한 달에 한 번만 성공하면 3년마다 자산이 두 배로 늘어날 것이고, 한 달에 2번 성공한다면 3년에 자산이 4배로 늘어날 것이고, 한 달에 3번 성공한다면 1년에 자산이 두 배로 늘어날 것이다. 결론적으로 2% 수익 투자를 책에 따라서 얼마나 열심히 노력하고 공부하고 연구하느냐에 따라서 자신의 미래가 바뀌게 된다.

주식의 神이 운영하는 주식 고수 카페(www.godstock.net)의 종가 종목 수익 투자(2% 수익 투자)의 투자 결과를 가지고 분석해 보면, 수익 투자 지침서에 따라 투자를 할 경우 최소 2번 이상 가능한 것으로 나타난다. 물론 숙련도나 실력에 따라서 처음에는 한 달에 한 번도 어려울 수 있지만 꾸준하게 6개월 이상 노력한다면 반드시 한 달에 최소 한 번 이상은 성공할 수 있을 것이다.

D라는 투자자의 수익률을 계산해 보겠다. 3% 수익 투자를 24번 성공했으니 단순하게 계산하면 72%가 되지만, 복리 계산을 하면 C 투자자와 마찬가지로 순수익 100%를 달성한 결과를 나타낸다. 아래의 표는 3% 수익 투자를 했을 때 성공 횟수에 따른 수익률을 나타낸 표다.

목표수익 3% 수익투자 성공회수에 따른 복리효과						
성공회수	1회	2회	3회	4회	5회	6회
수익률	2.00%	4.04%	6.12%	8.24%	10.41%	12.62%
성공회수	1회	2회	3회	4회	5회	6회
수익률	64.06%	67.34%	70.69%	74.10%	77.58%	81.14%
성공회수	1회	2회	3회	4회	5회	6회
수익률	64.06%	67.34%	70.69%	74.10%	77.58%	81.14%
성공회수	1회	2회	3회	4회	5회	6회
수익률	84.76%	88.45%	92.22%	96.07%	99.99%	103.99%

투자자 D는 한 달에 한 번만 성공해도 월평균 수익률이 3%가 되고, 2년마다 자산이 2배로 늘어나게 된다. 그 결과 10년이면 34.7배, 20년이면 1,204배 이상으로 자산이 늘어나게 된다. 한 달에 3% 이상 상승할 종목(www.twobaero.com에서 1,000원이면 3% 수익 투자 종목에 대한 정보를 다운 받을 수 있으니 스스로 찾기 어려운 투자자는 활용하면 된다)을 찾아내어야 하고, 찾아낸 종목을 저점에서 매수를 해야 한다. 개인 투자자가 3% 수익 투자 지침서에 따라서 스스로 종목을 찾거나 '주식 농장 두 배로(www.twobaero.com)'를 활용해서 찾은 후 실전 투자(매수) 3단계에 따라 매수하고, 수익 실현(매도) 2단계에 따라 꾸준하게 수익 실현을 이루어 간다면 한 달에 3% 이상 수익 실현은 결코 어렵지 않다는 것을 깨닫게 될 것이다.

사실 투자자 A처럼 100% 수익 투자를 선택하든, 투자자 B처럼 1% 수익 투자를 선택하든, 투자자 C처럼 2% 수익 투자를 선택하든, 투자자 D처럼 3% 수익 투자를 하든 어떤 방식의 수익 투자를 해도 상관은 없다. 단, 자신에게 맞는 수익 투자를 해야 한다.

매월 생활비가 필요한 투자자가 투자자 A처럼 투자를 한다면 100% 수익 투자 성공할 때까지는 엄청난 자금 압박과 생활의 불편함을 감수해야 한다. 매일 하루하루를 바쁘게 사는 사람이 투자자 B처럼 1% 수익 투자를 한다면 원래 본업을 망치게 된다. 그러므로 자신의 환경, 자신의 성향, 자신의 라이프스타일, 자금력 등에 꼭 맞는 수익 투자를 선택해야만 주식 투자를 하면서 스트레스를 받지 않고 행복한 투자를 할 수 있다.

실현 가능한 목표를 정하라 · 58

기간과 수익의 욕심을 버려라 · 73

비교하는 욕심을 버려라 · 83

2장

욕심을 버려라

목표를 명확하게 하고, 기간의 욕심, 수익의 욕심, 비교하는 욕심을 버려라!

실현 가능한 목표를 정하라

삶을 살아가다 보면 무엇인가 반드시 이루어야 하거나, 무엇인가를 이루고 싶을 때가 있다. 이때 가장 조심해야 하는 것이 이루고자 하는 열정과 욕망 등에 의해 자신도 모르게 만들어지는 기간의 욕심, 성과(수익)의 욕심, 비교하는 욕심이다.

자신의 체형을 바꾸기 위해 체중 감량을 결정하고, 체중 감량을 하기 위해 도움이 될 수 있는 책을 사기 위해 서점에 갔다고 가정해 보자. 다이어트에 관련된 책을 구매하기 위해서 둘러보면 '몇 주로 끝내는 다이어트', '몇 주 해독 다이어트', '누구나 몇 kg 뺄 수 있다', '며칠 다이어트' 등 기간의 욕심, 성과의 욕심, 비교하는 욕심을 자극하는 책들로 가득하다. 다이어트뿐만 아니라 영어 공부, 각종 자격증 공부 등 공부에 관한 책 역시 기간, 성과, 비교하는 욕심을 강하게 자극한다. 하물며 돈, 재테크, 부동산, 주식 등과 관련된 책들은 이루 말할 수 없을 정도로 자극적이고 강한 어투로 기간의 욕심을 부추기고, 성과(수익)의 욕심을 자극시키고, 남들보다 우위에 서고 싶어 하는 인간의 본능을 자극하여 비교하는 인간의 욕심을 마음속에서 이끌어 내어 기간의 욕심, 성과(수익)의 욕심, 비교하는 욕심으로 자신도 모르게 구매하거나 가입하도록 한다. 하지만, 얼마 지나지 않아 이룰 수 없다는 것을 깨닫게 되고, 자신에게는 맞지 않은 다이어트 법, 공부법, 투자법 등이라고 자기 합리화를 하면서 포기하거나 다음 기회로 미루고 만다.

인간이라면, 아니 살아 있는 생물이라면 누구나 빠른 기간에 이루고자 하는 것은 당연한 욕심이고 욕망이자 희망이다. 그런데 성공한 사람들이 천편일률(千篇一律)적으로 하는 이야기가 있다. 부자가 되거나 무엇인가를 이루려면 제법 긴 시간이 필요하다는 것이다.

1만 시간의 법칙은 어떤 분야의 전문가가 되기 위해서는 최소한 1만 시간 정도의 훈련이 필요하다는 법칙이다. 여기에서 놓치면 안 되는 것은 단순한 1만 시간이 아니라 어제와 다른 오늘의 변화가 있는 1만 시간이라는 것이다. 즉, 훈련이나 교육, 연구, 공부 등을 통해서 꾸준히 성장하는 것을 전제로 한 1만 시간이라는 것이다.

1만 시간이 되기 위해서 하루에 10시간씩 훈련한다고 가정하면 약 3년이라는 시간이 필요하고 하루에 3~4시간 정도 훈련을 한다고 가정하면 약 10년이라는 시간이 필요한 것이다. 〈생활의 달인〉이라는

TV 프로그램을 보더라도 대부분의 달인은 그 분야에 최소 10년 이상 경력과 노하우가 있다는 것을 알 수 있다.

사람이 고등학교를 졸업하고 성인이 된 후 한 분야를 본격적으로 훈련하고 연구하고 노력할지라도 10년이라는 세월이 필요한데, 하물며 없었던 부를 이루고자 하는 데는 당연히 10년이라는 기간보다 훨씬 많은 시간이 필요할 것이라고 생각하는 것은 당연하지 않을까 판단된다.

주식 투자를 시작하거나 공부하기 전에 반드시 스스로 정해야 하는 것이 얼마만큼의 부(돈)를 얻고자 하느냐이다. 다시 말해 자신이 원하는 돈의 크기를 명확하고 정확하게 우선 정해야 한다. 그래야만 그 돈의 크기에 맞게 전략, 전술을 짜서 그것에 맞게 투자를 하면서 하나씩 하나씩, 한 스텝 한 스텝 올라가면 자연스럽게 이루어지는 것이다.

주식 투자를 하는 사람은 최소 두 가지의 목표를 가지는 것이 좋다. 첫 번째 목표는 얼마의 돈을 모을 것이냐고, 두 번째 목표는 모은 돈으로 1년에 얼마를 벌어서 평생 돈 걱정하지 않고 살 것이냐에 대해서 명확하게 정해야만 이룰 수 있다.

얼마를 결정해야 할지 잘 모를 때는 기준점을 잡으면 쉽게 결정할 수 있다. 그 기준점이 되는 금액을 우리나라 대한민국의 순자산 상위 1%를 기준으로 하면 어떨까?

2021년 통계 자료로 보면 한국의 상위 1% 순자산은 120만 달러이다. 2021년 환율 범위인 1,080원 ~ 1,196원로 계산하면 13억 원 ~ 14억 원이 된다. 그렇다면, 여러분의 순자산이 13억 ~ 14억 원 정도만 되면 상위 1%의 자산가인 것이다. 물론 시간이 흘러감에 따라 순자산의 규모가 증가할 확률이 높다.

2021년 강남 아파트 한 채 가격이 30억 원 정도 하니 순자산 14억 원이 너무 적은 것 같지만, 만약 현금 14억 원으로 살 수 있는 부동산을 계산하면 어떻게 될까? 부동산 가격의 80% 대출한다고 가정하면, 70억 원 이상의 부동산을 보유하고 있는 것과 같다고 할 수 있다. 그러므로 순자산 14억 원은 결코 작은 돈도 아니고 얕잡아 볼 돈도 아니다. 2021년 기준에는 14억 원 정도가 순자산 상위 1%의 부자일 수 있지만, 향후 10년, 20년이 지나면 상위 1%의 순자산 규모는 20억 원 이상으로 상승하지 않을까 예상해 본다.

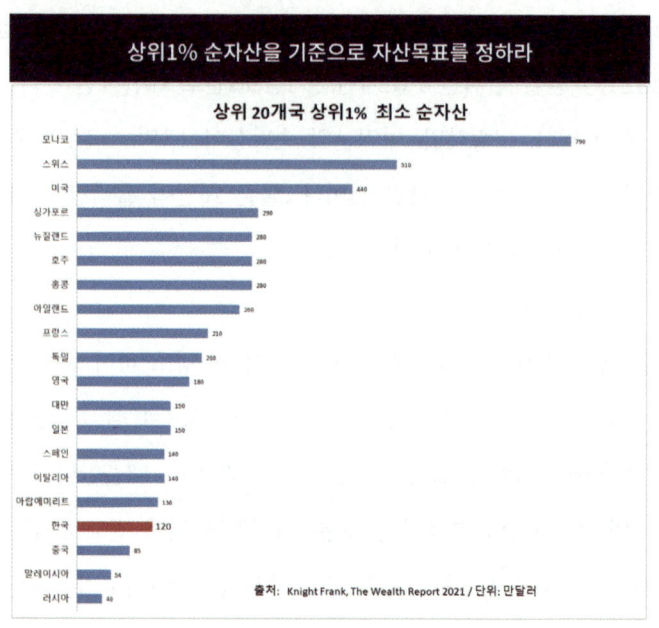

　자산 목표를 13억 원 이상으로 정했다고 가정하면, 이제 13억 원 이상의 자산 목표를 어떻게 달성할 것인가를 수학적, 과학적, 통계적, 객관적인 방법에 의해 누가 보더라도 이룰 수 있을 것 같은 계획을 명확하게 명료하게 짜야 한다.

　주식 투자에 있어서 문방사우(文房四友)라고 할 수 있는 것은 투자금, 시간, 가치주, 실력이다. 주식 투자를 하기 위해서는 4가지가 반드시 있어야 한다. 주식 투자 문방사우 중 3가지인 시간, 가치주, 실력은 자신의 노력에 의해 주식의 神이 가르쳐 주는 원리, 원칙만 배워도 이룰 수 있지만, 투자금은 개인 투자자 스스로 만들어야 한다.

13억 원 이상의 자산을 만들기 위해 주식 투자에 필요한 투자금을 만들라고 이야기하면, 많은 개인 투자자들은 투자를 할 만한 목돈이 없다고 한다. 그런데 주식 투자의 가장 큰 묘미는 1,000원만 있어도 주식 투자를 할 수 있다는 것이다. 즉, 1,000원 정도의 적은 금액으로도 주식 투자를 바로 시작할 수 있다는 것이다. 주식의 神이 아는 한 개인이 할 수 있는 현존하는 사업 중 사업 자금 1,000원으로 바로 시작할 수 있는 사업은 주식 투자 외에는 없을 것이다. 그러므로 돈이 없다는 핑계를 대지 말고, 어떻게 하면 자신의 불필요한 생활비, 품위 유지비 등을 줄여서 투자금을 마련할 것인가를 생각해야 한다. 불필요한 소비를 줄이면 충분히 자금을 마련할 수 있다.

   최근 최저 임금의 상승으로 제조 공장에만 근무를 하더라도 월 200만 원 이상의 급여를 받을 수 있다. 물론 일하는 시간에 따라 굳이 직장을 다니지 않고 알바만 해도 100만 원 이상을 벌 수도 있다. 만약 남들이 싫어하는 직종의 일을 구한다면 쉽게 직장을 구할 수 있고 충분히 매달 최소한의 투자 자금을 마련할 수 있다.

   주식의 神은 최소 월 40만 원 이상을 투자하라고 한다. 그 이유는 초등학생이 공부를 잘하기 위해 지불하는 영어와 수학 학원비를 합치면 월 40만 원이 넘기 때문에, 자신의 미래를 위해 최소 월 40만 원의 학원비를 낸다는 마음으로 실전 투자를 하라는 것이다. 얼핏 보면 40만 원이 아무것도 아닌 것처럼 여겨질 수 있지만 복리 마법의 힘과 꾸준한 시간의 힘이 더해지면 무서울 만큼 자산이 늘어난다. 그리고 무엇보다도 중요한 사실은 꾸준하게 원칙에 따라 수익 투자한 결과물로 주식 투자의 실력도 함께 늘어난다는 것이다. 월 40만 원씩 투자하는 것이 얼마나 큰 위력을 발휘하는지 복리 계산을 해 보면 알 수 있다.

구글에서 'Compound Interest Calculator'를 검색하면 아래와 같이 검색되어 나오는데 'Compound Interest Calculator' 선택하면 복리를 계산할 수 있는 계산기가 나온다.

복리 계산기에 이미지처럼 월 40만 원씩 투자하는 것으로 값을 입력하고, 버핏의 수익률 정도 되는 월 1.7%(또는 연 22.42%)를 이자로 입력하고, 기간을 20년으로 입력해서 계산하면 1,344,075,728원이 된다.

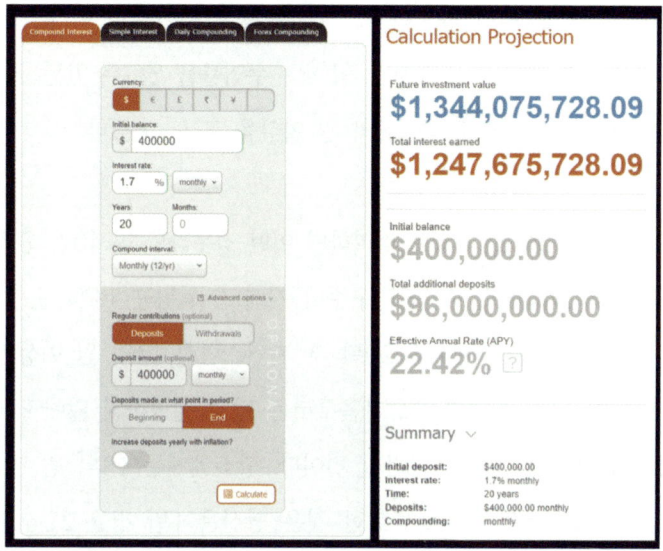

　월 40만 원씩 20년간 꾸준하게 투자한 결과를 보면 실제 투자 금액은 96,000,000원(40만 원 × 240개월)이지만 복리 마법의 효과로 이자가 1,247,675,728원이 되어 13억 원 이상을 달성한 것이다. 왜 복리 마법으로 주식 투자를 해야 하는지 계산된 결과만 보더라도 깨달을 수 있을 것이다.

　월 1.7%의 수익률, 기간 20년으로 한 복리 계산 결과를 보면 매월 40만 원씩만 꾸준하게 투자를 해도 20년 후 여러분이 바라는 13억 원 이상의 순자산이 저절로 만들어진다. 물론 이 책에 따라서 실전 투자를 하면서 월평균 1.7% 이상 수익을 낼 수 있는 실력을 키워야 한다. 만약 실력을 키우지 못하면 그 기간은 더 길어질 수 있다. 당연히 수익률이 1.7%보다 더 높으면 그 기간은 훨씬 짧아질 것이다. 단순하게 계산해 보면 알 수 있겠지만 월 4% 수익률을 낼 수 있는 실력이 있으면 11년만 투자해도 약 18억 원 이상을 모을 수 있다.

복리 계산한 결과를 가지고 정리하면 어떤 경우라도 월 40만 원씩 적금식으로 투자하겠다는 원칙을 꾸준히 지키고, 월평균 1.7% 순수익을 낼 수 있는 실력을 키운다면, 20년 후 자연스럽게 13억 원 이상의 자산을 만들게 되는 것이다. 그 다음부터는 말로 설명하지 않아도 인생이 어떻게 바뀔지 그림이 그려질 것이다. 당신에게는 13억 원 이상의 순자산이 있고, 무엇보다도 중요한 것은 당신은 1년 평균 22.42%(월 1.7%)의 수익을 낼 수 있는 주식 투자 능력을 가지게 되는 것이다.

20년 후 순자산 13억 원을 만든 후, 단순 계산으로 13억 원을 투자해서 1년에 22.42%의 수익을 얻는다면 1년에 2억 9천만 원을 벌 수 있다. 만약 더 이상 자산을 늘리지 않고 사용한다면 매년 2억 9천만 원 정도의 생활비를 사용할 수 있게 되는 것이다. 즉, 월 40만 원씩 투자해서 20년 후 13억 원 이상의 순자산을 만들면 그 이후부터는 돈으로부터 자유를 얻게 된다는 결론에 도달하게 된다.

자산 목표를 설정하면서 깨달아야 하는 것은 결코 짧은 시간에 13억 원 이상의 자산을 만들 수 없다는 것이고, 투자 금액보다는 수익률과 투자 기간에 의해 자산이 늘어나는 속도가 달라진다는 것을 알 수 있다. 즉, 투자금보다는 자신의 월평균 투자 실력을 얼마만큼 키우느냐와 얼마나 오랜 기간 동안 꾸준히 투자를 하느냐에 따라서 자산이 늘어나는 속도가 달라진다는 것이다. 만약 월 40만 원씩 투자해서 3년 만에 13억 원 이상의 순자산을 확보하고 싶다면 매월 20% 이상의 순수익률을 달성할 수 있어야 가능하다. 투자 기간을 3년이라는 기간으로 짧게 잡으면 매월 20% 이상의 순수익을 낼 수 있는 엄청난 실력을 키우면 가능하지만, 현실적으로 불가능하다.

복리 계산기를 통해 다양한 방법으로 복리 계산을 해 보고 계산된 결과를 분석하고 인지하고 있는 투자자라면 소위 월 30% 수익, 100% 수익을 만들어 준다고 하는 허무맹랑한 광고에 속아서 소중한 자신의 자산을 탕진하는 경우는 없을 것이다.

기간의 욕심은 타인을 설득하거나 유혹할 때 사용하는 가장 강력한 무기 중 하나이다. 그러므로 개인 투자자가 기간의 욕심 때문에 고액의 정보 이용료를 내거나 고액의 리딩방에 참여하여 '묻지 마 투자'를 한다면, 고액의 정보 이용료나 수강료뿐만 아니라 자신의 소중한 투자 자산을 날리게 되고, 무엇보다도 최악의 결과는 개인 투자자들이 주식 투자에 대한 잘못된 편견을 스스로 가지게 되어 주식 투자를 투기나 도박으로 인지하게 된다는 것이다.

두 번째 목표는 월평균 또는 연평균 얼마를 벌어야 돈에 대한 걱정을 하지 않고 살 수 있는지 스스로에게 물어보고 연 수익 또는 월 수익에 대한 목표를 명확하게 정해야 한다. 그 기준이나 목표를 잡기 위해서는 현재 연봉 상위 10% 안에 들어가는 사람은 얼마나 버는지, 노후에 필요한 적정 생활비가 얼마나 되는지 통계 자료를 참고하면 좀 더 효율적으로 자신의 1년 수익을 결정할 수 있을 것이다.

2019년 근로 소득 수준을 보면 아래와 같다. 연봉에 따라 4인 가족 기준으로 1년 실수령액과 월 수령액을 계산해 보자.

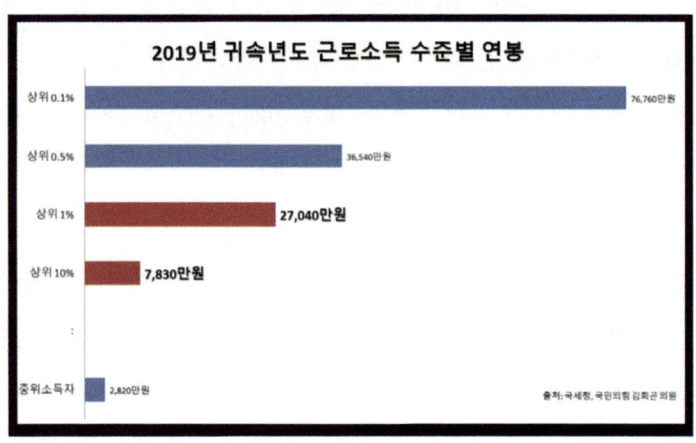

상위 0.1%의 경우는 연봉은 7억 6,760만 원, 실수령액: 4억 2,679만 960원, 월: 3,639만 9,247원. 상위 0.5%의 경우는 연봉은 3억 6,540만 원, 실수령액: 2억 2,662만 1680원, 월: 1,888만 5,140원. 상위 1.0%의 경우는 연봉은 2억 7,040만 원, 실수령액: 1억 7,910만 8,680원, 월: 1,492만 5,723원. 상위 10%의 경우는 연봉은 7,830만

원, 실수령액: 6,557만 640원, 월: 546만 4,220원. 중위 소득자의 경우는 연봉은 2,820만 원, 실수령액: 2,558만 3,880원, 월 213만 1,990원이다.

연봉 기준으로 자신의 수익 목표를 정하기 어렵다면, 중고령자가 노후에 필요한 생활비 수준에 대한 정보를 보고 결정해도 된다.

최근 통계 자료를 보면 평균 51세에 은퇴를 한다고 한다. 그렇다면 52세부터 평균 수명 83세까지 약 30년을 살아가야 하는데, 만약 여러분이 직장 없이 30년을 살아간다고 생각만 해도 끔찍할 것이다. 그러므로 반드시 자신이 잘 할 수 있을 것을 찾고, 좋아하는 것을 찾아서 남은 30년 인생을 마음껏 즐기면서 살아갈 수 있는 실력을 키워야 한다.

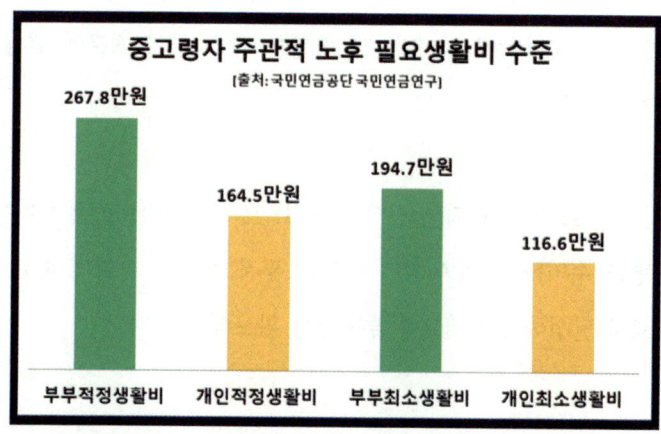

노후에 필요한 생활비 수준에 대한 자료에 나와 있듯이 최소 부부

의 생활비는 월 194만 7천 원(연 2,336만 4천 원), 적정 생활비는 월 267만 8천 원(연 3,213만 6천 원)이다.

연봉 수준과 노후 필요 생활비 수준에 대한 자료를 근거로 해서 만약 실수령액 기준 월 300만 원(연 3,600만 원)을 목표로 두고 주식 투자를 한다고 가정하면, 두 가지 조건이 갖추어져야 한다. 첫 번째는 투자금 1억 6천만 원 이상이 있어야 하고, 두 번째는 연 22.42%(월 1.7%) 수익률을 낼 수 있는 실력을 키워야 한다. 만약 실수령액으로 연 1억 원 이상을 벌고자 한다면, 투자금 4억 5천만 원 이상, 연 22.42% 이상 수익률을 낼 수 있는 실력이 있어야 한다.

주식의 神뿐만 아니라 대부분의 부자들은 결코 짧은 기간 내에 부자가 될 수 없다고 말한다. 누구나 알듯이 짧은 기간에 부사가 되는 방법은 로또나 도박밖에 없지만, 그 확률이 매우 낮기 때문에 현실적으로 불가능하다.

주식 투자로 부자가 되고 싶다면, 최소 10년 이상은 실전 투자를 해서 연평균 수익률 22% 이상이 나오는 투자 실력을 키워야 하고 자신의 목표를 달성하기에 필요한 투자금을 확보해야 한다.

원하는 자산 목표 10.0배				
기간	월수익률		기간	월수익률
1년	19.28%		11년	1.75%
2년	9.64%		12년	1.61%
3년	6.43%		13년	1.48%
4년	4.82%		14년	1.38%
5년	3.86%		15년	1.29%
6년	3.21%		16년	1.21%
7년	2.75%		17년	1.13%
8년	2.41%		18년	1.07%
9년	2.14%		19년	1.01%
10년	1.93%		20년	0.96%

자산을 10배로 늘리고 싶은데, 얼마의 기간을 정해야 할까? 자산을 10배로 늘리고자 할 때, 월 수익률과 기간으로 계산한 표를 보고 판단하면 어떻게 기간을 정해야 할지 답이 나온다. 만약 욕심을 부려 기간을 투자 기간을 1년으로 정했다면 한 달에 약 19.28%의 수익률이 가능해야 1년 만에 자산을 10배로 늘릴 수 있다. 그러므로 스스로에게 물어보고 현재 자신에게 한 달에 순수익 19.28%를 벌 수 있는 능력이 있다면 가능하겠지만, 그렇지 않다면 현실적으로 불가능하므로 1년의 시간은 욕심이라는 것을 스스로 깨닫게 될 것이다.

만약 여유롭게 20년을 정했다면, 한 달에 0.96%만 수익을 올리면 된다. 그러므로 만약 개인 투자자가 20년이라는 여유로운 투자 기간을 잡고, 1000만 원을 투자해서 20년 후 1억 원이라는 목돈을 마련하겠다고 목표를 정한다면 성공할 확률이 매우 높을 것이다. 특히 이 책에 따라서 투자를 하다 보면 실력이 쌓이게 되고, 그 실력으로 월평균 3% 이상의 수익률이 나오게 된다면 그 기간은 20년에서 7년 이하로 자연스럽게 줄어들게 될 것이다. 그러므로 처음부터 너무 무리하게 목표 기간을 잡지 말고, 원칙을 지켜서 투자를 하게 된다면 반드시 버핏보다 수익률 높은 고수가 되어서 그 기간을 앞당길 수 있을 것이다.

개인 투자자가 짧은 기간에 많은 수익을 올려서 자신의 목표를 달성하겠다고 욕심을 부려도 실력과 자금이 뒷받침되지 않으면 그것은 공허한 메아리가 될 뿐이고, 자칫 잘못하면 과대광고 등에 속아서 고액 서비스료와 자신의 소중한 자산을 날릴 수도 있다.

기간과 수익의 욕심을 버려라

네이버, 다음, 구글 등에서 주식 투자에 대해 검색해 보면 많은 광고를 볼 수 있다. 그 광고들 중에는 서로 경쟁하듯이 한 달에 수십 %의 누적 수익 또는 수익을 달성하고 있다고 계좌 인증까지 하고 있다. 어떤 경우에는 한 달간 누적 수익률이 100% 이상 된다고 광고를 하고, 그 증거 자료로 계좌를 보여주고 있는 곳도 있다.

복리 계산기를 활용해서 계산기를 두드려 본 분들은 월 10%씩 성공만 하더라도 10년이면 92,709배로 자산이 늘어나고, 20년이면 8,594,971,441배로 자산이 늘어나는 것을 알 수 있다. 월 30%씩 성공만 한다면, 10년이면 47조 배가 되고, 20년이면 계산할 수 없는 숫자가 된다. 그런데 많은 광고들은 복리 계산을 하면 얼마나 큰 결과가 나오는지 계산조차 하지 않고 한 달에 수십 %의 수익이 나고 있다고 광고하고 있고, 그 광고를 믿고 많은 개인 투자자들은 고액의 정보 이용료를 내고 투자를 하고 있다. 투자 결과는 많은 언론에 보도되었듯이 참담한 결과를 초래할 확률이 높다. 그 이유는 그들이 광고하는 것이 사실이자 진실이 아닐 수도 있기 때문이다. 한 달에 10% 수익률만 계산해도 엄청난 부를 이룰 수 있는데 굳이 엄청난 광고비를 지불하면서 개인 투자자들을 회원으로 받기 위해 노력할 이유가 없기 때문이고, 또 그런 능력이 있으면 전 세계 최고의 투자 기업을 이끌고 있는 버핏이 그 회사를 인수하거나 그들이 말하는 전문가를 채용할 것이다. 하지만, 그런 뉴스는 지금까지 본 적이 없으니 실질적인 수익률은 다소 차이가 나지 않을까 합리적 의심을 할 수 있다. 그러므로 남에게 의지해서 투자할 생각을 버리고 스스로 수익 투자 지침서에 따라서 실전 투자를 하면서 실력을 키우는 데 집중해야 한다.

기간과 수익의 욕심을 버릴 수 있도록 도와주는 가장 좋은 예는 압구정 현대 아파트의 수익과 S&P500의 수익을 비교하면서 한 달에 1.7% 수익(연 22.42%)이 얼마나 큰 수익인지 깨닫게 되는 계기가 되기를 바란다.

국토교통부 자료에 따르면 서울 강남구 압구정 신현대 아파트 11차의 115.23면적의 2006년도 실거래 가격은 평균은 126,350만 원이고 2021년 실거래 가격은 350,000만 원이다.

투자 기간 15년 만에 자산이 2.77배로 늘어났고, 수익적인 측면에서는 177% 수익을 실현했다. 물론 각종 세금을 계산하면 실질적인 순수익은 훨씬 더 작을 수 있다. 하지만 주식 투자와 단순 비교를 하기 위해서는 세전, 세후를 떠나서 단순한 가격 차이로만 계산해서 비교해 보자.

압구정동 신현대 아파트 11차의 단순 투자 결과를 가지고 주식 투자를 15년간 할 때 월평균 수익률을 얼마만큼 유지하여야 2.77배와 같은 수익의 결과가 나오는지 계산하면 다음과 같다.

원하는 자산 목표 2.77배			
기간	월수익률	기간	월수익률
1년	8.53%	11년	0.78%
2년	4.27%	12년	0.71%
3년	2.84%	13년	0.66%
4년	2.13%	14년	0.61%
5년	1.71%	**15년**	**0.57%**
6년	1.42%	16년	0.53%
7년	1.22%	17년	0.50%
8년	1.07%	18년	0.47%
9년	0.95%	19년	0.45%
10년	0.85%	20년	0.43%

주식 투자로 월평균 0.57%(연 6.83%) 수익만 유지해도 15년이면 자산은 2.77배로 늘어나는 결과가 나온다. 만약 자신의 능력이 월평균 0.57%가 되지 않을 경우 단순하게 S&P500에 투자를 했다면 어떤 결과가 나올까?

2006년 4월 28일 S&P500지수가 1310.61이고 2021년 12월 21일 4568.02이므로 만약 압구정 아파트에 투자하지 않고, S&P500에 투자를 했다면, 자산은 3.48배로 늘어났고, 수익을 단순 계산하면 248.54% 수익을 실현한 결과가 나온다.

　가장 쉽게 할 수 있는 미국 S&P500과 가장 핫한 강남구 압구정 아파트의 투자를 비교해 보면 결과적으로 S&P500이 70% 이상 수익률적인 측면에서 앞선다. 거기에 재산세, 양도세, 취득세 등을 계산하면 S&P500이 훨씬 더 많은 이익을 실현했다. 이런 데이터 결과만 보더라도 부동산 투자보다는 주식 투자가 유리하다. 부동산 전문가들이 부동산은 갭투자나 대출을 80% 이상 받아서 투자를 할 수 있으므로 실질적인 투자에서는 더 많은 수익을 낼 수 있다고 주장할 수 있지만, 주식 투자 역시 부동산 대출처럼 레버리지를 이용한다고 가정하면 갭투자나 대출은 논쟁의 대상이 될 수 없다. 단, 부동산의 변동성보다 주식의 변동성이 너무 크기 때문에 변동성을 극복할 역량이 되지 않거나 성향이 맞지 않는 분들은 자신에게 맞는 투자를 선택하는 것이 좋다.

주식 투자의 성공 신화, 부동산 투자의 성공 신화 등을 자세히 들여다보면 짧은 기간에 이루어진 것이 아니라, 긴 세월 동안 시세 변동이라는 큰 파도를 잘 이겨내어야 가능했고, 투자한 결과의 수익률을 투자한 기간으로 평균을 내어 보면 월평균 0.57%(연 6.83%) 상승을 보여주므로 누구나 공감할 수 있는 수익률이다. 오랜 기간 보유한 덕분에 얻은 성공 스토리는 은행의 이자보다 높고, 물가 상승률보다 높은 것뿐이다. 그러므로 주식 투자를 입문하면서 짧은 기간에 뭔가를 이루려 욕심을 부려서도 안 되고 매월 또는 매년 높은 수익률을 바라서도 안 된다. 자신의 투자 실력만큼 목표를 잡는 것이 가장 현명하다.

어떤 분야에 투자를 하든 가장 우선시되어야 하는 것은 그 분야에 대해 공부와 연구를 하고, 꾸준하게 실전 연습을 하면서 실력을 키우는 것이다. 실력을 키우는 데 가장 걸림돌이 되는 것이 기간의 욕심과 수익의 욕심이 생기는 것이다.

기간의 욕심과 수익의 욕심을 버리기 위해서는 부동산 대박을 실현시켰다는 압구정동 아파트에서 보더라도 월 0.57%(연 6.83%)만 꾸준하게 수익을 내면 15년 후 자산이 2.77배로 늘어나는 것을 알게 되었다.

자신이 원하는 자산 목표를 달성하고자 할 때도 반드시 수학적, 과학적, 통계적, 객관적으로 접근해야 성공할 확률이 높듯이, 욕심을 버리는 연습도 수학적, 과학적, 통계적, 객관적 자료를 가지고 해야만 의구심 없이 욕심을 버릴 수 있다.

아래의 표는 투자 기간을 5년으로 정하고, 월 수익률, 연 수익률의 변화에 따른 표이다. 만약 개인 투자자의 투자 실력이 월 1.7%(연 22.42%)일 경우에는 5년 후 2.7배로 자산이 늘어나고, 월 3%(연 42.58%)일 경우에는 같은 기간을 투자할지라도 월 1.7%보다 2배 더 많은 5.9배로 자산이 늘어난다.

월 수익률	1년 수익률	5년 투자하면?	투자원금 1,000만원
1.00%	12.68%	1.8 배	1,817만원
1.70%	22.42%	2.7 배	2,750만원
2.00%	26.82%	3.3 배	3,281만원
3.00%	42.58%	5.9 배	5,892만원
4.00%	60.10%	10.5 배	1.1억원
5.00%	79.59%	18.7 배	1.9억원
6.00%	101.22%	33.0 배	3.3억원
7.00%	125.22%	57.9 배	5.8억원
8.00%	151.82%	101.3 배	10.1억원
9.00%	181.27%	176.0 배	17.6억원
10.00%	213.84%	304.5 배	30.45억원
20.00%	791.61%	5.6만배	0.56조원
30.00%	2229.81%	686.4만배	68.64조원

아래의 표는 투자 기간을 10년으로 정하고, 월 수익률, 연 수익률의 변화에 따른 표이다.

월 수익률	1년 수익률	10 년 투자하면?	투자원금 1,000만원
1.00%	12.68%	3.3 배	3,300만원
1.70%	22.42%	7.6 배	7,560만원
2.00%	26.82%	10.8 배	10,765만원
3.00%	42.58%	34.7 배	34,711만원
4.00%	60.10%	110.7 배	11.1억원
5.00%	79.59%	348.9 배	34.9억원
6.00%	101.22%	1,088.2 배	108.8억원
7.00%	125.22%	3,357.8 배	335.8억원
8.00%	151.82%	10,253.0 배	1,025.3억원
9.00%	181.27%	30,987.0 배	3,098.7억원
10.00%	213.84%	92,709.1 배	9,270.91억원
20.00%	791.61%	317,504.2만배	31,750.42조원
30.00%	2229.81%	4,711,967,397.0만배	471,196,739.70조원

만약 개인 투자자의 투자 실력이 월 1.7%(연 22.42%)일 경우에는 10년 후 7.6배로 자산이 늘어나고, 월 3%(연 42.58%)일 경우에는 같은 기간을 투자할지라도 월 1.7%보다 4.5배 더 많은 34.7배로 자산이 늘어난다.

아래 표는 투자 기간을 20년으로 정하고, 월 수익률, 연 수익률의 변화에 따른 표이다. 만약 개인 투자자의 투자 실력이 월 1.7%(연 22.42%)일 경우에는 20년 후 57.2배로 자산이 늘어나고, 월 3%(연 42.58%)일 경우에는 같은 기간을 투자할지라도 월 1.7%보다 21배 더 많은 1,204.9배로 자산이 늘어난다.

월 수익률	1년 수익률	20년 투자하면?	투자원금 1,000만원
1.00%	12.68%	10.9 배	10,893만원
1.70%	22.42%	57.2 배	57,152만원
2.00%	26.82%	115.9 배	115,889만원
3.00%	42.58%	1,204.9 배	1,204,853만원
4.00%	60.10%	12,246.2 배	1,224.6억원
5.00%	79.59%	121,739.6 배	12,174.0억원
6.00%	101.22%	1,184,152.6 배	118,415.3억원
7.00%	125.22%	11,274,742.8 배	1,127,474.3억원
8.00%	151.82%	105,123,864.3 배	10,512,386.4억원
9.00%	181.27%	960,195,145.0 배	96,019,514.5억원
10.00%	213.84%	8,594,971,441.1 배	85,949.71조원
20.00%	791.61%	100,808,940,753.0억배	10,080,894,075.30경원
30.00%	2229.81%	2,220,263,675,010,690.0조배	222,026,367,501,069.00해원

아래의 표를 보면 수익률과 투자 기간이 얼마나 중요한지 한눈에 파악할 수 있다.

투자 기간과 수익률 변화에 따른 수익성 비교

수익률 \ 기간	5년 투자	▶2.0배 증가	10년 투자	▶2.0배 증가	20년 투자
월1.7%(연22.42%)	2.7배	▶2.8배 증가	7.6배	▶7.6배 증가	57.2배
	▼1.76배 증가	▼2.18배 증가		▼4.56배 증가		▼21.06배 증가
월3%(연42.58%)	5.9배	▶5.9배 증가	34.7배	▶34.7배 증가	1204.9배

월 1.7% 수익률의 경우 기간이 2배로 늘어날 때마다 수익률은 2.8배, 7.6배 등으로 늘어나고, 월 3% 수익률의 경우는 기간이 2배로 늘어날 때마다 수익률은 5.9배, 34.7배로 늘어나는 것을 알 수 있다. 수

익률적인 측면에서 1.76배가 늘어나지만 투자 기간이 5년일 때는 수익률이 증가한 것에 2.18배로 많은 차이가 없지만 10년에는 4.56배, 20년에는 21.06배가 늘어나는 것을 알 수 있다. 주식 투자를 통해서 돈으로부터 자유를 얻고 싶다면 자신의 투자 실력을 키워서 월평균 수익률을 높이고, 짧은 기간이 아니라 오랜 기간 동안 꾸준하게 수익률을 유지하면서 투자를 한다면 자산이 기하급수적으로 늘어나는 것을 알 수 있다.

주식 투자의 수익을 기간과 월평균 수익률로 계산한 결과를 보면, 투자 기간이 짧을 때는 월 수익률이나 투자 기간에 따라 최종 수익의 차이가 크게 나지 않지만, 투자 기간이 늘어나면 늘어날수록 최종 수익의 차이는 기하급수적으로 늘어난다는 것을 알 수 있다. 그러므로 기간의 욕심을 부리지 말고 최소 20년 이상 투사한다는 마음으로 투자를 시작하고, 월 수익률이나 연 수익률도 처음부터 너무 높게 잡아서 중간에 포기하지 말고 자신의 현재 능력에 맞게 정한 후 시작하고, 서서히 실력을 쌓아서 월 수익률을 높여가고, 투자 기간도 늘려 간다면 자산이 기하급수적으로 늘어난다는 것을 수학적, 과학적, 통계적, 객관적 방법을 통해 확신을 가질 수 있다. 그러므로 시간의 힘과 작은 수익률일지라도 꾸준한 수익률을 믿고 주식 투자를 한다면 누구나 시간이 흘러감에 따라 자산이 늘어나고, 무엇보다도 자신의 투자 실력을 키울 수 있어 자연스럽게 월 수익률이나 연 수익률이 늘어날 것이다.

비교하는 욕심을 버려라

부러워하면 진다는 말이 있고, 부러워하면 불행해진다는 말도 있다. 그러므로 남들이 주식 투자에서 이루어낸 신화 같은 성공 스토리를 부러워할 필요도 없고, 현재 나의 투자 능력이나 투자 자금에 대해 위축할 필요도 없다. 왜냐하면 기간의 욕심을 버리고, 수익의 욕심을 버리고, 비교하는 욕심을 버린 후 꾸준하게 실전 투자를 하면 어느새 전 세계 최고의 투자자인 버핏보다 수익률 높은 주식 고수가 되기 때문이다.

어떤 분야에서 성공을 하고 싶다면 그 분야에 성공한 사람들이 가지고 있는 호랑이 가죽을 부러워하지 말고, 성공한 사람들이 그 호랑이 가죽을 가지기 위해 얼마나 많은 노력을 했는지, 어떻게 어려움을 극복했는지 등에 대해 공부하고, 성공한 사람들의 포기하지 않고 이루어낸 힘에 대하여 부러워하고 성공한 사람들이 행동하고 생각한 것처럼 따라해야만 성공한 사람들처럼 이룰 수 있다.

　주식 투자로 성공을 하려면 가장 중요한 것은 앞서 말한 것처럼 기간, 수익, 비교하는 욕심을 버려야 한다는 것이다. 그 다음 스스로 다름을 깨달아야 하고, 스스로 다름을 깨달은 후에는 자신에게 꼭 맞는 투자법을 찾기 위해서 배워야 하고, 자신에게 꼭 맞는 투자법을 찾았고 배웠다면, 자신의 투자 실력이 어느 정도 반열에 올라올 때까지는 꾸준하게 익혀야 한다.

　개인 투자자가 아무리 수학적, 과학적, 통계적, 객관적인 자료를 가지고 기간의 욕심, 수익에 대한 욕심을 버렸다고 할지라도 인간의 본능은 남들과 비교하고 경쟁하게 된다. 그러므로 마지막 단계인 비교하는 욕심을 버려야 한다.

　사람이라면 누구나 자연스럽게 마음속에서 솟아나고 본능적으로 생기는 남들과 비교하는 욕심을 억누르거나 버려야 한다. 비교하는 욕심을 효과적으로 억누르거나 버리는 방법 중 가장 좋은 방법은 기간과 수익의 욕심을 버릴 때 사용했던, 수학적, 과학적, 통계적, 객관적인 방법으로 접근해서 욕심을 버려야만 평생 욕심을 버리고 살 수 있다. 비교하거나 부러워하는 욕심이 생겨도 억누를 수 있고, 실전 경험을 통해서 자신에게 꼭 맞는 수익 투자법이 가장 옳다는 것을 깨달았을 때 저절로 비교하는 욕심이 사라지고, 자신에게 꼭 맞는 수익 투자법을 끝까지 지켜나갈 수 있다. 기간의 욕심, 수익의 욕심, 비교하는 욕심을 버려야만 수익 투자에 있어서 진정한 주식 고수가 될 수 있다.

주식 투자는 기본적으로 복리 효과와 함께한다. 그래서 1% 수익 투자를 70번 성공한 것이나, 2% 수익을 36번 성공한 것이나, 3% 수익을 24번 성공한 것이나, 한번에 100% 수익을 성공한 것이나 최종적인 수익을 봤을 때는 같다. 단, 걸린 기간은 어떤 수익 투자 방법이 빠를지 아무도 알 수 없다. 1% 수익 투자, 2% 수익 투자, 3% 수익 투자, 100% 수익 투자 중 어떤 수익 투자법이 100% 수익을 내는 데 가장 빠를지는 종목의 차이, 투자 시점의 차이, 매도 시점의 차이 등 수많은 변수가 있기 때문에 직접 해 봐야 알 수 있다.

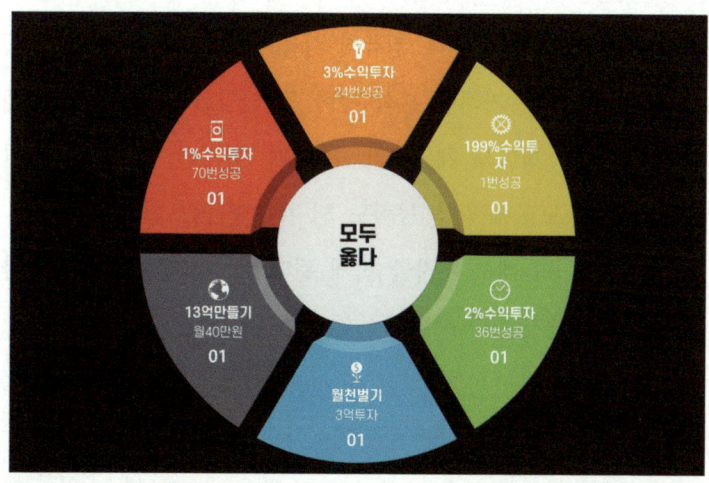

수익 투자에 있어서 무엇보다도 중요한 것은 여러 가지 조건에 따

라 모두 다른 수익 투자법을 사용해야 한다는 것이다. 사람의 성향, 자금력, 생활 환경, 직업 등에 따라서 수익 투자법은 천편일률적으로 같을 수 없다. 무턱대고 남들이 장에 간다고 해서 자신도 똥장군을 지고 장에 가면 안 된다. 사자성어 한단지보(邯鄲之步)에 나오듯이 무턱대고 남의 흉내를 내다가는 이것저것 모든 것을 잃고 만다. 그러므로 자신에게 꼭 맞는 수익 투자법을 찾아서 자신의 것으로 만들어야 한다.

비교하는 욕심을 버리면, 자신이 누구인지 명확하게 파악하여 자신에게 맞는 수익 투자법을 얻을 수 있다. 나이, 학력, 현재 투자 가능 금액, 하루에 주식 투자를 할 수 있는 시간, 경제 지식, 직업, 월 생활비, 월 투자 가능 금액, 자신의 성향, 투자 후 스트레스 받지 않고 기다릴 수 있는 시간, 투자 경험, 투자 수익률, 투자 정보, 종목 분석 능력, HTS & MTS 활용 능력, 컴퓨터 사용 능력, 주식 투자 관련 독서량, 차트 분석 능력, 거래량 분석 능력 등 다양한 부분을 세분화해서 모자라는 부분을 하나씩 채워나갈 수 있다. 하지만, 비교하는 욕심을 부리면, 자신도 모르게 갚을 능력도 되지 않으면서 무리하게 자금을 빌리거나 융통해서 투자를 하게 된다. 그 결과는 누구나 알다시피 참담한 실패를 안겨다 준다.

주식 투자뿐만 아니라 어떤 분야에서라도 성공을 하기 위해서는 반드시 남들하고 비교하지 말고 자신의 현재와 비교를 해야 한다. 특히 어제보다 나은 오늘이 되기 위해 어떻게 한 발짝 한 발짝씩 앞으로 나갈 것인가를 수학적, 과학적, 통계적, 객관적으로 세부적으로 계획을 세워서 행동해야 성공할 수 있다.

여러분이 건강이 좋지 않아 매일 걸어야 한다고 가정해 보자. 현재 여러분의 걷기 실력은 3Km를 걷기에도 벅찬데, 남들이 1만 보씩 걸어야 건강해진다고 해서 하루에 1만 보 이상을 걷게 되면, 운이 좋아 실력이 향상될 수 있지만 대부분 몸이 망가져서 더 이상 걷지 못하게 될 수도 있다. 하지만, 무리하지 않고 처음에는 3km를 걷고 그 다음 날에는 100m(가능한 범위)를 늘려서 3.1km를 걷고, 그 다음날은 또 100m를 늘려서 3.2km를 걷는 방식으로 현재 자신이 할 수 있는 능력에서 한 단계 한 단계 향상시킨다면 언젠가는 1만 보 아니 10만 보도 걸을 수 있는 능력이 생길 것이다.

다른 분야와 마찬가지로 주식 투자에 있어서도 남들이 한 달에 1000만 원을 번다느니 한 달에 1억 원을 번다느니 하는 이야기를 듣고 무작정 월 천 벌기에만 미쳐서, 투자 실력도 되지 않으면서 많은 돈을 투자하게 되면 어떤 결과가 나올까? 백발백중 대부분의 돈을 잃거나 중간에 주식 투자를 포기하고 더 이상 주식 투자 시장을 쳐다보지 않게 된다.

스스로 다름을 깨닫고 실력을 쌓기 위해서는 어떤 경우라도 처음에는 주식 투자에 사용되는 자금을 자신의 순자산 대비 20% 이상을 투자해서는 안 된다. 다시 말해 자신의 투자 실력이 버핏의 수익률 22% 이하일 경우에는 순자산 20% 이하의 자금으로 투자를 해야 하고, 투자 자금이 없는 경우라면 월 40만 원 이상을 투자하면 안 된다.

주식 투자의 수익률이 월 1.7%(연 22.42%) 이하일 경우는 가능하면 월 40만 원씩 투자하는 것이 좋다. 왜냐하면 설령 투자를 잘 못해서 적금씩으로 투자한 돈을 모두 날릴지라도 초등학생이 영어와 수학 학원에 다니듯이 자신도 주식 투자 실전 교육 학원에 다녔다고 생각하면 마음이 아프거나 스트레스를 받을 일이 없기 때문이다. 물론 주식의 神이 창안한 수익 투자법인 실전 투자(매수) 3단계, 수익 실현(매도) 2단계, 황금의 법칙, 0123 투자 법칙 등에 따라 투자를 하면 어떤 경우라도 손해 없이 수익 실현을 할 수 있다.

세상에는 크고 작음이 없고, 적고 많음이 없고, 빠르고 느림도 없듯이 최고도 존재하지 않고 최하도 존재하지 않는다. 단지 최적만 존재할 뿐이다. 주식 투자에 있어서도 최고의 실력보다는 자신에게 꼭 맞는 최적의 실력자가 되어야 한다. 매일 출근하고 하루에 10시간 이상 업무를 봐야 하는 사람이 1% 수익 투자가 아무리 효율적이고 수익률이 좋다고 하더라도 1% 수익 투자를 하면 안 되듯이, 자신에게 최적화된 수익 투자법을 찾아야 한다.

자신에게 꼭 맞는 수익 투자법은 반드시 수익 투자 지침서에 따른 실전 투자(매수) 3단계, 수익 실현(매도) 2단계, 황금의 법칙, 0123 투자 법칙 등에 근거를 두고 찾아야 한다. 기본 바탕이 없는 수익 투자는 모래 위에 쌓아 올린 모래성과 같으므로 반드시 수익 투자법을 근거로 해서 자신에게 맞는 수익 투자를 찾아서 만들고 세우고 지켜 나가야 한다.

비교하는 욕심은 자신에 대한 확신이 없기 때문에 생기는 것이다. 그러므로 자신의 수익 투자법에 대해 확신이 생기고, 만족할 만한 투자 결과를 달성한다면 비교하는 욕심은 어느새 사라지고 말 것이다.

투자 실력을 키우면 누군가의 말장난이나 광고 등에 의해 투자 사기를 당하거나 피해를 볼 일이 없을 뿐만 아니라 남과 비교하는 욕심도 사라지게 된다. 비교하는 욕심은 자신을 불행의 길로 이끄는 지름길이다. 그러므로 어떤 경우라도 남과 비교하지 말고 자신에게 맞는 수익 투자의 길을 찾아서, 그 수익 투자에 맞는 투자 철학, 원리, 원칙 등을 만들고, 세우고, 꾸준히 지켜 나가면서 실력을 키우기만 하면 진정한 주식 고수로 살 수 있다.

싸게 사서 비싸게 팔아라 ·92

늦으면 2년, 최악은 5년 이상 기다려라 ·101

급락하면 땡큐하며 추가 매수하라 ·107

3장

원칙을 지켜라!

원칙을 지키면 수익은 저절로 따라오지만
욕심을 부리면 수익은 도망간다

싸게 사서 비싸게 팔아라

주식 투자로 성공을 하고 싶다면, 반드시 자신만의 투자 원칙을 만들고, 꾸준하게 지켜가야만 한다. 죽은 시계가 하루에 두 번은 반드시 정확하게 맞듯이 자신만의 확고한 투자원칙이 있다면 반드시 때가 되어 수익 실현을 할 수 있다.

주식 투자로 가장 돈 벌기 쉬운 방법은 싸게 사서 비싸게 파는 능력을 가지는 것이다. 정확하게 싸게 사는 시점과 비싸게 파는 시점을 알수 있다면 매일, 매시간, 매분마다 수익을 실현할 수도 있다. 그러나 주가의 오르내림을 정확하게 알 수 있는 사람은 이 세상에 존재하지 않을 뿐만 아니라 존재한다면, 이미 그 사람은 전 세계에서 가장 큰 부자가 되었을 것이다. 복리 계산에서 배웠듯이 순수익 10%만 200번 성공하면 자산이 1억 9천만 배로 늘어나기 때문이 아무리 작은 돈으로 투자를 시작해도 1년이면 전 세계 최고의 부자가 될 수 있다.

싸게 산다는 개념과 비싸게 판다는 개념을 잘못 이해하면, 불나방처럼 추격 매수하게 되고, 결국엔 비싸게 사서 손해를 보고 싸게 파는 현상이 반복된다. 가장 큰 이유는 '싸게 사서 비싸게 팔아라'를 잘못 이해하여 자신이 산 가격보다 비싸게 팔면 된다고 판단하고 추격 매수를 하기 때문이다. 자신이 산 가격보다 비싸게 팔 수 있는 능력이 있다면, 주가의 오르내림을 명확하게 파악할 수 있는 능력이 있다는 것인데 수백만, 수천만, 수억 명 이상이 함께하는 주식 투자 시장에서는 불가능한 일이다. 어쩌면 너무 많은 사람들이 관여하기에 신도 정확하게 알기 어려울 수 있다.

자신에게 맞는 수익 투자를 하게 되면 가장 효과적이고 가장 빠르게 발달하는 능력과 실력은 자신이 추구하는 수익 투자에 맞는 종목을 찾고, 싸게 사서 비싸게 파는 노하우를 가지는 것이다.

개인 투자자 누구라도 이 책에 따라서 꾸준하게 투자를 하면 투자하고자 하는 회사의 가치를 빠르고 정확하게 파악하여 분석한 종목이 자신의 수익 투자에 맞는 종목인지 아닌지 파악하는 능력을 자연스럽게 키우게 된다.

자신에게 맞는 수익 투자를 하게 되면 지금 당장 눈앞에 나타나는 주가의 오르내림을 정확하게 알 수는 없지만, 자신의 목표 수익에 맞는 종목을 찾은 후 수익 투자 지침에 따라 싸게 매수한 후 때가 되어 자신의 목표 수익에 맞게 비싸게 팔 수 있다.

　꾸준히 투자를 하다 보면 투자하고자 하는 회사의 주가 흐름을 어림잡아 예측하여 파악할 수 있으므로 수익 투자를 통해 싸게 사서 비싸게 팔 수 있다. 자신의 수익 투자에 맞는 종목들 중에 어떤 종목을 선택하느냐에 따라서 수익 실현을 빨리 할 수도 있고 늦게 할 수는 있지만, 공통적으로 적용되는 것은 반드시 때가 되면 수익 실현을 하게 된다는 것이다. 수익 투자를 통해서 반드시 수익 실현이 된다는 실전 경험이 쌓이고 쌓이면, 자신의 투자 실력도 자연스럽게 시간이 지나면 지날수록 향상되어 수익 실현의 기간이 짧아질 확률이 높아진다.

　주식 투자에 있어서 절대적인 최고점과 최저점은 없다. 이 사실을 받아들여서 인지하고 인정한다면 주식 투자에 있어서 싸게 사서 비싸게 팔라는 의미를 명확하게 이해할 수 있다. 주가의 높고, 낮음은 상대적인 것이지 절대적인 것이 아니므로 주가의 오르내림 그 자체에 큰 의미를 두면 안 된다.

　주식의 神이 창안한 수익 투자 지침서, 실전 투자(매수) 3단계, 수익 실현(매도) 2단계, 황금의 법칙, 0123 투자 법칙 등에 따라 싸게 사서 비싸게 팔면 과연 돈을 벌 수 있을까 하는 의문을 가질 수 있다. 주식의 神은 앞서 강조했듯이 특별한 능력을 가지거나 공개되지 않은 정보를 기관이나 사람으로부터 받아서 투자한 것이 아니라, 누구나 지킬 수 있는 수익 투자 지침에 따라 투자를 했을 뿐인데 아래와 같은 투자 결과를 만들어 낸 것이다.

　수익 투자의 투자 결과를 보면 흔히 말하는 성공 신화에 나오는 투자 성공 스토리에는 한참 못 미친다고 할 수도 있다. 하지만 가장 중요한 것은 수익 투자 지침에 따라서 투자를 꾸준하게 실천하기만 하면 어떤 해는 순수익 100% 이상을 벌 수도 있고, 어떤 해에는 수익 실현은 많이 못할 수 있어도 3년 평균 수익률을 계산하면 버핏의 수익률 22%보다 높게 벌 수 있을 것이다.

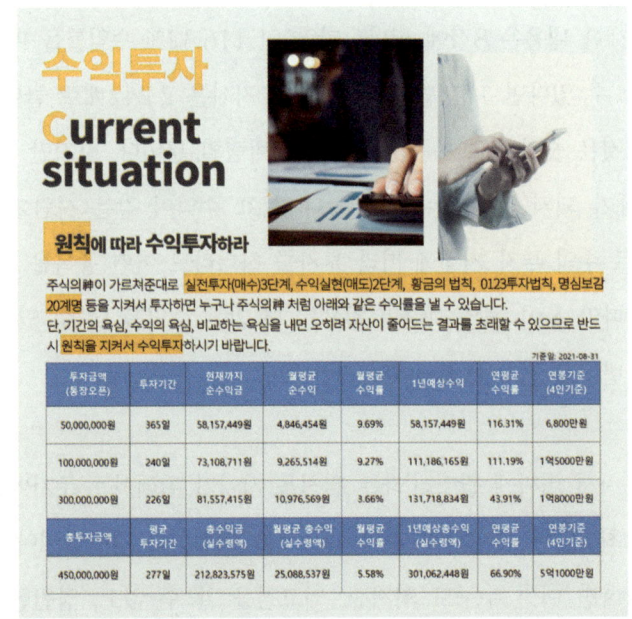

주식의 神이 5천만 원으로 수익 투자를 하면 최소 버핏보다 수익률이 높은 결과를 만들 수 있다는 것을 증명하기 위해 5천만 원을 입금하여 통장을 개설한 후 수익 실현을 할 때마다 투자한 종목, 수익 실현한 날짜, 수익 실현한 금액, 수익률 등을 100% 오픈하여 공개했다.

주식의 神이 5천만 원으로 투자를 시작했을 때 1년 수익률의 1차 목표는 버핏보다 조금 높은 수익률인 월 1.7%(연 22.42%)로 설정하고, 2차 목표로는 월 3%(연 42.58%)로 설정해 투자를 시작했다. 출발은 그렇게 높은 수익률을 바라고 투자하지는 않았지만 운이 좋게도 결과는 1년 만에 순수익률 116.31%(세후)를 달성했다. 다시 말해 5천만 원을 투자해서 세금, 수수료 등을 모두 제한 후 58,157,449원을 벌었다(상세한 내용은 8장에 있다). 만약 연 116.32% 수익률을 매년 유지만 할 수 있다면 10년만 투자를 해도 자산은 2,242배로 늘어난다. 물론 이것은 숫자로 보여주는 희망이자 바람일 뿐이다. 하지만 자산이 2,242배가 되지 않는다는 법도 없다. 목표 수익이 같은 사람이 같은 방식으로 수익 투자 지침에 따라 투자를 하더라도 어떤 종목을 선택했느냐에 따라 운이 좋은 사람의 경우는 더 많은 수익을 낼 수 있다. 단, 욕심을 버리고 원칙을 지켜야만 가능하다.

'싸게 사서 비싸게 팔아라'라는 원칙을 지키기 위해서는 주가에는 최저점과 최고점이 존재하지 않는다는 것을 인정하고 받아들여야 한다. 다시 말하면 어떤 누구도 최저점, 최고점을 알 수 없고, 영원한 최저점, 최고점은 존재하지 않는다. 수익 투자는 최저점, 최고점이 없다는 것을 인정하기 때문에 다양한 자료를 통해서 최대한 확률을 높여 상대적 저점을 찾아서 투자하고 목표 수익에 맞는 상대적 고점에 매도하여 수익을 실현할 뿐이다.

'싸게 사서 비싸게 팔아라'를 코오롱플라스틱의 주가 흐름의 데이터를 가지고 분석한 후 어떻게 투자해야 할지 판단해 보자. 코오롱플라스틱은 주식의 神이 운영하는 주식 고수 카페(www.godstock.net)에서 2021년 3월 18일에 6,150원 이하에 매수하라고 추천한 종목이다. 21년 3월 18일 이후 최저점은 21년 4월 6일에 저점이 6,000원이었으니 매수 기준가 6,150원 이하에서 충분히 원하는 금액만큼 여유롭게 투자(매수)를 할 수 있었다.

코오롱플라스틱의 주가 차트를 일봉으로 하고, 21년 2월 1일부터 21년 8월 31일까지 주가의 흐름을 보고 주가의 고점, 저점을 분석하면서 언제 사는 것이 저점에서 사는 것이고 언제 파는 것이 고점에 파는 것인지 판단해 보자. 차트에서 보듯이 21년 2월 1일 주가 4,915원일 때 주식 가격은 저점일까 고점일까? 21년 2월 1일 이후로 보면 저점이지만 만약 21년 1월 1일 기준(4,620원)으로 보면 상대적으로 고점이 된다. 주식의 神이 추천해 준 21년 3월 18일의 주가 6,150원은 그럼 고점일까? 저점일까? 21년 2월 1일보다는 25% 이상 상승한 주가이기 때문에 상당히 많이 상승했고 고점이라고 할 수도 있다.

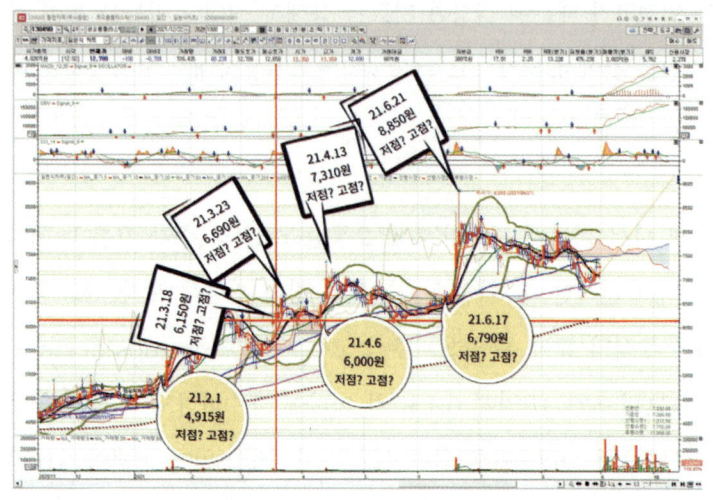

　21년 3월 23일 6,690원을 기준으로 보면 21년 3월 18일 6,150원은 저점이 된다. 또한 6,690원도 6,150원보다는 고점이지만 21년 4월 13일 7,310원, 21년 6월 21일 8,850원보다는 저점인 것이다.

　21년 6월 17일 6,790원은 21년 4월 13일 7,310원보다는 7% 정도 저점이고, 21년 6월 21일보다는 30%가량 저점이다. 하지만 21년 3월 18일, 6,150원보다는 10% 고점이고, 21년 3월 23일보다는 1.5% 높은 고점이고, 21년 2월 1일 4,915원보다는 38% 높은 고점이고, 21년 4월 6일보다는 13% 이상 높은 고점에 있는 것이다. 결론적으로 보면 어떤 특정 기간에는 상대적으로 저점과 고점이 존재할 수 있지만, 그 특정 기간을 벗어나게 되면 저점이 고점이 될 수도 있고, 고점이 저점이 될 수도 있는 것이다.

21년 6월 21일 8,850원은 차트상 최고점이라고 할 수 있지만 그 기간을 21년 10월 1일 23,800원까지 확장한 아래 차트를 보게 되면 최고점이 아니라 169%만큼 저점에 있다.

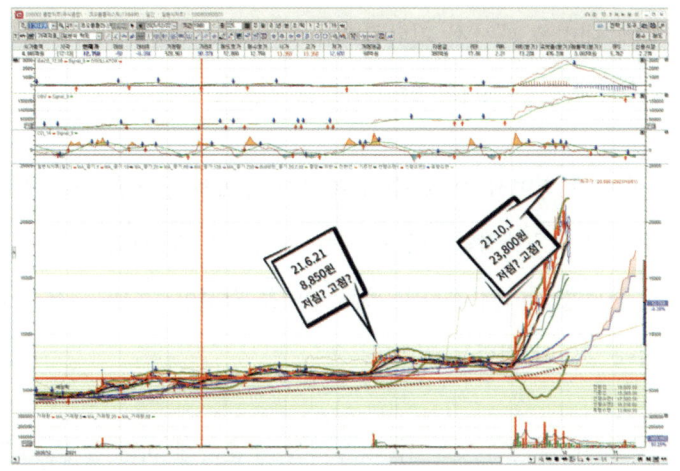

코오롱플라스틱의 주가 흐름을 보더라도 주식 투자를 할 때 절대적인 저점, 절대적인 고점이 없다는 것을 알 수 있다. 그러므로 최저점, 최고점을 찾으려 하지 말고 자신의 수익 투자에 맞는 저점, 고점을 찾는 주식 고수가 되면 코오롱플라스틱 한 종목으로도 여러 차례 수익 실현을 할 수 있다. 물론 코오롱플라스틱을 가지고 어떤 투자자는 10% 수익 투자를 할 수도 있고, 어떤 투자자는 3%, 어떤 투자자는 2%, 어떤 투자자는 100% 수익 투자를 할 수 있다. 여기서 중요한 것은 어떤 투자자가 한 번에 얼마나 많은 수익을 낸 것이 중요한 것이 아니라, 자신의 수익 투자 원칙에 따라서 투자를 했느냐 아니냐가 중요하고, 투자하는 종목이 자신의 수익 투자에 맞는 종목이냐 아니냐가 중요한 것이다. 즉 자신의 수익 투자 원칙에 맞게 코오롱플라스틱을 3% 수익 실현하고 다른 종목에 투자를 했다고 할지라도 잘못된 투자가 아니라 바른 투자이고, 코오롱플라스틱을 3% 수익 실현하고 다시 저점에 내려올 때까지 기다렸다가 다시 코오롱플라스틱에 투자해서 3% 수익 실현을 했다고 할지라도 옳다는 것이다.

주식 투자에 있어서, 아니 수익 투자에 있어서 중요한 것은 절대적인 저점에 사서 절대적인 고점에 파는 것이 아니라, 자신의 수익 투자에 맞는 종목을 찾아서 자신의 목표 수익을 달성할 수 있는 저점에 사서, 고점에 팔아야 한다는 것이다.

자신의 목표 수익에 맞는 수익 투자를 꾸준하게 하다 보면, 자연스럽게 어떤 종목을 분석하게 될 때 이 종목이 자신의 수익 투자 종목에 맞는지 여부를 알게 되고, 현재 매수 시점인지 아닌지를 바로 알게 되어 비싸게 사는 경우를 피할 수 있고, 나아가서는 수익 실현하는 기간을 단축시킬 수 있다.

수익 투자에 있어서 "싸게 사서 비싸게 팔아라"는 자신의 수익 투자 종목으로 맞는 종목을 찾은 후 언제 매수하는 것이 목표 수익에 맞는 수익 투자를 할 수 있는 저점인지 여부를 판단하여, 저점이라고 판단이 되면 매수를 하고, 아무리 차트상에서 저점처럼 보여도 자신의 수익 투자에 맞지 않는 저점이라면 매수하지 않는 것이 원칙이다.

늦으면 2년, 최악은 5년 이상 기다려라

영화 〈암살〉의 마지막 장면에서 염석진 역을 맡은 이정재는 암살당하기 전에 "몰랐으니까. 해방될지 몰랐으니까! 알면 그랬겠나…!"라고 이야기한다. 주식 투자를 하다가 중간에 포기하고 손절매하는 사람들의 마음을 한마디로 잘 표현해주는 대사다.

많은 개인 투자자들은 조금만 더 기다리고 인내하면 자신이 원하는 것보다 훨씬 값어치 있는 것을 얻을 수 있음에도 불구하고, 기회의 손

실이니 하는 아무런 도움도 되지 않는 자기 합리화를 하면서 끝까지 지키지 못하고 포기하는 경우가 허다하다. 수익 투자는 원칙을 지켜서 투자를 했다면, 중간에 포기만 하지 않으면 기간이 좀 늘어날 뿐 반드시 실패 없이 성공한다.

공휴일궤(功虧一簣)는 공덕이 한 삼태기로 무너진다는 뜻으로 흙을 끌어다 산을 만들 때 아홉 길을 쌓아 놓고 한 삼태기만 더하면 되는데, 거기서 그만두어 그동안의 고생이 헛수고가 되고 만다는 뜻이다.

주식 투자에 있어서 공휴일궤는 주식 투자를 조금이라도 해 본 사람은 누구나 공감할 것이다. 어떤 이는 자신이 팔기만 하면 바로 오르고 자신이 사기만 하면 내린다고 하면서 자신은 주식 투자에 있어서 안 좋은 경험이 많다고 자랑처럼 이야기한다. 사실 이런 실패 경험담의 대부분을 자세히 들여다보면 대부분 빠른 시간 내에 큰 수익을 얻기 위해 투자를 한 경우이다.

자신에게 맞는 수익 투자 지침에 따라서 스스로 판단하고 분석한 후 투자 원칙에 맞게 내재 가치, 미래 가치, 청산 가치가 있는 저평가된 유망한 회사를 찾아서 그 회사의 주식을 싸게 샀다면, 비옥한 토양에 좋은 씨앗을 심어 놓은 것처럼 반드시 뿌리를 내리고 성장하여 열매를 안겨 줄 것이다. 농부가 비옥한 토양에 좋은 씨앗을 심어서 때를 기다리듯이, 자신 스스로가 확신을 가지고 투자를 했다면, 어떤 경우라도 흔들리지 않고 자신의 수익 투자에 맞는 목표 수익까지 때를 기다릴 수 있다. 하지만 남의 말만 믿고 투자를 했다면, 주식 투자에 있어서 공휴일궤는 너무나 흔한 일이다.

개인 투자자가 주식 투자를 할 때 공휴일궤와 같은 허망한 일을 당하지 않기 위해서는 반드시 '2년에 3% 이자를 주는 은행 예금에 가입한다.'는 마음가짐으로 투자를 해야 바로 눈앞에서 이익을 놓치지 않는다. 투자 기간을 충분히 계산하여 여유롭게 잡았다면, 자신의 목표 수익까지 때를 기다릴 수 있다.

수많은 성공과 실패를 겪는 투자 속에서 크든 작든 수익을 얻고자 하는 투자자들은 때를 기다릴 줄 알아야 한다. 그때는 아무도 알 수 없지만 반드시 온다는 것은 사실이자 진실이다. 영화 〈암살〉에 나오는 염석진과 같이 조국을 배신하지 않으려면 반드시 자신이 투자한 종목이 때가 되면 상승한다는 확신이 있어야 한다. 이런 확신을 가지기 위해서는 마인드 컨트롤도 중요하지만 실전 경험을 통해 자신감과 믿음을 쌓아가는 것이 가장 좋다. 하지만 실전 경험이 없는 초보자의 경우에는 주가의 오름내림에 대한 다양한 데이터 등을 가지고 어느 정도 걸릴지를 분석하고, 판단한 후 때를 기다리면 된다.

수익 투자 지침에 따라서 투자를 했다면 늦으면 2년, 최악의 경우 5년 이상만 기다리면 100% 이하의 목표 수익을 달성할 수 있다. 목표 수익이 수백 % 이상을 바라는 수익 투자라면 그 기간은 당연히 더 길어질 수 있다. '늦으면 2년, 최악의 경우 5년 이상 기다려라'는 목표 수익을 100% 이하에 두고 수익 투자하는 경우에만 적용된다.

주식 투자에 있어서 가장 중요한 요소 중에 하나인 투자 기간 역시 막연한 기대감을 가지고 기다리면 불안함만 가중이 될 것이다. 하지만 다양한 자료를 근거로 해서 스스로 분석한 후 늦으면 2년 정도에 수익 실현을 할 수 있고, 최악의 경우는 5년 이상만 기다리면 된다는 것을 직간접 경험으로 확신한다면 주가의 오르내림에 일희일비하지 않고 자신의 목표 수익까지 때를 기다릴 수 있다.

수익 투자의 원칙인 "늦으면 2년, 최악의 경우 5년 이상 기다린다."에 대한 확신을 가지기 위해 엠씨넥스의 차트를 분석해 보고 판단해 보자.

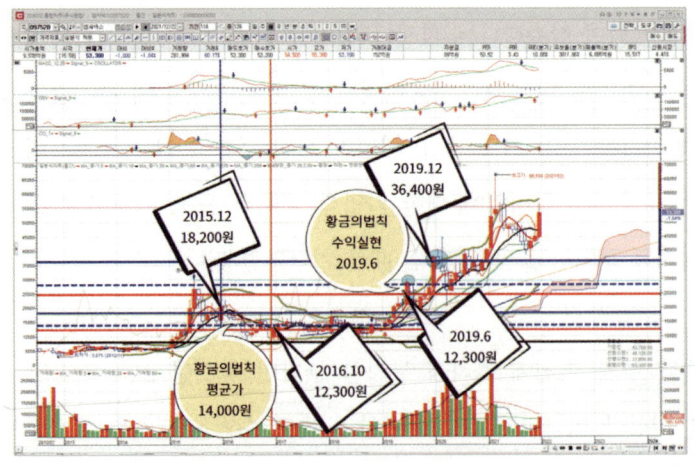

엠씨넥스의 차트를 월봉으로 보면 위와 같이 나타나는데, 개인 투자자 목표 수익 100%를 두고 수익 투자를 했다고 가정할 때 2015년 12월경에 18,200원을 주고 상대적으로 약간 높게 매수했다고 할지라도 황금의 법칙을 적용하여 추가 매수를 하지 않았다고 할지라도 수익을 실현하는 데 약 4년이라는 시간이 걸렸고, 황금의 법칙을 적용하여 투자를 했다면 3년 6개월 만에 목표를 달성했고, 목표 수익 100%가 아닌 처음 목표가인 36,400원까지 기다렸다면 160%의 수익을 실현했을 것이다. 만약 엠씨넥스가 박스권을 이루면서 횡보를 하기 시작한 2016년 10월(충분히 수익 투자 법칙에 따라 100% 수익 투자를 할 수 있다)에 12,300원을 주고 투자했다면, 2년 8개월 만에 수익을 실현할 수 있었다. 물론 능력이 뛰어난 사람은 횡보 구간을 벗어난 시점에 투자를 해서 그 기간을 단축시켰을 수도 있지만, 분석 자료는 가능하면 최악의 상황까지 고려해서 만들어야 그 신빙성이나 확률이 더 높아진다.

엠씨넥스의 예만 보더라도 상대적 고점에서 매수할지라도 자신이 투자한 종목에 대한 확신만 있었다면 손절매를 하지 않고 때를 기다리면 4년 만에 자신의 목표 수익을 달성할 수 있었다. 그러므로 목표 수익의 크기와 관계없이 수익 투자를 하는 사람이라면 늦으면 2년, 최악의 경우 5년 이상 기다린다는 마음으로 투자를 하면 무엇보다도 좋은 것은 주가의 오르내림에 스트레스 받지 않고 자신의 목표 수익까지 편안하게 기다릴 수 있다.

자신에게 맞는 수익 투자는 수학적, 과학적, 통계적, 객관적 자료 등을 통한 이론과 실전 투자를 통한 경험이 합쳐져야 더 강해지고 견고해진다. 이론과 실전 경험으로 무장된 수익 투자는 어떤 외부 환경에도 흔들리지 않고 원칙을 지키면서 자신의 목표 수익까지 꾸준히 지켜 나갈 수 있을 것이다.

주식 투자를 하는 가장 큰 이유는 주식 투자로 돈을 많이 벌어 돈으로부터 자유를 얻어 행복한 삶을 살기 위한 것이다. 그런데 많은 개인 투자자들은 주식 투자를 하면서 엄청난 스트레스를 받으면서 돈도 많이 못 벌고 있는 것이 현실이다. 그 이유는 투자 실력도 없고, 자본도 충분하지 않으면서 짧은 기간에 많은 돈을 벌고 싶기 때문이다.

주식 투자에 있어서 수익률이나 기간은 우리가 욕심을 부린다고 해서 빨리 이루어지고, 욕심을 부리지 않는다고 해서 늦게 이루어지지 않는다. 조삼모사(朝三暮四)처럼 욕심을 부리나 욕심을 부리지 않으나 때가 되어야 하므로 결과는 같다. 수익 투자를 하는 개인 투자자라면 욕심을 부린다고 해서 빨리 돈을 벌 수 없다는 사실을 깨닫고, 늦으면 2년 최악의 경우라도 5년 이상 기다린다는 마음으로 투자를 하면 스트레스 받지 않고 행복한 투자를 하면서 머지않아 돈으로부터 자유를 얻게 될 것이다.

급락하면 땡큐하며 추가 매수하라

　주식 투자를 하면서 항상 경계해야 하는 것이 최저점, 최고점을 맞출 수 있다는 착각이다. 어떤 누구도 최저점, 최고점을 맞출 수 없고, 특히 어떤 특정한 기간에서는 더욱 더 그렇다. 다시 말해 아무리 많은 데이터와 다양한 데이터를 가지고 분석하고 평가하고 판단한 후 수익 투자의 목표 수익에 맞게 저점에 매수했다고 할지라도 회사 내부, 외부, 국제 정세 등의 문제 또는 아무런 문제나 이유 없이도 주가는 언제든지 급락할 수 있다는 전제 조건을 인지하고 인정하여야 한다. 그래야 실전 투자(매수) 3단계를 거쳐서 투자를 할 때 좀 더 신중하게 투자할 것이다. 주식 투자에 있어서 저점 매수, 고점 매도보다도 더 중요한 것은 주가가 급락했을 때 어떻게 대응할 것인가, 주가가 급등할 때 어떻게 대응할 것인가에 대한 원칙이 명확하게 정해져야 흔들림 없이 꾸준하게 자신의 수익 투자를 지켜나갈 수 있다.

수익 투자에 있어서 세 번째 원칙인 〈급락하면 땡큐하며 추가 매수하라〉는 황금의 법칙이다. 주식 투자에서 금기시되고 있는 것 중 하나는 흔히 말해 물타기를 하지 말라는 것이다. 물타기를 하지 말라는 것은 모든 종목에 적용되는 것이 아니므로 개인 투자자들이 맹목적으로 잘못 해석할 수도 있다. 회사의 내재 가치, 미래 가치, 청산 가치가 없는 회사에 멋모르고 추격 매수나 고점 매수 등을 했을 때 주가가 지속적으로 하락하거나 급락한다고 해서 추가 매수를 하는 것은 흔히 주식 시장에서 이야기되고 있는 물타기를 하지 마라에 속한다. 하지만 이 책에 있는 실전 투자(매수) 3단계, 0123 투자 법칙 등에 따라서 저평가된 유망 가치주를 저점에 매수(투자)했다면 황금의 법칙에 따라 주가가 지속적으로 하락하거나 급락하면 땡큐하며 추가 매수를 해야 한다.

'급락하면 땡큐하며 추가 매수하라'는 가치의 변화가 없는 황금을 더 싸게 판다고 하면 더 많이 사야 한다는 '황금의 법칙'을 말한다. 황금의 법칙을 간략히 설명해 보겠다. 누군가 여러분에게 황금을 원래의 가치보다 20% 저렴한 가격에 판다고 생각해 보자. 이때 중요한 것은 저렴한 가격에 현혹되어 무조건 사서는 안 된다는 점이다. 싸게 팔겠다는 황금이 훔친 것인지, 겉만 황금이고 속은 돌덩이인지 등을 면밀히 분석해야 할 일이다. 만약 스스로 판단하기 어렵다면 전문가에게 물어보고 판단을 하여, 진짜 황금이라면 매수를 하고 그렇지 않다면 매수를 하지 않아야 한다. 그리고 일정한 기간이 지나 그 황금을 다시 50% 가격에 싸게 판다고 한다면 다시 한번 싸게 팔겠다는 황금이 장

물인지, 문제는 없는지, 순도 99.99%가 맞는지 등 다양한 방법으로 파악하고, 분석하고 판단하여 매수해야 한다.

가치의 변화가 없는 진짜 황금을 더 싸게 팔겠다고 하면 더 많이 사야 하는 황금의 법칙을 주식 투자에도 적용시켜서 투자를 한다면 추가 매수하지 않는 것보다 더 빠르게 더 많은 수익을 얻을 수 있다. 실전 투자(매수) 3단계, 0123 투자 법칙 등을 거쳐서 철저하게 분석해 본 결과 내재 가치, 미래 가치, 청산 가치가 우수한 회사였고, 매수할 시점 역시 수익 투자를 성공할 수 있는 상대적 저점이라고 판단해서 투자를 했는데, 어느 정도 시간이 지났을 때 갑자기 급락하거나 서서히 조금씩 하락해서 어느새 제법 많이 하락을 했다면 당연히 한 번 더 그 회사를 분석한 후 이상이 없다면 황금을 추가로 매수하는 것처럼 더 많이 사야 한다는 것이다. 다시 정리하면, 내재 가치, 미래 가치, 청산 가치가 우수한 저평가된 유망 가치주의 경우에는 추가 매수를 해야 하지만, 그렇지 못한 회사는 흔히 말해 물타기를 하면 안 된다. 겉만 황금인 가짜 황금을 더 싸게 판다고 해서 더 많이 사는 것은 물타기에 속하는 것이고, 겉과 속이 같고 가치의 변화도 없고, 법적으로도 아무런 문제없는 황금을 더 싸게 판다고 한다면 더 많이 사는 것은 추가 매수인 것이다.

급락할 때 황금의 법칙에 따라 추가 매수를 하면 두 가지 장점이 있다. 첫 번째 장점은 수익 실현 기간을 앞당길 수 있고, 두 번째 장점은 수익이 훨씬 더 많아진다는 것이다.

티케이케미칼과 SIMPAC의 차트를 보고 왜 급락하면 땡큐하며 추가 매수해야 하는 황금의 법칙이 중요한지 데이터를 가지고 분석해 보자.

티케이케미칼의 주봉 차트를 보면 박스 권고점이 3,200원이고 박스권 저점이 1,600원이다. 만약 개인 투자자가 목표 수익 100%를 두고 수익 투자를 했다고 가정해 보자. 만약 투자자가 실수로 박스권의 고점인 3,200원에 샀다고 가정할 때 황금의 법칙에 따라 저점인 1,600원대에 추가 매수를 했을 때와 추가 매수를 하지 않았을 때를 비교해 보자.

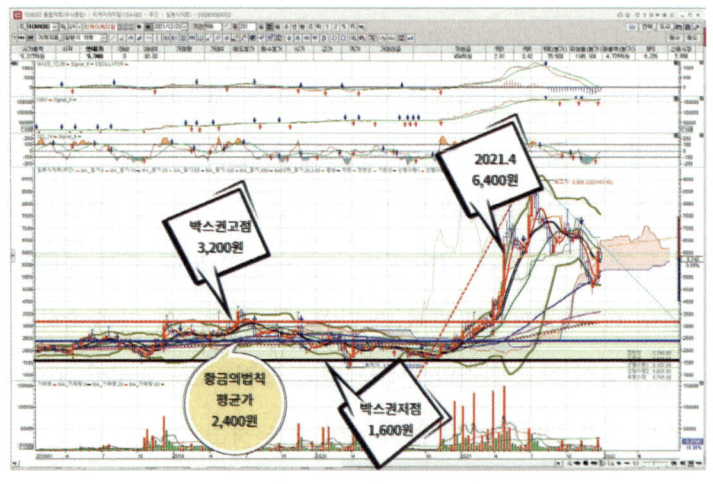

티케이케미칼의 주식을 박스권의 고점인 3,200원대에서 1억 원을 투자한 후 주가가 아무리 하락할지라도 흔들림 없이 황금의 법칙에 따라 추가로 매수를 하지 않았더라도 주가가 하락한 1,600원대에 손절

매하지 않고 수익 투자 법칙에 따라서 목표 수익이 100%가 달성될 때까지 때를 기다렸다면 5년 안에 목표 수익을 달성하여 1억 원의 수익을 올렸을 것이다. 그런데 만약 황금의 법칙에 따라서 박스권 저점인 1,600원대에 추가 매수를 했다고 가정하면 평균 단가는 2,400원 이하로 하락하게 된다. 당연히 투자 금액은 1억 원에서 2억 원이 된다. 주가가 급락했을 때 투자자는 황금의 법칙에 따라 추가 매수를 한 후 두 가지 방법으로 수익을 실현할 수 있다.

첫 번째 방법은 같은 목표가에 수익을 실현하는 방법으로 투자자가 처음 투자할 때 수익률 100%인 목표가 6,400원까지 때를 기다렸다가 매도를 하는 경우로, 목표가는 같지만 평균 단가의 하락으로 수익률적인 측면에서는 100%가 아닌 166% 순수익을 얻을 수 있고, 금액적인 측면에서는 2억 원을 투자해서 약 3억 3천만 원의 순수익을 벌게 된다.

두 번째 경우는 투자자가 처음 투자할 때 목표로 한 수익률 100%가 될 때에 매도하여 수익을 실현하는 방법으로 투자기간이 상대적으로 단축이 되고, 같은 수익률 100%라 할지라도 추가 매수하기 전보다 2배 많은 돈을 투자했기 때문에 수익금적인 측면에서는 1억 원이 아니라 2배인 2억 원을 벌게 된다. 황금의 법칙에 따라 추가 매수한 후 두 가지 방법 중 자신에게 맞는 수익 실현 방법을 선택하면 된다. 어떤 방법이 더 좋고 더 나쁘다가 없다. 자신이 정한 원칙에 따랐다면 모두가 옳다. 왜냐하면 첫 번째는 수익을 더 많이 가졌고, 두 번째는 기간을 단축시켰기에 어느 것이 더 좋다고 할 수 없이 모두 옳다.

SIMPAC의 경우도 티케이케미칼처럼 황금의 법칙을 적용해서 추가 매수했을 때와 하지 않았을 때를 분석해 보자.

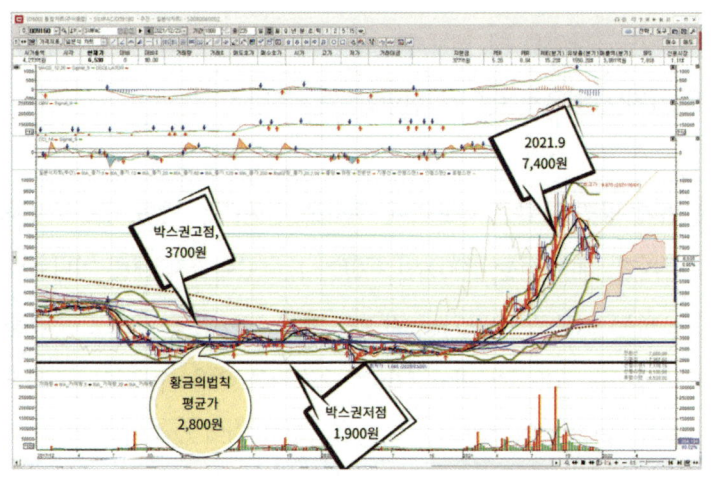

SIMPAC의 경우는 박스권 고점이 3,700원이고 박스권 저점이 1,900원이다. 개인 투자자가 티케이케미칼처럼 상대적 고점 3,700원에서 매수를 했다고 가정할 때, 1,900원대에 추가 매수를 했을 때와 안 했을 때를 비교해 보면 개인 투자자들이 어떤 결정을 해야 할지 스스로 판단할 수 있을 것이다.

SIMPAC에 1억 원을 투자했다고 가정하고, 추가 매수를 하지 않더라도 매수 시점에 따라 다르겠지만 5년 안에 100% 수익을 실현하여 1억 원의 돈을 벌 수 있다. 하지만, 황금의 법칙에 따라 추가 매수를 했다면, 수익 실현 방법에 따라 다르겠지만 목표가에 매도를 했다면 수익률적인 측면에서는 164% 수익을 얻고 금액적인 측면에서도 3배가량 벌 수 있고, 목표 수익률에 매도를 했다면 투자 기간을 단축시켰을 뿐만 아니라, 금액적인 측면에서는 추가 매수를 하지 않았을 때보다 2배 이상 더 벌게 된다.

지속적으로 하락하거나 급락하면 땡큐하며 추가 매수를 하는 황금의 법칙이 적용되려면 반드시 실전 투자(매수) 3단계, 0123 투자 법칙 등을 지켜서 투자한 종목에만 한정해야 한다는 것을 기억해야 한다. 가치의 변화가 없는 진짜 황금만 더 싸게 판다면 더 많이 사는 것처럼 저평가된 유망 가치주가 지속적으로 하락하거나 급락할 때만 원칙에 따라 추가 매수해야 한다.

주가의 오르내림은 아무도 정확하게 알 수 없다. 하지만 자신에게 맞는 수익 투자를 꾸준하게 하다 보면 자연스럽게 다양한 경험과 실력이 쌓이면서 시간이 지나면 지날수록 수익을 실현하는 기간을 앞당길 수 있어 투자 수익률이 조금씩 나아질 것이다. 주식 투자로 부자가 되려면, 수익률을 높이고, 투자 기간을 늘려야 하는데 수익률은 수익 실현하는 기간을 단축시키면 시킬수록 높아지므로 더 많은 수익과 더 높은 수익률을 얻고자 한다면 황금의 법칙에 따라 '급락하면 땡큐하며 추가 매수하라'를 지켜야 한다.

저평가된 유망 가치주를 찾아라 ·116

호재, 악재, 이슈 등을 찾아라 ·135

수익 투자에 맞게 저점에서 매수하라 ·140

4장

실전 투자 3단계

아무리 좋은 종목도 추격 매수하지 마라!
큰 악재가 있다면 투자를 포기하라!
수익 투자 조건에 맞지 않다면 포기하라!

저평가된 유망 가치주를 찾아라

아무리 실력이 뛰어나고 좋은 두뇌를 가졌다고 해도, 대학교에 입학하기 위해서는 반드시 고등학교 졸업 증명서(예비 포함)가 있어야 한다. 검정고시를 통해 고등학교 졸업 자격증을 가지거나 고등학교 정규 과정을 마쳤거나 마칠 예정자에게만 대학교에 입학 원서를 넣을 수 있는 자격이 주어지는 것이다. 대학교에 입학 원서를 넣을 수 있는 자격증이 없다면 어떤 대학교를 갈지, 어느 지역에 갈지, 국립대를 갈지, 사립대를 갈지, 사관학교 같은 특수 학교를 갈지 등은 중요치 않다. 아무리 입학 원서를 넣어 봐야 백발백중 실패하게 되어 있기 때문이다. 가짜 자격증으로 설령 입학했더라도 언젠가는 반드시 들통이 나서 학교에서 쫓겨날 뿐만 아니라 법적인 처벌도 받을 수 있다.

주식 투자에 있어서도 아무리 개인 투자자가 실력이 뛰어나다고 할지라도 투자할 가치가 없는 회사에 투자하는 것은 입학 자격이 없는

학생을 대학교에 입학 원서를 넣는 것과 같다. 물론 수년간 적자인 회사의 주가가 그럴싸한 이유나 이유 없이도 급등하고, 매출이 거의 없는 회사가 10배 이상 상승하는 등 이상한 주가의 흐름이 있을 수 있다. 하지만 시간이 지남에 따라 그 회사의 주가는 회사 본연의 가치로 돌아가거나 어떤 경우에는 상장 폐지가 되곤 한다.

썩었거나 사용하면 안 되는 식자재로 음식을 만들어 판매하면 어떻게 될까? 아무리 훌륭한 요리사가 만들어 겉으로 보기에 그럴싸할지라도 결국엔 사람의 몸을 해치게 된다. 맛있고 몸에 좋은 요리의 기본은 좋은 식재료가 기본이 되어야 한다. 마찬가지로 주식 투자의 기본은 '좋은' 주식이다. 저평가된 유망 가치주로 자신의 요리법에 따라 투자를 해야 한다.

그렇다면 이것이 좋은 재료인지 아닌지 판단하는 기준은 무엇일까? 좋고 나쁨을 임의로 판단하면 어떻게 될까? 간혹 나쁜 재료를 가지고도 큰 수익을 낼 수도 있지만 결국엔 수년간 쌓아온 자신의 투자 철학, 원리, 원칙을 망가뜨릴 뿐만 아니라 소중한 자산도 날리게 된다.

채소가 얼마나 싱싱한지, 고기는 도축한 지 얼마나 되었는지를 기준으로 좋은 식자재를 선택하는 것처럼, 주식 투자를 하는 개인 투자자들도 반드시 어떤 기준을 만들어 종목을 선택한 후 투자를 해야 한다. 종목을 선정하는 원칙을 지키면 누구나 수익 투자를 통해 자신의 자산을 늘릴 수 있다.

투자할 회사가 저평가된 유망 가치주인지, 아닌지를 판단하기 위해 우선적으로 분석해야 하는 것은 회사가 지금까지 가지고 있는 각종 자료를 취합해서 분석하고 평가해야 하고 수치화해서 결정을 해야 한다. 예를 들어 목표 수익을 100%에 설정하고 수익 투자를 한다면 PER는 20 이하이어야 하고, PBR은 2 이하여야 한다는 원칙을 정했다고 가정해 보자. 그런데 투자하고자 하는 종목이 PER가 30이고, PBR이 2.5라면 아무리 좋다고 주위에서 떠들어도 투자를 하지 말고, 관심 종목으로 분류해 놓았다가 이 회사의 PER가 20 이하로 내려오고, PBR이 2 이하로 내려올 때 그때 투자를 하면 되는 것이다. 이와 같이 회사가 가지고 있는 자료를 자신이 정한 수치에 대입하여 맞으면 투자하고, 맞지 않거나 높으면 포기하거나 원하는 수치로 바뀔 때까지 보류를 하면 되는 것이다. 주식 투자를 할 때 감정에 의해서, 믿을 만한 사람이 소개를 해줬으니, 비공개된 주식 정보니까 하는 등의 이유로 투자를 하게 된다면 간혹 성공할 수는 있지만 실패할 확률이 훨씬 높으므로 반드시 수치화해서 결정하는 습관을 만들어야 한다.

주식 투자를 하기 위해서 무엇보다도 우선되어야 하는 것은 주식 투자에 사용되는 용어를 알아야 한다는 것이다. 예를 들어 미국에서 평생 살려고 하는데 영어를 전혀 사용하지 못한다면 어떻게 생활해야 할까? 통역에 도움을 줄 수 있는 사람들과 함께하는 것이 가장 쉬운 방법이 될 것이다. 그러나 통역을 해 주던 사람이 함께할 수 없는 일이 생긴다면 어찌해야 할까? 근본적으로 생각해 보자. 미국에서 평생 살기 위해서는 영어를 제대로 익혀 자유로운 의사소통을 할 수 있어야 한다. 언어는 자신의 의사를 표현하는 수단이 된다.

이와 마찬가지다. 주식 투자를 하고자 하는 개인 투자자들은 주식 투자에서 사용되는 기본적인 용어를 익힌 뒤 투자를 시작해야 한다.

주식 거래에 사용되는 용어를 알아야 거래 시 중대한 실수를 줄일 수 있다. 주식 관련 자료와 책을 참고한 주식 용어의 의미는 다음과 같다.

- 주식: 회사에서 자본금을 마련하기 위해 발행하는 것으로 주식을 매수하면 의결권 및 배당금을 받을 권리가 생긴다.
- 코스피: 코스피에 상장된 회사의 주식을 말하며 규모가 큰 기업들이 많고 증권 감독원의 규정을 통과한 기업들만 상장할 수 있다.
- 코스닥: 코스피보다 규모가 작은 기업들이 많고 중소기업들의 주식 시장이라고 할 수 있다.
- 비상장 주식: 코스피나 코스닥에 상장되지 않은 주식을 거래하는 시장으로 코스피나 코스닥보다 리스크가 클 수 있다.
- 개인 투자자(개미): 개인 투자자를 말한다.
- 기관 투자자(기관): 회사를 설립해서 투자를 하는 사람들의 집단으로 은행 증권 회사 기관 법인 등을 말한다.
- 외국인 투자자(외인): 외국 자본과 외국 기업이 투자하는 것을 말한다.
- HTS(홈 트레이딩 시스템): 개인용 컴퓨터에서 주식을 사거나 팔 수 있는 시스템

- MTS(모바일 트레이딩 시스템): 휴대폰에서 주식을 사거나 팔 수 있는 시스템

- 시가 총액(시총): 발행 주식 수에 주가를 곱한 금액

- 거래 대금: 거래된 주식의 가격과 거래량을 곱한 금액

- 거래량: 매매된 주식의 양(분, 일, 주, 월, 연 단위 거래량)

- 주가: 주식의 가격

- 매수: 주식을 사는 행위

- 매도: 주식을 파는 행위

- 호가: 희망하는 가격 즉, 주식을 사고 싶은 가격(매수 호가)과 팔고 싶은 가격(매도 호가)에 걸어 두는 것

- 체결: 매수 또는 매도 요청한 주식 주문이 완료된 것

- 미체결: 매수 또는 매도 요청한 주식 주문이 완료되지 못한 것

- 시가(시초가): 9시에 주식장이 시작될 때 형성되는 가격

- 종가: 3시 30분에 주식장이 종료됐을 때 형성되는 가격

- 현재가: 매수나 매도에 따라 가격이 변동하는 현재의 가격

- 지정가: 주식 매매를 할 때 가격을 지정해서 주문을 하는 가격

- 시장가: 주식을 매매를 할 때 지정가로 하지 않고 주문이 바로 체결될 수 있는 가격

- 고가(최고가): 장 중 최고 가격

- 저가(최저가): 장 중 최저 가격

- 보합: 주가가 오르거나 내리지 않고 변동이 없는 것
- 캔들(봉): 주가의 움직임을 봉 형태로 만들어 놓은 것
- 양봉: 주가가 시가보다 상승으로 마무리하는 것을 봉 형태로 만들어 놓은 것
- 음봉: 주가가 시가보다 하락으로 마무리하는 것을 봉 형태로 만들어 놓은 것
- 상한가: 주가의 상승은 하루 30%로 상한선이 정해져 있다. 상한선에 맞춰 30% 상승한 금액으로 가격이 형성되는 것
- 하한가: 30% 하락한 금액으로 가격이 형성되는 것
- 점상: 장이 시작하자마자 상한가로 마감하는 것
- 점하: 장이 시작하자마자 하한가로 마감하는 것
- 연상: 상한가가 연속으로 발생하는 것
- 갭 상승: 주가가 급등하면서 갭을 발생하며 상승하는 것
- 갭 하락: 주가가 급락하면서 갭을 발생하여 하락하는 것
- 급등: 주가가 빠르게 상승하는 것
- 급락: 주가가 빠르게 하락하는 것
- VI: 투자자를 보호하고 개별 주식 종목의 변동성을 줄이기 위한 가격 안정 장치
- 이동 평균선(이평선): 주가의 평균을 선으로 연결해 놓은 것
- 골든 크로스: 단기 이동 평균선이 장기 이동 평균선을 상향 돌파하는 것

- **데드 크로스**: 단기 이동 평균선이 장기 이동 평균선을 하향 돌파하는 것
- **단타 매매**: 스캘핑 또는 초단타(초 단위 매매), 데이 트레이딩(1일), 단기 매매(1주일)가 있으며 짧은 기간 안에 주식을 매매하는 것
- **스윙 매매**: 1일 이상으로 보유하고 1 ~ 2주 또는 1개월 전후로 매매하는 것
- **중장기 매매**: 매수 후 몇 개월 또는 몇 년을 보유하다가 매도하는 것
- **손절(손절매)**: 보유 중인 주식이 손실을 보고 있을 때 더 큰 손실이 나지 않도록 매도하는 것
- **익절**: 보유 중인 주식이 수익 중이지만 하락해서 손실로 가기 전 매도하는 것
- **뇌동 매매**: 투자자 자신의 예측이 아닌 다른 투자자나 시장의 인기에 휩쓸려 매매하는 것
- **추격 매수**: 상승하고 있는 주식을 추격해서 매수하는 것
- **투매**: 주가 하락이 예상될 것을 알고 손실을 최소화하기 위하여 주식을 대량으로 파는 것. 이러한 투매가 나오면 급락이 발생한다.
- **우량주**: 실적과 경영 상태가 양호하고 배당률이 높은 회사의 주식
- **주도주**: 중장기적으로 시장을 선도하는 주식
- **보통주**: 의결권이 있는 일반적으로 거래하는 주식
- **우선주**: 이익의 배당 또는 기업의 해산 시 보통주에 우선하여 받을 수 있는 주식(의결권 없음)
- **급등주**: 단기간에 빠르게 상승하는 주식

- 테마주: 여러 개의 종목이 같은 이슈에 움직이며 상승과 하락을 하는 것
- 작전주: 인위적으로 주가 관리를 하는 세력이 있는 주식
- 세력주: 부정적인 이미지를 가진 작전주와는 달리 좋은 의미로 주가를 관리하는 세력이 있는 주식
- 예수금: 현재 내가 보유하고 있는 현금
- 동전주: 1,000원이 안 되는 주식
- 지폐주: 동전주의 반대로 일반적인 주식
- 배당: 기업이 발생한 이익을 주주들에게 배분하여 주는 것. 은행 이자보다 높은 배당을 주는 곳이 많다.
- 정규 주식 거래 시간: 9시 ~ 15시 30분
- 장 시작 전 동시 호가: 8시 40분 ~ 9시(당일 시가 결정)
- 장 후 동시 호가: 15시 20분 ~ 15시 30분(당일 종가 결정)
- 장 전 시간 외 종가: 8시 30분 ~ 8시 40분(전일 종가로 거래)
- 장 후 시간 외 종가: 15시 40분 ~ 16시(당일 종가로 거래)
- 시간 외 단일가(10분 단위 체결): 16시 ~ 18시(당일 종가 대비 -10% ~ +10%내에 거래, 2시간 동안 12번 체결)

투자할 종목인지 포기해야 할 종목인지를 판단하기 위해서는 최소한 재무 구조와 연결된 용어를 알아야 한다. 황금인지 아닌지 판단해야 하는데, 색깔이나 느낌만으로 판단하여 매수를 한다면 진짜 황금을 사는데 실패할 확률이 얼마나 높을지 생각해 보면 반드시 재무 구조와 관련

된 용어를 기억해야 한다. 용어의 사전적 의미는 네이버 시사 상식 사전, 백과사전, 주식 관련 자료나 책 등에 있는 것을 참고하여 작성했다.

- 자산: 기업이 소유한 재산의 목록 현황

- 유동 자산: 1년 내 현금화가 가능한 자산

- 당좌 자산: 판매 과정 없이 현금화 가능한 자산

- 현금, 현금성 자산: 현금 및 보통 예금

- 단기 금융 자산: 단기로 운용하는 기업 자금

- 매출 채권, 기타 채권: 제품 & 상품 외상 채권. 기타 미수 매각 대금, 미수 수익 선지급한 비용 등

- 재고 자산: 판매 과정을 거치면 현금화가 가능한 자산

- 비유동 자산: 현금화하는 데 1년 이상 소요될 자산

- 투자 자산: 본업과 무관한 투자 자산

- 유형 자산: 영업 활동을 위한 유형 자산(토지, 건물, 기계 장치, 차량, 건설 중인 자산 등)

- 무형 자산: 무형적 권리에 해당하는 자산(개발 소요 비용 및 인수 합병 시 공정 가치 초과되는 매입액 등)

- 부채: 기업이 지불해야 할 비용 또는 자금 조달 현황

- 유동 부채: 1년 이내 지불해야 할 부채

- 매입 채무, 기타 채무: 원재료 상품 구입 기타 외상 매입금 미리 받은 돈, 각종 미지급금

- **단기 금융 부채**: 금융 기관에서 차입한 단기 부채
- **비유동 부채**: 지불 기한이 1년 이상인 부채
- **장기 금융 부채**: 사채와 장기 차입금
- **자본**: 기업의 총자산에서 지불해야 할 부채를 차감한 주주 귀속 자본
- **자본금**: 액면가 기준으로 주주가 출자한 금액
- **자본 잉여금**: 자본 거래의 결과로 발생한 차익(액면가를 초과한 만큼의 주식 발행 초과금 등)
- **자본 조정**: 계정 불분명으로 자본에 가감한 내용. 자사주 매입 시 자본 조정
- **이익 잉여금**: 영업 활동으로 발생한 이익 중 배당을 제외한 사내 유보금
- **CFPS(cash flow per share)**: 주당 현금 흐름, 현금 흐름(Cash Flows)이란 장부상에 기록된 순이익뿐 아니라 기업이 실제로 사용할 수 있는 돈을 말한다. 따라서 현금 흐름은 순이익에 감가상각비와 같이 현금의 지출을 수반하지 않은 비용은 더하고 실제 현금의 수입이 없는 수익은 빼서 구한다. 주당 현금 흐름은 현금 흐름을 총 주식 수로 나누는 것으로 수치가 높을수록 투자 가치가 높다고 할 수 있다. 주당 현금 흐름= 당기 순이익 + 감가상각비/ 총 발행 주식 수
- **EBIT**: Earnings Before Interest, Taxes(법인세 이자 차감 전 영업 이익)
- **EBITA**: Earnings Before Interest, Taxes, Depreciation and Amortization(법인세 이자 감가상각비 차감 전 영업 이익), 기업이 영업을 통해 보여주는 현금 창출 능력 수익성을 보여주는 지표

- EPS(주당 순이익): 당기 순이익/ 주식수
- PER(Price Earing Ratio): 주가 수익 비율, 주가/1주당 당기 순이익(세후)= 주가/ EPS, PER은 주가가 그 회사 1주당 수익의 몇 배가 되는가를 나타내는 지표로 주가를 1주당 순이익(EPS: 당기 순이익을 주식 수로 나눈 값)으로 나눈 것이다. 어떤 기업의 주식 가격이 10,000원이라고 하고 1주당 수익이 1,000원이라면 PER은 10이 된다. 특정 기업이 얻은 순이익 1원을 증권 시장이 얼마의 가격으로 평가하고 있는가를 나타내는 수치인데, 투자자들은 이를 척도로 서로 다른 주식의 상대적 가격을 파악할 수 있다. 해당 기업의 순이익이 주식 가격보다 크면 클수록 PER이 낮게 나타난다.

따라서 PER이 낮으면 이익에 비해 주가가 낮다는 것이므로 그만큼 기업 가치에 비해 주가가 저평가돼 있다는 의미로 해석할 수 있다. 반대로 PER이 높으면 이익에 비하여 주가가 높다는 것을 의미한다. 업종별로 차이가 있고 절대적인 기준이 없지만 일반적으로 PER이 10 이하(주가가 1주당 순이익의 10배 이내)일 경우 저 PER주로 분류된다. 우리나라에서는 PER을 참고하는 기준 정도로 인식해 왔지만 1992년 외국인 투자가 허용되면서 외국인들이 저 PER주를 집중적으로 사들이면서 저 PER주가 테마로 형성됐고, 일반인들 사이에도 '저 PER주= 좋은 주식'이라는 개념이 생겼다. 그러나 2000년에 들어와서는 '성장성'이 투자 판단의 가장 큰 지표로 작용하면서 인터넷 기업들의 영업 이익이 마이너스를 기록했음에도 불구하고 미래에 대한 기대감으로 주가가 폭등하기도 했다.

- **BPS:** 주당 순자산 가치(BPS, book value per share), 기업의 총자산에서 부채를 빼면 기업의 순자산이 남는데, 이 순자산을 발행 주식수로 나눈 수치를 말한다. 기업이 활동을 중단한 뒤 그 자산을 모든 주주들에게 나눠줄 경우 1주당 얼마씩 배분되는가를 나타내는 것으로, BPS가 높을수록 수익성 및 재무 건전성이 높아 투자 가치가 높은 기업이라 할 수 있다.

한편, BPS에는 주가 정보가 고려돼 있지 않기 때문에 해당 회사의 주가가 자산 가치에 비해 얼마나 저평가 혹은 고평가되어 있는지 판단하기 위해 PBR이라는 값을 사용한다.

- **PBR:** 주가 순자산 비율(Price Book-value Ratio), 주가/주당 순자산, 주가를 주당 순자산 가치(BPS, book value per share)로 나눈 비율로 주가와 1주당 순자산을 비교한 수치이다. 즉 주가가 순자산(자본금과 자본 잉여금, 이익 잉여금의 합계)에 비해 1주당 몇 배로 거래되고 있는지를 측정하는 지표이다.

순자산이란 대차 대조표의 총자본 또는 자산에서 부채(유동 부채+고정 부채)를 차감한 후의 금액을 말한다. 장부상의 가치로 회사 청산 시 주주가 배당받을 수 있는 자산의 가치를 의미한다. 따라서 PBR은 재무 내용 면에서 주가를 판단하는 척도이다. PBR이 1이라면 특정 시점의 주가와 기업의 1주당 순자산이 같은 경우이며 이 수치가 낮으면 낮을수록 해당 기업의 자산 가치가 증시에서 저평가되고 있다고 볼 수 있다. 즉, PBR이 1 미만이면 주가가 장부상 순자산 가치(청산 가치)에도 못 미친다는 뜻이다. PBR은 보통 주가를 최근 결산 재무제표에 나타난 주당 순자산으로 나눠 배수(倍數)로 표시하므로 주가 순자산 배율이라고도 한다.

- PSR: 주가 매출 비율(Price per Sales Ratio), 주가/주당매출액, 주가 매출 비율(PSR)이란 주가를 주당 매출액으로 나눈 것으로 기업의 성장성에 주안점을 두고 상대적으로 저평가된 주식을 발굴하는 데 이용하는 성장성 투자 지표를 말한다. PSR이 낮을수록 저평가됐다고 본다.
- ROE(자기 자본 이익률): 순이익/ 자기 자본
- ROA(총자산 순이익률): 기업의 일정 기간 순이익을 자산 총액으로 나누어 계산한 수치로, 특정 기업이 자산을 얼마나 효율적으로 운용했느냐를 나타낸다.

주식 투자에 있어서 저평가된 유망 가치주를 싸게 사는 것이 주식 투자를 성공시키는 요인으로 75% 이상 중요하다. 그러므로 실전 투자(매수) 3단계의 첫 번째 관문인 저평가된 유망 가치주를 찾는 것은 다음과 같은 방법으로 필터링하면 쉽게 판단할 수 있다.

1. 매출, 영업 이익, 당기 순이익의 자료만으로도 쉽게 투자할 대상 여부를 1차로 필터링하여 적자를 내는 기업은 투자하지 마라. (코오롱플라스틱의 자료를 보고 분석하고 판단해 보자)

항목	2014/12	2015/12	2016/12	2017/12	2018/12	2019/12	2020/12
매출액	2,453	2,504	2,384	2,622	3,213	3,303	2,952
매출원가	2,180	2,133	1,947	2,144	2,740	2,930	2,593
매출총이익	272	371	437	479	474	373	358
판매비와관리비	212	229	256	281	277	267	320
기타영업비용	0	0	2	2	3	3	0
영업이익(EBIT)	60	142	179	196	194	103	38
영업외손익	-12	-6	54	61	-15	-4	4
이자비용	34	31	20	18	16	27	22
특별비용	-	0	4	3	1	0	25
법인세비용차감전순이익	14	105	209	236	162	72	-5
법인세비용	-5	15	38	61	39	19	10
관계기업등관련손익	0	0	5	-	-	1	45
당기순이익	18	90	177	175	123	54	30
(비지배지분)당기순이익	0	0	0	0	0	0	0
(지배지분)당기순이익	18	89	176	175	123	54	30

　매출 감소, 영업 이익 적자, 당기 순익 적자가 있을 때는 투자하지 말고, 가능하면 매출 증가, 영업 이익 증가, 당기 순이익이 증가하고 있는 회사에 투자하라. 왜냐하면 개인 투자자는 투자 금액이 상대적으로 적기 때문에 많은 종목이 필요하지 않다. 만약 좀 더 다양한 종목에 투자를 하고 싶다면, 급격한 매출 감소, 급격한 영업 이익 감소, 급격한 당기 순이익을 감소를 제외하고는 1차 필터링을 통과시켜도 된다. 다시 말해, 매출 증가, 영업 이익 증가, 당기 순이익 정체 또는 약간 감소한 종목, 매출 증가, 영업 이익 정체 또는 약간 감소, 당기 순이익 증가한 종목, 매출 증가, 영업 이익 정체 또는 약간 감소, 당기 순이익 감소한 종목, 매출 감소 또는 정체, 영업 이익 증가, 당기 순이익 증가한 종목, 매출 감소 또는 정체, 영업 이익 증가, 당기 순이익 감소 또는 정체한 종목, 매출 감소 또는 정체, 영업 이익 정체 또는 약간 감소, 당기 순이익 증가한 종목, 매출 감소 또는 정체, 영업 이익

정체 또는 약간 감소, 당기 순이익 증가한 종목 등 1차 매출, 영업 이익, 당기 순이익 필터링에서 통과를 시켜도 된다.

항목	2014/12	2015/12	2016/12	2017/12	2018/12	2019/12	2020/12
P/E (PER)	77.26	23.51	12.47	17.04	17.31	31.33	57
P/BV (PBR)	1.54	2.16	1.43	1.53	1.08	0.86	0.86
P/Sales (PSR)	0.57	0.84	0.92	1.14	0.66	0.52	0.58
P/FCF	16.46	13.35	21.81	-43.54	12.08	-19.72	4.83
P/FFO	12.5	10.15	6.13	8.67	6.11	7.67	9.04
EV/EBIT	36.87	19.63	14.5	18.17	13.66	23.89	56.28
EV/EBITDA	14.48	11.64	9.47	11.38	8.06	9.37	11.94
EV/FCF	26.14	17.71	25.77	-52.09	14.99	-28.52	6.09
EV/Sales	0.9	1.11	1.09	1.36	0.82	0.75	0.73
배당수익률(%)	1.04	1.04	1.52	1.53	2.14	1.56	0

2. **PER로 필터링하라.** PER을 간단하게 설명해 보겠다. 현재 시총이 1,000억 원인데, 매년 순이익이 100억 원이라면, 순이익만으로 시총 1,000억 원에 도달하는 데 10년이 걸린다. 이런 경우를 PER 10이라고 한다. PER의 값은 시총/순이익을 하면 값이 나온다. 수익 투자를 하는 분의 경우는 특별한 경우를 제외하고는 PER이 20 이하인 종목에 투자를 하라. PER이 20이라면 20년이 지나야 시총만큼 수익이 나니, 단순하게 계산하면 20년 후에 가치가 2배로 늘어날 수 있다는 말이 된다. 그러면 결국 1년에 5% 정도 수익률이므로 이자율이 높은 은행과 별 차이가 없다. 따라서 PER 20 이하로 투자를 하는 것이 좋다. 단, 정부 정책, 외부 환경 등의 급변으로 급성장이 예상이 된다면 PER은 2배인 40까지도 가능하다. 그 이유는 지금은 PER 40이지만 머지않아 매출 등의 급성장으로 PER이 20이하로 낮아질 확률이

있기 때문이다. 만약 이런 외부 환경이나 정부 정책 등에 대한 것을 데이터로 넣기 싫다면 투자하지 않고 관심 종목으로 두고 있다가 PER이 점차 줄어들어 20이 되었을 때 투자 대상으로 고려해도 늦지 않다. 왜냐하면 우리에게는 국내만 2,000개 이상의 종목이 있고, 해외까지 합하면 수만 개의 종목이 있기 때문에 굳이 그 종목에 목숨을 걸 이유는 없다. 세상엔 기회도 많고 종목도 많으니 황당한 원칙만 아니라면 어떤 원칙을 만들더라도 그 안에 들어가는 종목은 반드시 존재한다. 목표 수익이 3% 이하인 경우에는 적자만 아니라면 PER이 30 이상이어도 상관없다.

3. PBR 2 이하의 종목에 투자하라. 바이오제약, 게임, 콘텐츠 등의 기업에는 PBR이 6까지 가능하다. 그런데 잘 찾아보면 바이오제약, 게임, 콘텐츠, 독과점 기술 등을 가진 기업들 중에도 PBR 2 이하인 종목도 많다. 그러므로 너무 높게 잡지 않는 것이 좋다. 목표 수익이 100%로 두고 수익 투자를 하려고 한다면 PBR은 1 이하가 좋고, 목표 수익이 3% 이하라면 PBR이 2 이상도 괜찮다.

4. 매수할 당시 주가가 52주 저점 대비 3배 이상 상승한 기업에는 투자하지 마라. 1년 안에 3배 이상 주가가 상승했다면 상승할 만큼 충분하게 상승했다. 그러므로 상대적 저점을 잘못 판단하여 매수하게 되면 추격 매수한 결과를 초래하게 되어 수익을 실현하는 데 10년 이상 기다리는 결과를 초래할 수 있다. 주가가 3배 이상 상승

했다면 현재 분기 PBR이 1년 전보다 3배 이상 증가했을 것이다.

5. PSR이 3 이하인 기업에 투자하라. 시총이 매출보다 3배가 많다는 뜻으로 엄청난 매출 대비 수익률이 따라 줘야 하는데 대부분의 업종에서는 쉽지 않다. 단, 바이오제약, 게임 등과 같이 마진율이 좋은 경우에는 PSR 5까지도 가능하다.

항목	2014/12	2015/12	2016/12	2017/12	2018/12	2019/12	2020/12
유동부채총계	944	1,029	1,060	1,212	991	931	687
장기차입금	270	50	240	350	300	331	347
충당부채등기타항목	23	30	23	27	44	55	69
이연법인세부채	-	27	26	29	35	-	-
기타부채	0	2	11	3	101	93	85
부채총계	1,237	1,138	1,361	1,622	1,471	1,411	1,197
+ 보통주지분	905	974	1,747	1,944	1,972	1,976	1,982
지배지분	905	974	1,747	1,944	1,972	1,976	1,982
비지배지분	1	1	2	2	2	0	0
자본총계	905	975	1,748	1,945	1,973	1,976	1,983
주당순자산(BPS)	3,003	3,233	4,596	5,114	5,189	5,200	5,217
주당순유형자산	2,849	3,008	4,398	4,919	4,970	4,976	5,076
총자본	1,772	1,719	2,324	2,710	2,614	2,838	2,573
차입부채	867	745	577	766	642	862	591
순차입부채	816	683	398	583	513	759	448
기업가치(EV)	2,206	2,784	2,599	3,564	2,646	2,462	2,154

6. 유보율에서 부채율을 뺀 결과 값이 최소 100% 이상이 된 기업에만 투자하라. 부채율이 유보율보다 높으면 언제든지 위험해질 수 있다. 부채율이 높은 기업들은 수익이 높더라도 금융권(은행 등)에 상환해야 하기 때문에 좋지 않다.

7. 최대 주주 관련 지분이 30% 이상인 기업에 투자를 해라. 최대

주주의 지분이 적다면 언제든지 위험에 직면할 수 있다. 특히 작전 세력에 의해 도륙당한 후 상장 폐지가 될 수도 있다. 자신의 회사에 믿음이 있다면 대주주는 가능한 주식을 많이 보유하고 유지하려고 할 것이다.

8. 유동 자산에서 재고 자산의 비중이 80% 이상이라면 투자하지 마라. 물건이 팔리지 않고 재고가 쌓인다면 언제든지 무너질 수 있다. 아무리 흑자 기업이라 할지라고 유동 자산이 1,000억 원인데 800억 원이 재고 자산이라고 생각해 보면 이 회사는 흑자 기업이라기보다는 언제든지 적자가 나거나 망할 회사일 확률이 높다.

공백	2014/12	2015/12	2016/12	2017/12	2018/12	2019/12	2020/12
당기순이익	18	90	177	175	123	54	30
유형/무형자산상각비	93	97	95	117	134	159	142
기타영업활동으로의 현금흐름	0	20	86	51	92	9	17
영업에서창출된현금흐름(FFO)	111	207	359	344	349	222	189
운전자본의증감	60	4	152	68	-21	-268	190
영업활동현금흐름	172	211	511	412	328	-46	379
자본적지출(CAPEX)	-101	-63	-420	-483	-167	-57	-30
관계기업관련투자자산의취득	0	0	0	0	0	0	0
유형자산의처분	1	0	0	4	0	0	0
투자자산의취득및처분	0	-2	-437	-102	-11	-18	-33
기타투자활동으로의 현금흐름	-2	1	-3	-3	-3	5	4
투자활동현금흐름	-102	-64	-860	-583	-181	-70	-59
배당금지급	0	-14	-22	-38	-46	-46	-27

빵 가게를 하는 친구가 돈을 투자를 해 달라고 해서 장부를 보니 유동 자산 10억 원이나 있어 자세히 장부를 확인해 보니 팔지 못한 빵 8억

원어치를 포함시킨 것이라 생각해 보라. 여러분은 그 친구의 빵 가게에 투자를 할 것인가 아니면 정중하게 거절할 것인가를 판단하면 된다.

9. ROE가 최소 5% 이상인 기업에 투자하라. 다시 말해 자기 자본금 대비 1년 순수익이 5% 이상 되는 흑자 기업이 좋다. 가능하면 높으면 높을수록 좋다.

10. 목표 수익이 높은 수익 투자를 할 경우에는 회사의 독과점적 지위, 회사의 매출 구조, B to C와 B to B의 비중, 회사의 판매 제품, 회사 제품의 미래성, 제품의 성장성, 특히 기술, 지배 회사, 물적분할 가능성, 인적 분할 가능성, 임상 실험, 기술료, 해외 확장성, M&A 가능성, 지배 구조, 매출액 증가율, 영업 이익 증가율, 당기 순이익 증가율, PER 감소율, PBR 감소율, PSR 감소율, ROE 증가율 등도 고려하면 좋다.

실전 투자(매수) 3단계의 첫 번째 단계인 저평가된 유망 가치주인지 아닌지를 판단하는 것은 대학교에 입학 원서를 넣을 자격증이 있는지 없는지를 판가름하는 단계이므로 어떤 경우라도 소홀하게 분석해서는 안 된다. 주식의 神이 정한 기준보다 더 보수적이면 보수적일수록 투자에 대한 리스크는 줄어든다. 물론 너무 보수적일 때는 투자할 기업이 없어질 수 있다. 그러므로 수익 투자를 최소 한 달에 40만 원씩 적금식으로 지침서에 따라 투자를 하면서 실전 투자 경험을 쌓아야만 자신만의 원칙을 정해 평생 흔들리지 않고 투자할 수 있다.

호재, 악재, 이슈 등을 찾아라

주식 투자를 할 때 개인 투자자를 가장 헷갈리게 하는 것 중에 하나는 분명하게 호재 기사임에도 불구하고 보도 자료가 나오면 주가가 하락하고, 분명하게 악재 기사임에도 불구하고 주가가 오히려 상승하는 경우다. 이때 주위에서는 호재 재료 소멸, 악재 재료 소멸이어서 그렇다고 주식 전문가처럼 보이는 사람들이 이야기를 하고 마치 이것이 정석처럼 여겨진다. 그런데 항상 그렇다면 그것을 인정하겠지만, 어떤 때는 호재 하나에 주가가 급등을 넘어서 며칠간 상한가를 가고, 며칠간 매수조차 할 수 없을 정도로 급등하고, 어떤 경우에는 큰 악재나 이미 알고 있는 악재임에도 불구하고 급락한다. 겉으로만 보면 '소문에 사서 뉴스에 팔아라', '악재 소멸', '호재 소멸', '재료 소멸' 등도 맞을 확률이 50% 정도밖에 되지 않는 것이다.

뉴스, 공시, 보도 자료, 국제 정세, 국가 정책, 선거 공략 등에 따라 주가의 오르내림이 있다. 이런 정보에 의해 영향을 받는다는 것은 100% 확률로 맞다. 호재 기사나 정보로 인해 주가가 올라가든 내려가든, 악재 기사나 정보로 인해 주가가 올라가든 내려가든, 정부 정책 등으로 주가가 올라가든 내려가든, 국제 분쟁 등으로 주가가 올라가든 내려가든 중요한 포인트는 주가의 오르내림이 아니라 그런 재료에 의해 주가가 영향을 받는다는 것이다.

주식 투자에 있어서 단기적으로 주가에 영향을 가장 크게 주고 사람의 심리를 움직이는 요인들은 그 회사 자체가 가지고 있는 호재와 악재가 있고, 정부 정책, 국제 정세 등 외부 환경에 의한 것이 있다.

주식 투자를 하는 개인 투자자들은 회사 자체의 호재나 악재뿐만 아니라 외부 환경의 호재와 악재를 반드시 체크해야 한다. 2017년~2021년까지의 큰 이슈는 남북 경협, 탈원전, 코로나19 등이 될 수 있다. 이러한 이슈들로 크게 이익을 본 기업이 있는 반면, 이러한 이슈들로 엄청난 손해를 본 기업이 있을 것이다. 그리고 지금까지도 이익을 보고 있는 기업이 있는 반면에 지금까지 손해를 보고 있는 기업도 있다. 그러므로 악재와 호재를 단순하게 재료 소멸 등으로 가볍게 보기에는 너무나 큰 변수 중에 하나이다.

호재나 악재 중에는 예상할 수 있는 호재나 악재가 있을 수 있고, 전혀 예상하지 못한 호재나 악재가 있을 수 있다. 탈원전의 경우는 누구나 예상했던 악재이자 호재이고, 코로나19는 전혀 예상하지 못한 악재이자 호재이다.

악재와 호재는 반드시 무조건 악재이고, 무조건 호재가 아니라 기업에 따라서 호재일 수도 악재일 수도 있다. 즉, 어떤 기업에게는 큰 악재가 어떤 기업에게는 큰 호재가 될 수 있다는 것이다. 그러므로 어떤 이슈가 생겼다면 악재로 작용할 수 있는 기업보다는 호재로 작용할 수 있는 기업에 투자를 해야 하는 것이다.

예상된 악재나 호재를 알아보는 가장 좋은 방법은 그 회사의 공시를 첫 번째 체크하는 것이다. 두 번째는 포털 사이트, 증권사 보고 자료, 유튜브 등에서 투자하고자 하는 회사를 검색한 후 뉴스 보도 자료, 개인 블로그의 분석 자료, 카페의 분석 자료, 전문가들의 분석 자료, 종목 토론방 등에서 자료를 취합하고 분석하여 판단해야 한다.

예상된 악재나 호재도 최소한 두 가지로 분류해서 판단해야 한다. 지속적으로 갈 호재나 악재인지, 단기적인 호재나 악재인지를 판단해야 한다. 예를 들어 탈원전 같은 호재이자 악재는 정권의 레임덕을 감안하더라도 최소 4년 이상은 지속가능할 것이라고 판단하고 접근해야 한다. 그래야 수익 실현 기간을 상대적으로 줄일 수 있다. 주식 고수는 투자 수익률을 높여야 하는데, 그중 가장 좋은 방법은 원하는 목표 수익을 최대한 빨리 달성하는 것이다. 장기적 호재나 악재라고 생각되면 가능하면 그 기간에는 그 종목에 대한 관심을 끊어야 좋다. 하지만, 단기적인 것이거나 오해의 소지가 있는 악재나 호재라면 잘만 활용하면 예상한 것보다 훨씬 자신의 목표 수익을 빨리 달성할 수 있다.

예상되지 않은 갑작스런 호재이자 악재의 경우에는 초기에 대응을 잘 해야 한다. 코로나19가 2019년 말에 등장했을 때 만약 진단 키트 등에 투자를 했다면 엄청난 수익을 얻었을 것이고, 잘못 판단하여 대수롭지 않게 판단하고 여행사 등에 투자를 했다면 제법 긴 시간 동안 바닥을 헤매면서 때를 기다려야 했을 것이다. 하지만, 어떤 호재나 악재도 일정 기간이 지나면 완전히 사라지거나 힘이 미비해진다. 물론 가끔은 코로나19처럼 끝날 것처럼 보이다가 다시 변종으로 재발할 수도 있지만 결국엔 시간의 차이가 있을 뿐 반드시 해결된다. 그러므로 혹시 판단 실수로 주가가 급락을 하더라도 때를 기다렸다가 추가 매수를 하면 언제든지 더 크게 수익을 실현시킬 수 있다.

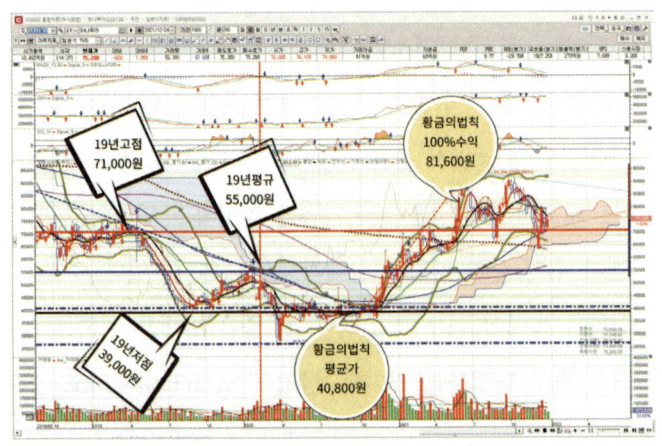

코로나19로 주가가 폭락했던 하나투어의 경우를 보자. 2019년 코로나 사태가 일어나기 전 매수할 수 있는 평균 매수 가격을 55,000원이라고 가정하면, 코로나19로 26,600원까지 하락했다가 다시 상승세를 타서 94,300원까지 상승했으니 실전 투자(매수) 3단계의 첫 단계를 통과한 저평가된 유망 가치주에 투자했다면 크게 걱정할 필요가 없이 황금의 법칙으로 추가 매수를 하면서 때를 기다리면 된다. 늦으면 2년, 최악의 경우라도 5년 이상만 기다리면 대부분 더 크게 상승해서 이익을 안겨다 준다. 하나투어의 예만 보더라도 실전 투자(매수) 3단계에서 대학교에 입학 원서를 넣을 수 있는 자격증이 있는 수험생처럼 저평가된 유망 가치주에 투자를 했다면 호재, 악재 등에 의해 제법 긴 시간을 불필요하게 소모할 수는 있어도 반드시 때가 되면 더 크게 상승할 것이다.

실전 투자(매수) 3단계에서 1단계만 게을리하지 않고 정확한 원칙에 따라 분석한 후 투자를 한다면 2단계와 3단계에 간혹 실수를 하더라도 수익 투자의 수익 실현 기간이 상대적으로 짧아질 뿐이지 90% 이상은 반드시 때가 되면 수익을 실현하므로 크게 걱정할 필요는 없다. 목표 수익이 높은 수익 투자는 기간을 두고 천천히 분할 매수하는 것이 가장 효율적이라는 것은 투자를 조금 해 본 개인 투자자라면 누구나 알고 있듯이 호재나 악재와 관계없이 꾸준히 분할 매수하면서 수익을 실현할 때까지 모아 가면 된다.

수익 투자에 맞게 저점에서 매수하라

링컨은 나무를 잘라야 한다면 도끼를 갈기 위해 노력의 75%를 쏟겠다고 했다. 그렇듯 주식 투자에 있어서는 자신의 수익 투자 목표에 맞는 종목을 저점에 매수하는 데 노력의 75%를 쏟아야 한다. 만약 개인 투자자가 최적의 저점에서 매수했다고 한다면 자신의 목표 수익이 달성될 때까지 크게 파란불(마이너스 상태)을 보지 않고 갈 수 있기에 더 편안하게 때를 기다릴 수 있다.

수익 투자에서 가장 중요한 투자 첫 단계는 저평가된 유망 가치주를 싸게 사는 것이다. 좋은 습관처럼 가치주를 싸게 사는 방법은 철저하게 실전 투자(매수) 3단계의 원칙을 지키는 것인데, 1단계, 2단계까지 무사히 통과 종목이라면 매수하고자 하는 당일 가능하면 싸게 사는 것이 좋다.

가치주를 사고자 하는 날 그날 가장 싸게 사는 방법은 어떤 수익 투자 방법을 선택하더라도 같다.

첫 번째, 장 초반에는 어떤 변수가 생길지 모르니 매수하지 말고 9시 30분 전후에 차트를 1분봉 차트로 변환하여 5분 이동 평균선이 10분 이동 평균선을 넘어서면서 통과할 때 매수량보다 매도량이 더 많을 때 매수하면 된다.

두 번째, 매수하고자 하는 날 한 번에 전량을 매수하지 말아야 한다. 11시 전후, 1시 전후, 2시 전후에 9시 30분 전후에 매수하듯이 5분 이동 평균선이 10분 이동 평균선을 넘어서면서 통과할 때 10호가 매수 잔량보다 매도 잔량(매수 잔량 〈 매도 잔량)이 더 많으면 매수하면 된다.

투자(매수) 당일 싸게 사는 것은 앞서 설명한 방법에 따라 크게 4번 정도 분할 매수하면 지나치게 비싸게 사는 경우는 막을 수 있다. 하지만 사실 더 중요한 것은 투자(매수) 당일에 싸게 사는 것보다 투자(매수)하고자 하는 날이 투자(매수)하는 날로 적정한 시점이냐 하는 것이다.

수익 투자에 있어서 가장 중요한 것 중 하나가 저평가된 유망 가치주를 자신의 수익 투자에 맞게 상대적 저점에서 매수해야 하는데, 아무리 투자(매수) 당일 싸게 사는 원칙에 맞게 4번에 거쳐서 분할 매수를 한다고 할지라도 투자(매수) 당일 날의 전일 종가가 너무 높았다면 고려해야 한다. 다시 말해 매수 당일 날의 전일 종가가 상대적 고점이어서 자신의 수익 투자에 맞지 않다면 관심 종목으로 두었다가 주가가 다시 하락했을 때 매수해야 한다. 만약 하락하지 않고 계속 상승한다면 그 종목은 자신의 투자 종목이 아니므로 잊어야 한다. 하지만 주식 투자를 조금이라도 해 본 투자자는 어떤 종목도 끝없이 상승하지 않고, 반드시 내려온다는 것을 안다. 그러므로 조급하게 투자할 필요도 없고, 투자자에게는 그 종목 말고도 2,000개 이상의 국내 종목과 수만 개의 해외 투자 종목이 있다는 것만 명심하면 한 종목에 대해서 맹목적인 사랑을 하지 않아도 된다는 것을 쉽게 깨달을 수 있을 것이다.

저점 매수의 핵심 포인트인 투자(매수) 적정 시점인지 판단하는 것은 사실 다양한 방법의 보조 지표도 있고, 수많은 강의가 있다. 그러므로 개인 투자자들이 주식 고수가 되고 싶다면 반드시 다양한 보조 지표, 거래량, 주가 흐름, 차트 등을 보고 저점에 매수하는 방법을 배워야 한다. 그래야만 진정한 고수가 된다. 주식의 神이 항상 강조하지만 안 하는 것과 못하는 것은 다르다. 주식 고수가 되고자 하는 분들은 각 파트별로 주식에 대해 전문가 수준으로 익힌 후 자신에 맞는 것만 하고 나머지는 안 하는 것이지, 능력이 없어서 못하는 것이 되면 절대로 안 된다.

지금 알려 주는 주가가 현재 상대적 저점인지 아닌지 빠르게 판단할 수 있는 방법은 수많은 보조 지표 투자법, 거래량 투자법, 평균선

투자법을 공부하고 연구한 후 핵심으로 요약해서 설명하는 것이다. 앞서 2단계에도 설명했듯이 실전 투자(매수) 3단계에서 1단계에서만 소홀히 하지 않고 제대로 저평가된 유망 가치주를 찾았다면 2단계, 3단계에서는 약간의 실수를 범하더라도 시간의 차이만 있을 뿐 큰 대세에는 영향을 거의 미치지 않는다. 하지만, 진정한 주식 고수가 되려면 2단계, 3단계에 있어서도 전문가 수준이 되어야만 한 달에 3% 이상 꾸준하게 수익을 낼 수 있고 2년에 자산이 2배로 늘어나는 마법을 부릴 수 있다.

주식 투자(매수)를 하기 좋은 저점인지 판단하는 방법을 우선 쉽게 설명하겠다. 목표 수익이 100%보다 높은 수익 투자라면 연봉, 월봉, 주봉, 일봉이 모두 저점에 있어야 하고, 100% 이하라면 월봉, 주봉, 일봉이 모두 저점에 있어야 하고, 30% 미만이라면 주봉, 일봉이 저점에 있어야 하고, 10% 미만이라면 일봉만 저점에 있어도 저점에 투자(매수)를 할 수 있는 시점이라고 할 수 있다.

결론적으로 보면 연봉, 월봉, 주봉, 일봉이 모두 저점이면 목표 수익에 관계없는 수익 투자를 할 수 있다는 결론이 나온다. 하지만 연봉, 월봉, 주봉, 일봉이 모두 저점인 경우는 많지 않기 때문에 자신의 목표 수익에 맞는 시점을 찾아서 투자를 하면 된다.

주식 투자의 전문가들은 많은 이동 평균선을 이야기한다. 5일선이 중요하다, 10일선이 중요하다, 20일선이 중요하다, 60일선이 중요하다, 120일선이 중요하다, 200일선이 중요하다 등 다양한 주장이 있다. 무엇이 옳고 무엇이 잘못되었다고 논하고 싶지 않다. 관점에 따라서 어쩌면 모두 옳을 수도 있고, 어쩌면 모두 틀릴 수도 있다. 왜냐하면 전문가들이 주장하는 것에는 분명히 크고 작음을 떠나서 어느 정도 이유가 있기 때문에 이것에 대해 갑론을박을 하고 싶지 않다. 보조 지표 역시 마찬가지다. 그러므로 스스로 다양한 차트 보는 법을 배워서 자신의 수익 투자에 맞는 차트 보는 법을 배워서 적용하면 그것이 가장 옳고 바르다.

지금 설명하는 차트 보는 법은 가장 편하게 빨리 볼 수 있고, 지금까지 접목을 해 보니 확률이 가장 높기 때문에 적용하는 것이므로 갑론을박을 하지 말고, 사실인지 자신에게 맞는지에 대한 여부는 직접 실전 투자를 하면서 판단하기 바란다.

주식의 神이 창안한 수익 투자 지침서에서 차트를 보는 법은 딱 한 가지만 기억하면 된다. 5가 10을 돌파하고자 할 때 매수하면 된다. 5가 10을 돌파하지 못하면 더 하락할 수 있으므로 5가 10을 돌파할 때까지 기다리는 것이 효율적이다.

5가 10을 돌파할 때라는 말은 5년 이동 평균선이 10년 이동 평균선을 돌파하고자 할 때, 5개월 이동 평균선이 10개월 이동 평균선이 통과하고자 할 때, 5주 이동 평균선이 10주 이동 평균선을 통과하고자 할 때, 5일 이동 평균선이 10일 이동 평균선을 통과하고자 할 때, 5분 이동 평균선이 10분 이동 평균선을 통과하고자 할 때 매수하면 가장 효율적으로 저점에 매수할 수 있고, 직관적으로 바로 파악할 수 있다. 물론 때에 따라서 더 하락할 수 있지만, 수익 투자의 원칙은 수익 투자 지침서에 따라 매수했음에도 불구하고 급락하면 땡큐하면 추가 매수를 해서 더 많은 수익률, 더 많은 수익금을 내는 최고의 법칙이 있으므로 절대로 두려워할 이유가 없다.

코오롱인더를 보고 매수해야 하는 날은 언제인지, 매수하는 당일에는 어느 시간에 매수해야 하는지 분석해 보고 판단해 보면 스스로 깨달을 수 있을 것이다.

코오롱인더는 목표 수익을 100%에 둔 종목이었으므로 굳이 연봉 차트는 참고하지 않아도 된다. 코오롱인더는 목표 수익 100%를 두고 수익 투자를 하고자 한다면 언제 월봉 기준으로는 언제쯤 매수했어야 효율적이었는지 월봉 차트를 보고 판단해 보자.

코오롱인더 월봉 차트를 보면 빨간색 이동 평균선은 5개월 이동 평균선이고, 검정색 이동 평균선은 10개월 이동 평균선이다. 2013년부터 코오롱인더의 월봉 차트를 보면 5번 정도 5개월 이동 평균선이 10개월 이동 평균선을 통과한 것을 볼 수 있다. 주식의 神이 추천한 날짜는 20년 9월 7일이었으니 5번째 5개월 이동 평균선이 10개월 이동 평균선을 통과할 때니 수익 투자 지침서의 원칙에 따라 매수 시점을 정확하게 지킨 것이다.

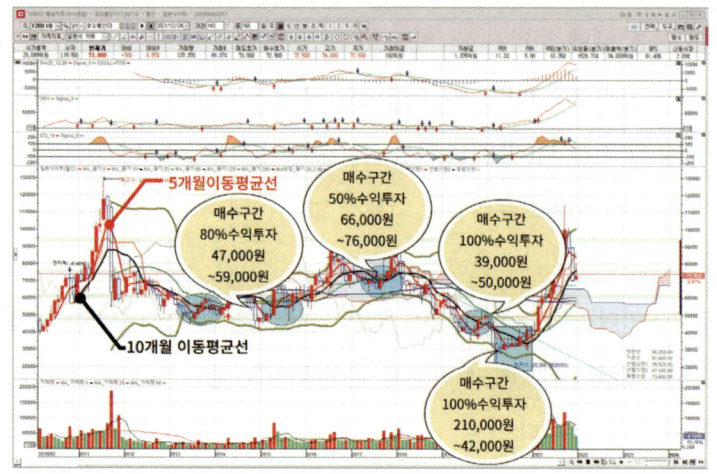

코오롱인더의 월봉 차트를 보면 월봉 수익 투자 시점(5개월 이동 평균선이 10개월 이동 평균선을 통과할 때) 5곳을 보면 첫 번째와 두 번째 수익 투자 시점은 목표 수익을 최대 80%까지 설정할 수 있는 곳이고, 세 번째 수익 투자 시점은 목표 수익을 최대 50%까지 설정할 수 있는 곳이고, 네 번째와 다섯 번째는 목표 수익을 최대 100%까지 설정할 수 있는 곳이다.

코오롱인더는 목표 수익이 100%이었기에 네 번째와 다섯 번째의 월봉 구간을 2018년부터 주봉 차트로 보면서 어떤 주에 투자를 하는 것이 주봉 수익 투자 시점을 어디에 있었는지 찾아보고 언제 투자를 했어야 효율적이었을까 분석해 보고 판단해 보자.

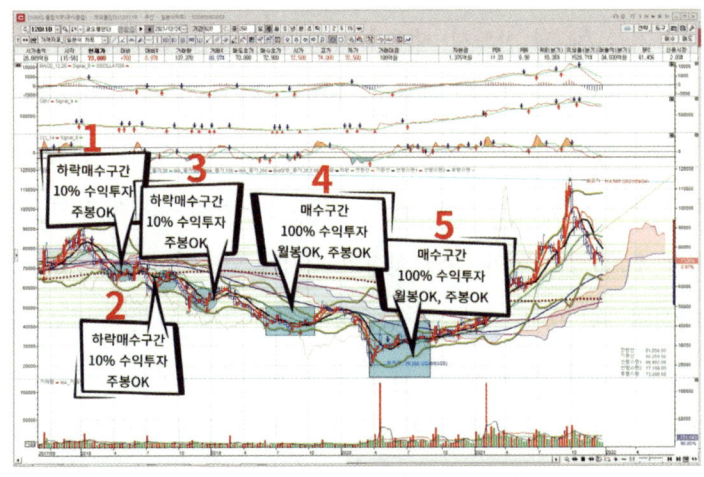

단순하게 월봉 차트를 고려하지 않고 2018년부터 코오롱인더의 주봉 차트를 보면 5번 정도 5주 이동 평균선이 10주 이동 평균선을 통과한 것을 볼 수 있다. 주식의 神이 추천한 날짜는 20년 9월 7일이었으니 5번째 5주 이동 평균선이 10주 이동 평균선을 통과할 때라는 것을 알 수 있고, 수익 투자 원칙에 따라서 목표 수익 100% 매수 시점을 정확하게 지킨 것이다.

코오롱인더의 주봉 차트에서 주봉 수익 투자 시점(5주 이동 평균선이 10주 이동 평균선을 통과할 때) 5곳을 보면 첫 번째, 두 번째, 세 번째는 월봉 저점이 아니었기에 목표 수익 100% 수익 투자 시점이 되지 않는다. 다시 말해 주봉 차트상으로는 3곳이 주봉 수익 투자 시점이 맞지만 투자자가 목표 수익 100%를 두고 수익 투자를 한다면 첫 번째, 두 번째, 세 번째 시점에서는 투자를 하면 안 되는 것이다. 수익 투자를 할 때 반드시 지켜야 하는 것은 지금 현재 수익 투자 시점이라고 할지라도 자신의 목표 수익에 맞지 않는 수익 투자 시점이라면 투자를 하면 안 되는 것이다. 반드시 수익 투자 시점이 왔을 때 자신의 목표 수익에 맞는 수익 투자 시점인지 여부를 정확하게 체크하고 분석한 후 결정을 해야 수익 실현의 기간을 단축시킬 수 있고, 그 결과 자신의 1년 평균 수익률이 상승하게 되는 것이다. 만약 코오롱인더의 목표 수익이 10% 미만을 두고 수익 투자를 결정했다면, 첫 번째, 두 번째, 세 번째 수익 투자 시점은 10% 미만 수익 투자에 맞는 수익 투자 시점이 되는 것이다. 주가가 상승한 후 하락할 경우에는 목표 수익 10% 이상을 두면 안 된다. 최소 4번째 주봉 수익 투자 시점부터는 10% 이상 목표 수익을 두고 수익 투자를 해도 된다. 정리하면 첫 번째, 두 번째, 세 번째 주봉 수익 투자 시점에서는 목표 수익 10% 미만으로 수익 투자를 하고, 네 번째 주봉 수익 투자 시점은 월봉 수익 투자 시점과 관계없이 목표 수익을 30%에 두고 수익 투자를 해도 된다. 물론 코오롱인더의 경우는 네 번째 주봉 수익 투자 시점이 월봉 수익 투자 시점도 동시에 만족시키고 있으니 목표 수익 100%를 두고 수익 투자를 해도 되는 것이다. 코오롱인더의 주봉 차트에서 배워야 할 것은 크게 두 가지이다. 첫 번째, 하락 차트에서는 최소 3번째까지 목표 수익 10% 이하로 수익 투자를 하거나 두려우면 수익 투자를 하지 않고 있다가 상승 차트로 바뀌면 하는 것이 좋고, 나머지는 하락 차트상이라도 네 번째 주봉 수익 투자 시점부터는 월봉 수익 투자 시점과 관계없이 목표 수익 30%를 두고 수익 투자를 해도 된다는 것이다.

　주식의 神이 월봉 수익 투자 시점이면서 주봉 수익 투자 시점인 네 번째 시점에 코오롱인더를 추천하지 않은 가장 큰 이유 중에 하나는 하락 차트상에 투자하는 것보다는 하락 차트가 멈추고 거래량이 터지면서 하락 차트 모양에서 상승 차트 모양으로 바뀐 다섯 번째 주봉 수익 투자 시점에 추천해야 보다 효율적이기 때문이다. 물론 네 번째 수익 투자 시점이나 다섯 번째 수익 투자 시점이나 큰 그림에서 보면 큰 차이가 없지만, 가능하면 수익 실현 기간을 앞당기면 앞당길수록 1년 평균 수익률을 높일 수 있기 때문에 가능하면 주봉 수익 투자 시점에서 언제 투자를 하는 것이 좋은지는 코오롱인더를 좋은 예로 기억하여 수익 투자 지침을 지키면 효율적인 수익 투자를 할 수 있다. 주식 투자에서 상대적 저점에 매수하는 100% 완벽한 투자법은 없다. 단지 그 확률이 높은 곳을 찾아서 매수를 하는 것뿐이다. 상대적 저점, 상대적 고점 역시 신의 영역이므로 개인 투자자는 자료를 근거로 해서 확률을 높여가면서 실력을 키우는 것이다.

　자신에게 맞는 수익 투자로 주식 고수가 되고자 하는 분들은 지금까지 설명한 부분이 헷갈리거나 이해가 되지 않는 부분이 있다면 10번 이상 읽어 보라. 그래도 이해가 되지 않으면 10번 이상 필사를 해라.

그래도 이해가 되지 않으면 주식의 神이 운영하는 주식 고수 카페 (www.godstock.net)에 있는 '무엇이든 물어 보세요' 게시판에 이해되지 않는 부분을 상세히 물어보면 된다.

수익 투자에 있어서 일봉은 목표 수익이 100%인 투자자에게는 큰 의미가 없다고 여겨질 수 있다. 하지만 수익률 0.1%의 수익 차이도 시간이 지남에 따라 얼마나 큰 차이를 보여주는지 복리 계산기에서 깨달았을 것이다. 그러므로 아무리 작은 수익률도 가볍게 생각하지 말고 최선을 다해 상대적인 저점에 매수하려고 공부하고 노력해야만 한다.

코오롱인더의 주봉 차트를 통해서 2019년 6월부터 10월 사이, 2020년 3월부터 9월 사이의 일봉을 보면서 언제 매수하면 더 효율적으로 매수할 수 있었는지 분석해 보고 판단해 보자.

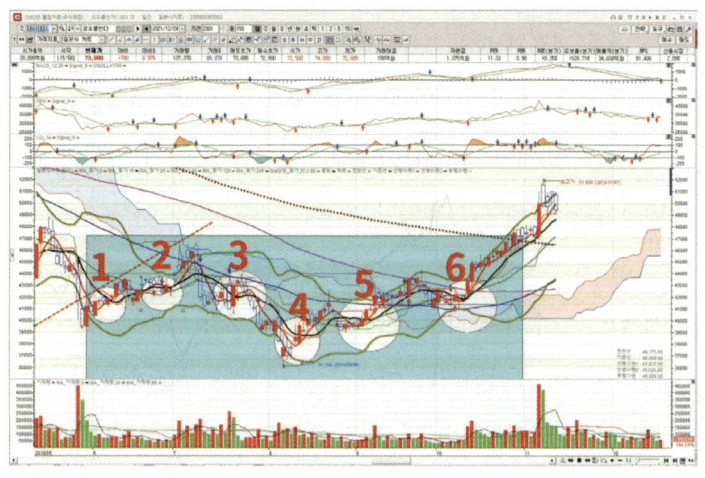

코오롱인더의 2019년 6월부터 10월 사이의 차트를 보면 일봉 수익 투자 시점(5일 이동 평균선이 10일 이동 평균선을 통과할 때)이 6군데 있다.

일봉 수익 투자 시점은 목표 수익 100%인 수익 투자에서는 큰 의미가 없을 수 있지만, 조금이라도 더 싸게 사서 더 효율적으로 기간을 앞당길 수 있다면 당연히 일봉 수익 투자 시점을 지키는 것이 좋다.

일봉 수익 투자 시점에서는 첫 번째(1번) 수익 투자 시점보다는 두 번째(2번) 수익 투자 시점이 더 안전하고 효율적이다. 왜냐하면 첫 번째(1번) 수익 투자 시점은 일봉 차트에서 하락 차트상에 있고, 두 번째(2번) 수익 투자 시점은 반등하는 시점이기에 결론적으로 보면 첫 번째(1번)이 더 싸게 산 것이 되지만, 하락 차트상에서는 최소 반등한 후에 매수 시점으로 잡는 것이 더 안전하다. 이와 같은 이유로 세 번째(3번)와 네 번째(4번)에 매수 시점으로 잡는 것보다는 다섯 번째(5번)이나 여섯 번째(6번)에 매수 시점을 잡는 것이 더 안전하다. 결과론적인 차트로 보면 당연히 네 번째(4번)에 매수한 것이 더 싸게 매수한 것이지만 안전하게 매수하는 시점은 다섯 번째(5번)와 여섯 번째(6번)이다.

코오롱인더의 2020년 3월부터 9월 사이의 차트를 보면 일봉 수익 투자 시점(5일 이동 평균선이 10일 이동 평균선을 통과할 때)이 5군데 있다.

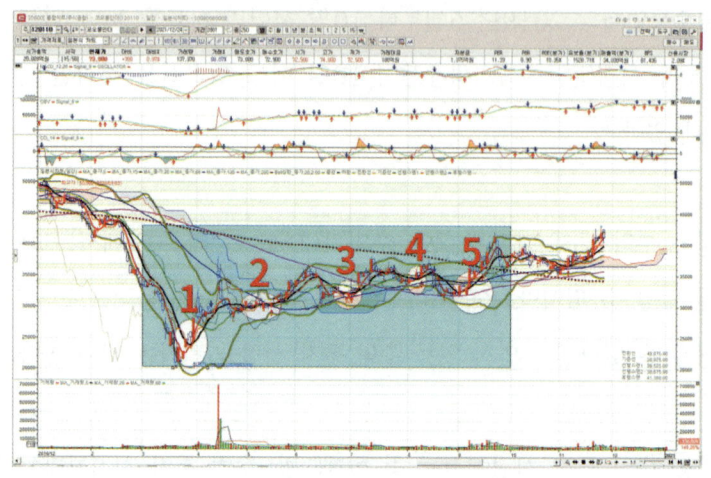

일봉 수익 투자 시점에서 보면 첫 번째(1번) 시점보다는 두 번째(2번), 세 번째(3번), 네 번째(4번), 다섯 번째(5번)가 더 안전하고 효율적이다. 당연히 결정된 차트로 보면 첫 번째(1번) 수익 투자 시점이 상대적으로 가장 저점에 매수할 시점이지만, 코로나19 등을 감안하여 급락하고 있는 시장에서는 반드시 하락 차트상이 아닌 상승 차트상에서 수익 투자 시점을 잡아서 투자하는 것이 효율적이다.

코오롱인더를 통해서 반드시 기억해야 하는 수익 투자 지침은 다음과 같다.

첫 번째, 목표 수익 100%를 초과해서 수익을 설정한 수익 투자의 경우는 연봉 차트, 월봉 차트, 주봉 차트, 일봉 차트 모두가 수익 투자 시점에 있어야 한다.

두 번째, 목표 수익 100% 이하인 수익 투자의 경우는 월봉 차트, 주봉 차트, 일봉 차트 모두가 수익 투자 시점에 있어야 한다.

세 번째, 목표 수익 30% 이하인 수익 투자의 경우는 주봉 차트와 일봉 차트 모두가 수익 투자 시점에 있어야 한다. 단, 주봉 차트의 경우 하락 차트상에 있을 경우에는 10%이하로 수익 투자를 해야 하고, 가능하면 하락 차트상에서는 수익 투자를 하지 말고, 거래량이 증가하면서 상승 차트로 바뀐 후에 주봉 수익 투자 시점이 되었을 때 투자해야 한다.

네 번째, 목표 수익 10% 이하인 수익 투자의 경우는 일봉 차트가 수익 투자 시점에 있어야 한다. 단, 일봉 차트가 하락 차트상에 있을 경우에는 수익 투자를 하면 안 되고, 최소 4번째 수익 투자 시점이 되면 투자를 하거나 또는 상승 차트로 바뀐 후 투자를 해야 안전하게 수익을 실현할 수 있다.

다섯 번째, 매수 당일 날은 반드시 앞서 설명했듯이 장 초반에 매수하지 말고, 9시 30분 이후에 당일 매수(투자) 지침에 따라서 투자를 하면 된다.

실전 투자(매수) 3단계의 지침을 지켜서 투자를 한다면 어떤 경우라도 때가 되면 수익을 실현할 수 있고, 설령 실수로 상대적 고점에서 매수를 하더라도 황금의 법칙을 적용하여 투자를 하면 더 빠른 기간 내에 더 많은 수익을 내면서 수익 실현할 수 있으므로 반드시 실전 투자(매수) 3단계의 지침을 지켜서 투자하는 습관을 만들어야 한다.

유망 가치주의 목표 수익을 정하라 ·158

수익 실현(매도) 2단계 ·170

효율적인 분할 매도 ·175

예시로 배우는 수익 실현 2단계 ·178

5장

수익 실현 2단계

뭐해? 샀으면 팔아야지!

유망 가치주의 목표 수익을 정하라

개인 투자자들이 후회하듯이 많이 이야기하는 것이 있다. 싸게 사는 것은 자신이 있는데 언제 팔아야 할지 몰라서 매도 기회를 자주 놓쳤고, 결국엔 손실을 많이 봤다고 한다. 얼핏 들어보면 그럴싸해 보이고 합리적이고 논리적인 이야기처럼 들린다. 그런데 더 상세히 물어보거나 들여다보면 투자자의 욕심 때문에 팔지 못했다는 것을 알 수 있다.

개인 투자자들은 가장 잘못된 프레임에 갇혀 있다. 주가의 흐름을 보면서 더 비싸게 팔 수 있고, 어떤 투자자들은 차트의 흐름을 보고 최고점 근처에서 팔 수 있다고 생각한다. 그런데 이런 프레임이나 생각은 어느 누구도 최고점 최저점을 정확하게 알 수 없다는 사실이자 진실을 무시하는 것이다. 주식의 神이 이렇게 이야기하면, 개인 투자자들은 발목이나 무릎에서 허리나 어깨에 팔려고 했다라고 이야기한다. 주식의 神이 앞서 이야기한 것처럼 절대적 고점과 절대적 저점은 존재하지 않는다. 다시 말해 최고점, 최저점을 모를 뿐만 아니라, 발목에 있는 저점이 언제 어디인지, 무릎에 있는 저점이 언제 어디인지 알 수 있는 사람은 존재하지 않는다. 그러므로 주가의 흐름을 보고 발목이나 무릎쯤이라고 생각해서 매수하고, 허리나 어깨쯤이라고 해서 매도하는 것은 사람이 판단하고 결정할 수 있는 영역이 아니다. 실전 투자 3단계의 지침에 따라서 투자(매수)하고 수익 실현(매도) 2단계에 거쳐서 매도하여 돈을 벌기만 하면 된다.

주식 투자를 복잡하게 생각하면 너무 많은 변수가 있는 것과 같고 매수하는 방법, 매도하는 방법을 찾지 못할 것처럼 보인다. 하지만 주식 투자를 복잡하게 생각하지 말고 아주 단순하게 생각하면 답이 보인다. 다시 말해 복잡하게 보이는 것은 단순하게 보는 연습을 하면 모든 복잡한 문제도 단순하게 해결할 수 있다.

주식 투자에 있어서 개인 투자자들이 가장 어렵다고 생각하는 매도 시점을 어떻게 단순화시킬 수 있을까? 욕심 때문에 매도 시점을 놓쳐서 손해를 보는 것을 막을 수 있을까? 그것은 주식 투자를 바라보는 관점을 조금만 바꾸면 해결이 된다.

주식 투자에 대한 프레임을 너무 복잡하게 생각하지 말고 단순하게 물건을 사고판다는 생각으로 바꾸어라. 개인 투자자들은 주식을 사고파는 주식 유통업을 하는 사람이라고 생각을 바꾸면 아주 쉽게 주식 투자에 대한 복잡한 과정이 해결이 된다.

　개인 투자자가 주식을 사고파는 유통업을 한다고 가정하면, 개인 투자자는 좋은 물건을 싸게 사서 적정한 이윤을 붙여서 팔면 되고, 좋은 물건은 오래 가지고 있다가 나중에 프리미엄을 붙여서 비싸게 팔아도 되고 아니면 평생 팔지 않고 가지고 있어도 된다.

　주식을 사고파는 유통업을 하는 사람은 일반적으로 상품을 유통하는 사람들이 어떤 물건을 샀을 때 얼마에 팔 것이냐 정하듯이, 어떤 주식을 샀다면 얼마에 팔 것인가 정하면 된다. 만약 물건을 파는 사람이 같은 물건을 어떤 날은 10% 마진율을 붙여서 판다고 했다가, 어떤 날은 5% 마진율을 붙여서 판다고 했다가, 어떤 날은 30% 마진율을 붙여서 판다고 한다면 물건을 사러 온 사람이 대부분 사러 왔다가 돌아가고 다시는 그 가게에 물건을 사러 가지 않을 것이다. 그 결과 그 가게는 신뢰를 잃게 되어 망하게 될 것이다. 주식 투자를 이런 관점에서 보면 모든 복잡한 문제가 술술 그냥 풀린다.

　개인 투자자가 A라는 주식(물건)을 샀다고 가정해 보자. A라는 주식을 얼마에 샀든 그것은 중요하지 않다. 왜냐하면 자신의 머릿속에는 물건을 살 때 얼마의 마진을 남기고 팔겠다고 정했기 때문이다. 그런데, 어느 날 물건을 산 곳에서 돈이 급해서 A라는 주식을 엄청 싸게 내놓는다고 한다. 그러면 당연히 A라는 주식(물건)이 썩어 없어지는 주식(상폐될 수 있는 주식)이 아니라면 더 많이 싸게 될 것이다. 이 때 개인 투자자는 판단하게 될 것이다. 원래 판매하려고 했던 가격으로 팔 것인가, 아니면 원래 생각했던 마진율로 팔 것인가를 결정하게 될 것이다. 원래 가격으로 판매하려고 결정을 내렸다면 훨씬 많은 수익을 얻게 될 것이다. 하지만 원하는 가격에 팔려면 시간이 상대적으로 좀 더 걸릴 것이다. 만약 원래 생각했던 마진율로 팔겠다고 결정했다면 원래 정했던 판매 가격으로 파는 것보다 수익적인 측면에서는 조금 모자랄 수 있지만, 처음보다는 더 많은 수량을 팔 수 있기에 처음보다는 더 많은 이익을 얻을 수 있고, 당연히 완판하는 기간도 훨씬 앞당겨질 수 있다.

주식 투자를 주식(물건)을 사고파는 유통업이라는 프레임 속에 넣고 생각하고 판단하면, 누구나 할 수 있는 유통 사업이 되므로 너무 쉽게 판단하고 결정할 수 있다. 유통업은 같은 물건을 판다고 할지라도 자신이 마진을 많이 남기고 판매하는 소매업을 할지, 많이 남기지 않고 판매하는 도매업을 할지, 또한 어떤 물건을 팔지도 결정할 수 있다. 명품, 고가품 등을 팔아서 한 번에 많은 이익을 가질지, 저가품을 팔아서 상대적으로 적은 이익을 자주 가질지 결정하면 된다.

주식 투자를 주식(물건)을 사고파는 유통업이라고 생각하면 얼마에 팔지 결정을 못해서 손해를 보는 경우는 없다. 왜냐하면 물건을 샀을 때 이미 얼마에 팔 것이냐가 정해지기 때문이다. 산 물건에 가격표를 붙여서 진열만 해 놓으면 소비자들이 그 가격을 주고 사 가기 때문에 흥정할 필요도 없고, 고객에 따라 비싸게 팔까 마진을 적게 남기고 싸게 팔까 하는 스트레스가 사라진다.

주식 투자를 자신이 원하는 마진율만 붙여서 판매를 한다면 굳이 매장을 지키고 서 있을 필요가 없다. 무인 시스템(예약 매매, 장전 매매, 자동 매매 등)을 활용하면 하루에 한 번 문을 열거나 물건이 팔렸을 때 돈만 수거해서 다시 물건을 사서 넣어 놓기만 하면 되는 것이다.

주식의 神이 주식 투자를 주식을 사고파는 유통업이라는 프레임에 넣어서 생각하라고 하면 혹자는 주식은 사고파는 것이 아니라 기업과 함께 가는 것이니까 비유가 적절하지 못하다는 반대의 주장을 가지고 이야기할 수 있다. 하지만, 물건을 사고팔 때, 어떤 물건은 사서 오랜 기간 보유할 수도 있고, 자판기처럼 자판기를 설치하여 수익(배당금)을 받다가 프리미엄을 많이 주겠다는 고객이 생기면 프리미엄을 받고 팔 수도 있는 것이 유통업이다. 그러므로 갑론을박을 하지 말고 주식의 神이 무엇에 포커스를 두고 설명을 하는지 생각하기 바란다. 주식 투자를 하는 개인 투자자들이 자신들의 욕심 때문에 매도를 하지 못하여 결국엔 손해를 보던 것을 생각의 프레임을 바꾸게 하여 똑바른 주식 투자를 하도록 이끈다는 것이 지금의 포커스이다.

주식 투자는 주식의 神이 장담하건대 개인이 할 수 있는 가장 안전하고 가장 효율이 높고 가장 수익성이 좋은 사업이다. 어떤 사업과 비교해도 주식 투자 사업보다 좋은 사업은 없다. 하지만, 잘못 이해하고 잘못 사용하면 자신에게 큰 피해를 주는 사업이다. 용의 역린을 건드리면 용이 크게 노하여 사람을 죽인다고 한다. 주식을 용에 비유했을 때, 수익 투자 지침을 지키지 않고 욕심을 부리는 것은 용의 역린을 건드리는 것과 같다. 원칙을 지키면 수익은 저절로 따라 오지만 욕심을 부리면 수익은 저 멀리 도망간다.

주식의 神이 창안한 수익 투자가 왜 단순하면서도 엄청난 힘을 가지게 되는지는 여기까지 책을 읽은 사람이면 모두 깨달았을 것이다. 수익 투자는 개인이 불필요하게 부릴 수 있는 욕심을 지침서에 따라 투자하게 함으로써 자연스럽게 욕심을 원천 봉쇄하는 것이다. 특히 무엇보다도 복잡하게 보이는 주식 투자를 물건의 사용 설명서를 알려주듯이 이 책을 통해 누구나 주식 투자라는 물건을 잘 사용할 수 있도록 사용 설명서를 만들어 상세하면서도 단순하게 알려주고 있다. 그러므로 자신에게 맞는 수익 투자를 찾아서 수익 투자 지침에 따라 최소 3년만 투자를 하면 반드시 누구 못지않은 주식 투자 실력을 가지게 될 것이다.

주식 투자를 주식이라는 물건을 유통하는 사업이라고 생각하면 당연히 마진율이 정해진다. 그러므로 다음과 같은 단계로 주저하거나 망설이지 말고 주식을 팔면 된다.

주식 투자에서 성공하려면 명확한 자신의 자산 목표가 있어야 하듯이, 자신의 자산 목표를 달성하기 위한 종목별 수익 목표도 매수(투자)하기 전 명확하게 정해서 투자를 해야 한다.

개인 투자자가 월 40만 원씩 적금식 투자를 해서, 20년간 투자를 할 경우 13억 원 이상의 자산이 만들어진다는 것은 앞서 설명을 했다. 그런데 월 40만 원씩 투자를 한다고 해서 무조건 20년 후 13억 원 이상의 자산이 만들어지는 것이 아니라 월 최소 1.7%의 수익률을 유지해야만 가능한 것이다. 그러므로 개인 투자자는 어떻게 하면 자신의 월평균 수익률이 1.7% 이상이 될지 스스로 결정해야 한다.

월평균 1.7% 이상 수익률을 안정적으로 유지하기 위해서는 종목별 목표 수익을 정해서 수익 투자를 해야 한다. 예를 들어 개인 투자자가

한 종목에 투자를 한다고 가정을 해 보자. 월평균 1.7% 이상 수익률을 안정적으로 유지하기 위해서는 다음과 같은 다양한 방법으로 목표 수익을 설정하여 수익 투자 지침서에 따라서 주식 투자를 할 수 있다.

수익 투자 지침서에서 반드시 지켜야 하는 것은 투자(매수)하기 전에 목표 수익을 미리 정하는 것이다. 투자하는 종목의 목표 수익은 자신이 목표한 자산 목표를 달성하기 위하여 어떤 목표 수익이 자신에게 스트레스를 주지 않고 편안하게 달성할 수 있는지를 실전 경험을 통해 찾아내어야 한다. 어떤 목표 수익의 수익 투자도 모두 옳다. 단, 자신이 스트레스 받지 않고 그 수익 투자를 꾸준히 지켜가면서 그 수익 투자에 전문가가 되어야 한다.

월 1.7%이상 수익률을 위한 투자종목의 목표수익

기간	종목별 목표수익	기간	종목별 목표수익
1 개월	1.70%	13 개월	24.50%
2 개월	3.43%	14 개월	26.62%
3 개월	5.19%	15 개월	28.77%
4 개월	6.98%	16 개월	30.96%
5 개월	8.79%	17 개월	33.19%
6 개월	10.64%	18 개월	35.45%
7 개월	12.52%	19 개월	37.75%
8 개월	14.44%	20 개월	40.09%
9 개월	16.38%	21 개월	42.48%
10 개월	18.36%	22 개월	44.90%
11 개월	20.37%	23 개월	47.36%
12 개월	22.42%	24 개월	49.87%

월 1.7% 이상 수익률을 유지하기 위해서 종목의 목표 수익을 3.42%를 두고 수익 투자를 한다면 2개월에 한 번만 성공해도 월 1.7%의 수익률을 유지하면서 20년 후 13억 원 이상의 자산을 만들 수 있다. 목표 수익을 10%에 두고 수익 투자를 한다면 6개월에 한 번씩만 수익 투자에 성공해도 월 1.7% 이상 수익률을 유지하게 되어 13억 원 이상의 자산을 만들 수 있다. 더 여유롭게 투자를 하고 싶다면 목표 수익을 50%에 두고 수익 투자를 하면 된다. 2년에 한 번씩 목표 수익 50%를 성공하면, 저절로 20년 후 13억 원 이상의 자산이 만들어지는 것이다.

이제부터가 중요하다. 만약 여러분이 목표 수익을 50%에 두고 수익 투자를 한다면 여러분은 저평가된 유망 가치주를 찾은 후 찾은 종목이 2년 안에 목표 수익 50%를 달성할 종목인지 아닌지만 판단하면 되는 것이다. 물론 수학적, 과학적, 통계적, 객관적인 자료 등으로 정밀하게 분석하고 판단하여 종목을 최종 선택하였다고 할지라도 2년 안에 꼭 이루어진다는 법은 없다. 하지만 여러분이 목표 수익을 50%에 두고 10년 이상 꾸준히 수익 투자를 하게 되면 어떤 저평가된 유망 가치주가 제공하는 재무 구조, 뉴스, 공시, 차트 등을 보기만 보더라도 2년 안에 이루어질지 아닐지 판단을 정확하게 할 수 있을 것이다. 즉 2년 안에 목표 수익 50%를 달성하는 종목을 선정하는 확률이 90%를 넘어서 100% 가까이 근접할 것이다. 그렇게 되면 간혹 2년 예상한 종목이 며칠, 몇 개월 만에 이루어질 수도 있고, 때로는 주식장이 좋지 않아 2년 예상한 것이 3년이 걸릴 수도 있다. 하지만 최종적으로 월평균 수익률을 내어 보면 월 1.7% 이상, 1년 평균 수익률을 계산해 보면 22.42% 이상을 유지하고 있을 것이다.

목표 수익 50% 이상의 수익 투자는 실전 투자 3단계에서 설명했듯이 월봉, 주봉, 일봉이 저점일 때 최대 목표 수익을 계산해서 50%가 넘으면 투자를 하면 되고, 아직 목표 수익 50%를 달성할 위치가 아니라면 관심 종목으로 두고 주가가 더 내려오면 매수하면 된다. 저평가된 유망 가치주를 찾았을 때 수익 투자 매수 시점에 있는지 판단하는 것은 최대 목표 수익을 계산하면 쉽게 판단할 수 있고, 원칙만 지키면 크게 손실을 보는 실수를 하지 않는다.

매수 당일 기준 수익투자에 맞는 목표수익 계산 방법

종목 최고가	10,000원	설정할 수 있는 최대 목표수익	
종목 현재가	7,000원	현재가 적용목표	42.86%
안전마진율	70.00%	마진율 적용목표	30.00%
매출증가율	10.00%	매출증가 적용목표	33.00%
이익증가율	10.00%	이익증가 적용목표	36.30%
당기순이익증가율	-5.00%	순이익증가 적용목표	34.49%

개인 투자자가 A라는 저평가된 유망 가치주를 찾았다고 생각해 보자. A라는 종목의 최고가는 10,000원이고, 종목을 찾은 날 또는 매수하고자 하는 날 종목의 현재가가 4,000원이라고 치자. 매출 증가율이 +10%이고, 이익 증가율이 +10%인데 당기 순이익 증가율이 -5%라고 가정하면, A라는 종목의 최대 목표 수익은 최고가와 현재가로 단순 계

산했을 때 150%, 안전 마진율 70%(주식의 神의 다년간 경험에 의해 찾아낸 가장 효율적인 안전 마진율 값)를 적용하면 105.00%, 안전 마진율을 적용한 값에 매출 증가율, 이익 증가율, 순이익 증가율을 적용하면 각각 115%, 50%, 127.05%, 120.70%이다. 개인 투자자는 가능하면 안전 마진율, 매출 증가율, 이익 증가율, 당기 순이익 증가율을 모두 적용해서 최대 목표 수익을 설정하면 된다.

20년 9월 7일 추천했던 목표 수익 100%의 수익 투자 종목인 코오롱인더의 최대 목표 수익을 계산해 보면 아래와 같은 결과가 나오게 된다. 그러므로 코오롱인더를 목표 수익 100%로 두고 수익 투자를 하더라도 안전하게 투자할 수 있다는 결론에 도달한다.

코오롱인더 매수 당일(20.9.7) 목표수익 계산 결과

항목	값	설정할 수 있는 최대 목표수익	
종목 최고가	129,000원		
종목 현재가	33,200원	현재가 적용목표	288.55%
안전마진율	70.00%	마진율 적용목표	201.99%
매출증가율	-1.41%	매출증가 적용목표	199.14%
이익증가율	7.30%	이익증가 적용목표	213.68%
당기순이익증가율	-0.02%	순이익증가 적용목표	213.63%

20년 9월 7일의 코오롱인더 매수가 33,200원을 기준으로 최대 목표 수익인 213.63%를 계산하면 104,126원이 나온다. 코오롱인더의 차트를 보면 21년 9월 23일 114,500원까지 상승한 후 하락하고 있는 상태이다. 만약 개인 투자자가 최대 104,000원으로 목표 수익을 설정

했다면 상대적 최고점에서 매도하여 수익을 실현한 결과를 가지게 된다. 주식의 神이 창안한 수익 투자의 최대 목표 수익을 계산하는 방법을 적용하게 되면 무리한 투자를 하지 않고 안정적인 투자를 할 수 있다.

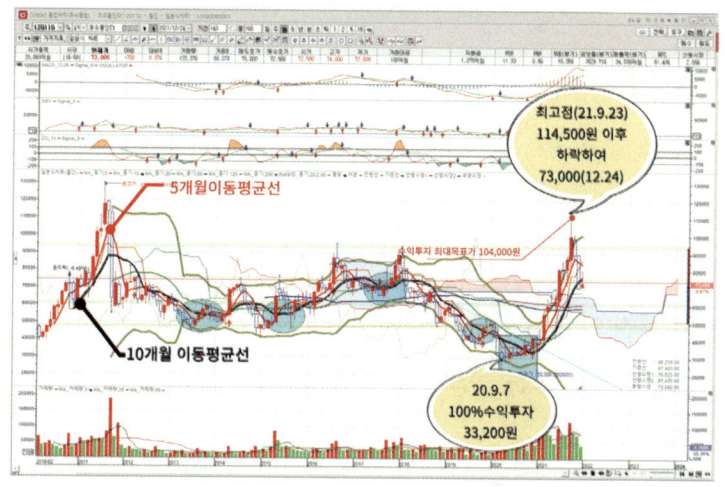

수익 투자 최대 목표 수익을 계산하기 위해 필요한 매출 증가율, 영업 이익 증가율, 당기 순이익 증가율은 매수 당일 그 해의 예상 매출액, 영업 이익, 당기 순익과 과거 4년간 매출액, 영업 이익, 당기 순이익을 계산하여 계산하면 된다.

수익 투자에 있어서 가장 중요한 것 중 하나인 목표 수익 설정은 다양한 데이터를 통해서 합리적으로 수학적, 과학적, 통계적, 수학적으로 계산을 해야만 자신이 정한 목표 수익까지 스트레스 받지 않고 흔들림 없이 때를 기다릴 수 있다.

수익 실현(매도) 2단계

실전 투자(매수) 3단계를 거쳐서 저평가된 유망 가치주를 저점에 살 때 목표 수익률 또는 목표가가 정해졌다. 그러므로 수익 실현(매도) 2단계는 너무 쉽다.

첫 번째 방법은 목표 수익 10% 이하일 때 다음과 같이 하면 된다. 왜냐하면 예약 매매를 하는 중에 목표가에 도달할 수도 있기 때문이다.

Step 1. 매수하자 말자. 종목의 목표가 또는 목표 수익에 매도되도록 주문한다. 단, 목표가가 매수 당일 상한가보다 높으면 매도 주문이 되지 않는다.

Step 2. 장이 끝날 때까지 매도 체결이 되지 않았다면, 매도 주문을 취소한 후 내일(매수한 다음 날)부터 장이 시작하자마자 매도 주문이 될 수 있도록 예약 매매 주문을 한다. 예약 매매 주문을 할 경우 한 달 내에 목표가에 도달하지 못해 매도되지 않았다면, 한 달에 한 번씩은 꼭 예약 매매를 해야 한다. 그래야만 주가 창을 보고 있지 않더라도 목표가에 도달하면 저절로 매도되어 수익의 기쁨을 안겨준다. 만약 예약 매매하는 것이 싫다면 매일 아침 8시 20분에 목표가에 매도되도록 장전 주문을 하면 된다. 한 달에 한 번만 주문을 할지 매일 아침 8시 20분에 주문할지는 각자 판단해서 결정하면 된다.

두 번째 방법은 목표 수익 10%가 넘을 때는 다음과 같이 하면 된다. 왜냐하면 예약 매매 하는 중에 목표가에 도달할 경우가 없고, 장이 끝나고 미체결을 취소하는 번거로움이 없기 때문이다.

Step 1. 매수하지 말자. 내일부터 목표가에 매도가 될 수 있도록 예약 매매 주문을 한다. 매도 주문을 한 후 예약 매매는 바로 되지 않기 때문(장이 끝난 후 매도 주문을 취소해야만 예약 매매 가능)에 먼저 예약 매매를 한다.

Step 2. 예약 매매 주문이 끝난 후, 오늘 목표가에 도달하면 매도될 수 있도록 매도 주문한다. 단, 목표가가 매수 당일 상한가보다 높으면 매도 주문이 되지 않는다.

매수하자 말자. 자동적으로 매도 주문하는 방법은 각 증권사마다 가지고 있는 기능을 활용하면 좋다. 매수 주문 후 전량 매수 체결을 확인 후 다시 매도 주문을 하지 않으려면, Buy&Sell 기능(대신증권, 유진투자증권, 키움증권 등 대부분 증권사는 이 기능을 지원한다)을 활용하면 된다. 전량이 매수되면 자동적으로 매도 주문을 한다.

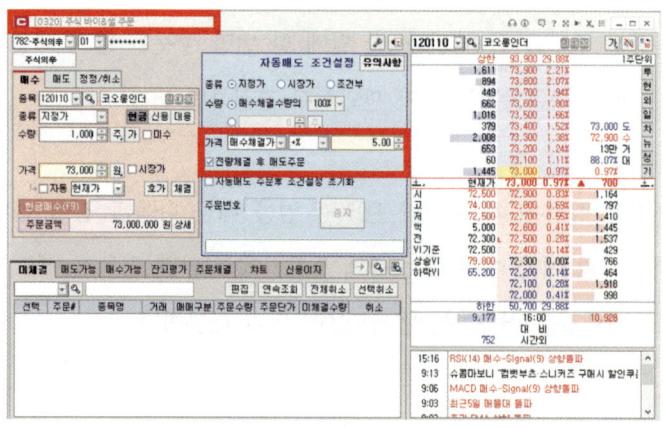

대신증권의 크레온 HTS에 있는 바이&셀 주문창이다. 주문창에 나타나 있듯이, 코오롱인더를 73,000원에 1,000주를 주문하고, 만약 73,000원에 코오롱인더가 전량 체결이 되면 바로 목표 수익 5%에 전량 매도가 자동적으로 주문이 되는 것이다.

증권사의 바이&셀의 주문창을 잘 활용하면 다양한 수익 투자법에 활용될 수 있다. 그러므로 만약 자신이 사용하는 HTS나 MTS에 이런 기능이 없다면 기능이 있는 증권사로 바꾸는 것이 수익 투자를 하는 데 좀 더 편리하다.

증권사마다 예약 매매에 대한 기능이 조금씩 다르지만, 예약 기간은 대부분 1개월간 유지할 수 있다. 그러므로 한 달에 최소 한 번 이상은 예약 매매를 해야만 지속적으로 목표가를 감시하여 목표가에 도달하는 순간 자동적으로 매도가 되어 수익을 낼 수 있다.

20년 12월 24(금요일), 코오롱인더 매수 주문을 하자마자 매도 주문을 한 후 장 종료까지 매도가 되지 않았다. 미체결된 코오롱인더의 매도 주문을 취소한 후 예약 매매 주문창에서 12월 27일부터(다음 주 월요일) 22년 1월 26일까지 목표가 76,900원(매수가 73,000원*수익 5%)에 도달하면 자동 매도되도록 예약 매매 주문을 했다.

수익 실현(매도) 2단계는 매수하자마자 매도 주문 후 장 종료 후 예약 매매를 주문을 하든, 매수하자마자 예약 매매를 한 후 매도 주문을 하든, 중요한 것은 습관처럼 지속적으로 꾸준히 해야만 주가가 갑자기 급락하더라도 지정한 매도 지점에서 매도되어 수익을 낼 수 있다. 수익 실현 기간을 단축시키는 효과는 덤이다.

효율적인 분할 매도

수익 실현(매도) 2단계 법칙에 따라 매수할 때 정한 목표가에 도달하면 자동적으로 매도되도록 주문을 하면 된다.

분할 매도란, 이 수익 실현 법칙에 따라 매도를 할 때 매수한 전량(100%)을 매도하지 않고 급등할 경우를 대비해 50% 정도만 남긴 뒤 2차 목표가에 매도되도록 하는 것을 말한다.

다만 갑자기 주가가 급등 후 급락하는 경우(종종 이런 현상이 나타난다), 분할 매도를 하면 남은 50%의 물량은 1차 목표가보다 낮게 매도하거나 때를 기다려야 할 수도 있기 때문에 수익을 내는 데 걸리는 시간이 늘어난다. 이것 역시 자신의 정한 원칙에 따라 투자를 하면 된다. 전량 매도를 해도 되고, 분할 매도를 해도 된다. 단, 분할 매도의 경우 다시 급락을 할 경우를 대비해서 1차 목표가에 매도되었다는 알람이 들리면, 주가 창을 주시하고 있다가 갑자기 하락하기 시작하면 1차 목표가 근처에서 전량을 매도하는 것이 기간적인 측면에서 훨씬 효율적이다. 만약 주가 창을 볼 여력이 되지 않는다면 수익 실현 기간을 좀 더 길게 가진다는 마음가짐을 가지고 분할 매도를 하면 되고, 계속 신경이 쓰인다면 전량을 매도하는 것을 원칙으로 해도 된다. 가장 중요한 것은 자신의 스타일에 딱 맞는 수익 투자법을 선택하여 꾸준하게 지켜 나가는 것이다. 죽은 시계도 최소한 2번은 정확한 시간을 가리킨다는 것을 명심하면, 가끔 아쉬운 일이 생기더라도 한 번 정한 원칙을 지키는 것이 여러 측면에서 좋다.

수익 투자를 하면서 분할 매도를 원하는 투자자는 다음과 같은 방법으로 하는 것이 효율적이다.

Case 1. 목표 수익이 30% 초과일 경우에는 1차 목표가에 수량의 50% 매도, 2차 목표가에 수량 30% 매도, 3차 목표가에는 수량 20%를 매도하는 것이 효율적이다. 2차 목표가는 1차 목표가에 1.5를 곱하면 되고, 3차 목표가는 1차 목표가에 2를 곱하면 된다. 단, 목표 수익을 정할 때 계산된 최대 목표가를 넘길 수는 없다. 예를 들어 1차 목표가가 50%이었다면, 2차 목표가는 75%, 3차 목표가는 100%가 된다. 그런데 최대 목표 수익이 80%이었다면 2차 목표가인 75%에 나머지 50%를 매도해야 한다. 즉, 3차 목표가를 설정할 수 없다.

Case 2. 목표 수익이 30% 이하일 경우는 1차 목표가에서 수량의 50%, 2차 목표가에서 나머지 50%를 매도하면 된다. 2차 목표가는

1차 목표가에 1.5배를 곱하면 된다.

Case 3. 목표 수익이 10% 이하일 경우는 1차 목표가에서 수량의 70%, 2차 목표가에서 나머지 30%를 매도하면 된다. 2차 목표가는 1차 목표가에 1.5배를 곱하면 된다.

개인 투자자들은 대부분 긴 시간을 기다려야 하는 큰 수익보다는 여러 번의 작은 수익을 위해 목표 수익을 낮게 설정한다. 그러나 분할 매도를 너무 많이 하거나 1차 목표가를 달성할 때 매도 수량이 적어지면 최초에 원했던 수익 투자 목표에서 벗어나므로 가능하면 위의 방식대로 분할 매도를 하는 것이 효율적이고 좋다. 다시 강조한다. 분할 매도가 데이터상으로 보면 좀 더 효율적이지만, 만약 분할 매도 때문에 매도하지 못한 잔량으로 스트레스를 받을 것 같은 투자자는 분할 매도를 하지 않는 것이 훨씬 좋다.

분할 매도할 때 반드시 지켜야 하는 것은 2차 목표가에 도달하지 못하고 1차 목표가까지 내려왔을 때는 나머지를 전량 매도해야 한다는 것이다. 또한, 3차 목표가에 도달하지 못하고 2차 목표가까지 내려오면 2차 목표가에 전량을 매도해야 한다. 이 원칙을 지켜야 다 잡은 고기를 놓치지 않는다. 누구나 느끼듯이 놓친 고기가 훨씬 커 보이는 법이다.

예시로 배우는 수익 실현 2단계

수익 실현(매도) 2단계를 지키면 주가 창을 보지 않고도 아래와 같이 종목별 목표 수익에 도달하면 자동으로 매도되어 수익을 안겨다 준다.

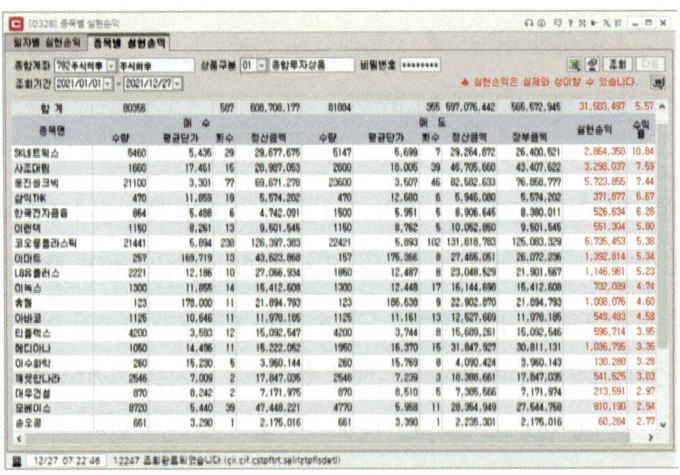

실전 투자 3단계와 수익 실현 2단계를 지키면서 투자한 결과를 보

여주는 계좌는 주식 고수 카페(www.godstock.net)에 공개한 주식의 神의 계좌이다. 크레온의 종목 손익 기능을 활용하면 종목별 투자 결과를 볼 수 있다. 종목 손익 주가 창에서 보여주는 계좌의 실전 투자 결과를 보면 종목별로 다양한 수익 투자가 이루어진 것을 볼 수 있다. 매수 시점에 따라 종목별 수익 투자의 목표 수익이 다르지만, 평균 수익률을 보면 SK네트웍스 10.84%, 사조대림 7.59%, 삼익THK 6.67%, 한국전자금융 6.28% 등의 결과를 보여주고 있다. 계좌를 상세히 보면 종목별로 목표 수익에 따라 매수했고, 목표 수익에 도달했을 때 자동으로 매도되어 수익이 실현되었다.

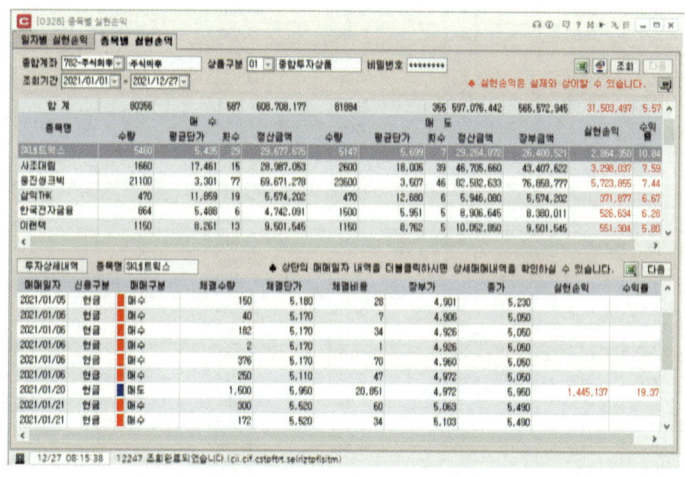

종목별 손익 결과를 상세히 보기 위해 종목을 클릭하면 아래에 날짜별로 거래 내역이 나타나는데, 이것을 엑셀 파일로 불러와 자료를 정리하면 아래와 같이 나타난다.

SK네트웍스(분할매수&분할매도) 수익투자결과

매매일자	매매구분	체결단가	장부가	종가	실현손익	수익률
2021/01/04	매수	4,890	4,880	5,040		
2021/01/05	매도	5,200	4,880	5,230	168,030	6.29
2021/01/05	매도	5,210	4,880	5,230	158,580	6.5
2021/01/05	매수	5,180	4,901	5,230		
2021/01/06	매수	5,170	4,906	5,050		
2021/01/20	매도	5,950	4,972	5,950	1,445,137	19.37
2021/01/21	매수	5,520	5,063	5,490		
2021/01/22	매도	5,850	5,224	5,560	305,797	11.71
2021/01/22	매도	5,920	5,224	5,560	340,714	13.04
2021/01/22	매수	5,700	5,328	5,560		
2021/01/27	매도	5,690	5,360	5,570	410,871	5.9
2021/01/27	매수	5,630	5,424	5,570		
2021/01/27	매도	5,590	5,459	5,570	35,219	2.15
2021/01/28	매수	5,410	5,452	5,350		
2021/02/03	매수	5,410	5,444	5,400		
2021/02/04	매수	5,310	5,433	5,440		
2021/02/26	매수	5,430	5,432	5,560		
2021/03/12	매도	5,680	5,432	5,590	698,291	4.28
2021/03/12	매도	5,610	5,432	5,590	211,501	3
2021/03/12	매도	5,750	5,432	5,590	453,875	5.57
2021/03/12	매수	5,640	5,641	5,590		
2021/03/16	매수	5,570	5,605	5,610		
2021/03/19	매수	5,550	5,596	5,750		
2021/05/31	매도	6,060	5,591	6,060	1,777,431	8.11
2021/05/31	매도	6,060	5,591	6,060	3,176	8.12
2021/05/31	매수	6,040	5,681	6,060		
2021/06/02	매도	6,220	5,808	6,160	790,403	6.8
2021/06/03	매수	6,040	5,812	6,030		
2021/06/08	매도	6,340	5,826	6,340	83,494	8.53
2021/06/08	매도	6,360	5,826	6,340	549,499	8.87
2021/06/08	매도	6,360	5,826	6,340	518	8.89
2021/06/08	매도	6,360	5,826	6,340	517	8.88
2021/06/08	매수	6,350	5,943	6,340		
2021/06/08	매도	6,350	5,943	6,340	585,440	6.57
2021/07/13	매도	6,180	5,943	6,190	291,808	3.71
2021/07/13	매도	6,180	5,943	6,190	663	3.72
2021/07/13	매도	6,180	5,943	6,190	222	3.75
2021/07/13	매도	6,260	5,943	6,190	60,406	5.06
2021/07/13	매도	6,260	5,943	6,190	301	5.07

SK네트웍스의 매수 시점을 보면, 1월 4일 ~ 6일, 1월 21일~22일, 1월 27일~28일, 2월 3일~4일, 2월 26일, 3월 12일~19일, 5월

31일, 6월 3일, 6월 8일이고, 매도 시점을 보면 1월 5일, 1월 20일, 1월 22일, 1월 27일, 3월 12일, 5월 31일, 6월 2일, 6월 8일, 7월 13일이다. SK네트웍스의 수익 투자 결과를 가지고도 수익 투자가 수익적인 측면뿐만 아니라, 시간 절약과 더불어 편리성까지 갖추었음을 알 수 있다. 굳이 주가 창을 보고 있지 않아도 예약 매매나 장전 매도 주문만 하면 알아서 매도를 해 주니 말이다.

SK네트웍스 매수 당일(21.1.4) 목표수익 계산 결과

종목 최고가	11,500원	설정할 수 있는 최대 목표수익	
종목 현재가	4,890원	현재가 적용목표	135.17%
안전마진율	70.00%	마진율 적용목표	94.62%
매출증가율	0.14%	매출증가 적용목표	94.75%
이익증가율	-0.30%	이익증가 적용목표	94.47%
당기순이익증가율	36.70%	순이익증가 적용목표	129.14%

첫 번째, 한 종목으로도 목표 수익에 따라 상대적 저점에서 사서 상대적 고점에 사고팔기를 반복할 수 있다. 물론 SK네트웍스를 1월 4일 매수한 후 목표 수익을 100%에 두고 수익 투자를 할 수도 있다. 21년 1월 4일을 기준으로 계산해 보면 최대 목표 수익은 129.14%가 나온다. 만약 최대 목표 수익에 맞게 목표 수익 100%를 두고 수익 투자를 했다면 21년 12월 27일 현재까지는 수익 실현을 하지 못했을 것이다. 하지만, 목표 수익을 30% 이하로 낮게 잡았기 때문에 자료처럼 SK네트웍스 한 종목으로도 자주 수익 실현을 할 수 있었던 것이다.

SK네트웍스의 매수 시점, 매도 시점을 차트로 나타내 보면 아래와 같이 나타난다.

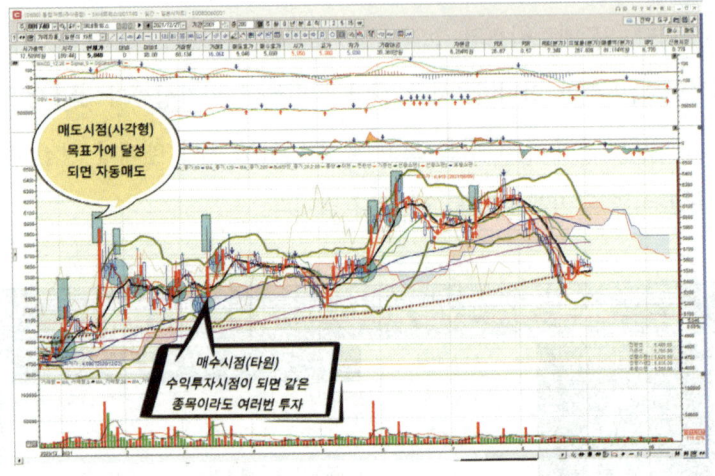

SK네트웍스 일봉 차트를 보면 수익 투자 시점에 매수를 하거나 급등하면 거래량이 터진 후 하락했을 때 수익 투자 시점을 찾아서 매수한 것을 알 수 있고, 대부분의 매도(수익 실현) 역시 SK네트웍스가 급등할 때마다 있었던 사실을 알 수 있다.

SK네트웍스를 통해서도 알 수 있듯이 자신의 스타일에 따라서 최대 목표 수익이 100% 이상으로 계산되어짐에도 불구하고 자신의 수익 투자에 맞게 30% 이하, 10% 이하, 5% 이하로 목표 수익을 두고 투자를 할 수 있다. 현재까지 결과론적으로 보면 목표 수익을 낮게 잡은 것이 최대 목표 수익을 100%에 둔 것보다 효율적으로 보인다. 하지만, 만약 SK네트웍스가 6월 9일 이후에도 계속 우상향했다면 어쩌면 목표 수익을 100%에 두고 수익 투자한 것이 시간적, 수익적인 면에서 더 효과적일 수도 있었을 것이다.

두 번째는 급등 후 급락을 하더라도 즉, 예약 매매 또는 장전 매도 주문이 되어 있는 경우 언제라도 주가가 최고점을 찍고 바로 하락을 하더라도 목표가가 최고점보다 1호가라도 아래에 있으면 주문한 수량 전체가 매도가 되고, 최고점이 목표가와 같더라도 장이 시작하자마자 주문이 되므로 우선적으로 매도가 될 수 있다. 잡은 고기를 놓치는 일은 거의 없다. 그러므로 반드시 장전 매도 주문 또는 한 달에 한 번 예약 매매를 하는 것이 수익률적인 측면뿐만 아니라 시간적인 측면에서 훨씬 효율적이다.

주가의 최저점, 최고점을 알 수 없듯이 언제 목표가에 도달할지 아무도 모른다. 주가 창을 하루 종일 쳐다보고 있다고 해서 목표가까지 상승 못할 종목이 도달해서 수익을 안겨주는 것도 아니고, 주가 창을 전혀 쳐다보지 않는다고 해서 목표가에 도달할 종목이 목표가에 도달하지 않는 것도 아니다. 그러므로 수익 실현(매도) 2단계에 따라 매도 주문을 하면 주가 창을 전혀 보지 않고도 수익 실현하기 때문에 시간적인 측면에서도 아주 효율적이다.

수익 실현(매도) 2단계의 가장 큰 장점이자 효과는 앞서 말한 것처럼 세 가지다.

첫 번째는 주가 창을 계속 지켜볼 필요가 없다. SK네트웍스의 결과에서 보여주듯이 급등하면 알아서 매도해서 수익 실현을 안겨다 준다. 그러므로 매도되었다는 알람이 울리면 그때 다시 다른 종목을 매수할지 좀 더 기다렸다가 SK네트웍스가 더 내려가면 매수할지 결정하면 되는 것이다.

두 번째는 주가가 갑자기 급등한 후 급락하여도 목표가보다 1호가 아래라면 무조건 100% 전량 매도되지만, 만약 목표가와 최고가가 같다면 전량 매도가 되거나 또는 일부만 매도가 되거나 전혀 매도가 되지 않을 수도 있다. 전혀 매도가 되지 않는 경우는 자신보다 먼저 매도 주문을 한 사람의 물량이 다 매도되지 않을 경우는 최고가가 목표가와 같다고 할지라도 전혀 매도되지 않는다. 전혀 매도되지 않았으니, 알람이 울리지 않을 것이다. 그러므로 자신의 업무를 계속해서 보면 된다. 예약 매매나 장전 매도 주문의 가장 큰 효과 중에 하나가 앞서 말한 것처럼 상한가를 간 후 바로 하한가를 가더라도 수익을 낼 수 있어 매도하지 못해 손해를 보는 경우를 막을 수 있다. 이런 수익이 계속해서 모이게 되면 수익 실현의 기간을 단축시킬 수 있고, 매도한 수익 실현 결과가 누적이 되므로 자연스럽게 자신의 1년 또는 월 평균 수익률이 높아진다.

세 번째는 매도 시점을 놓치는 일을 막을 수 있다. 주가 창을 계속 지켜보고 있으면 누구라도 더 오를 것 같아 좀 더 비싸게 팔고 싶다는 욕심이 생기고, 하락하면 더 하락할 것 같아 손절매를 하고 싶은 욕심이 저절로 생긴다. 그러므로 이런 욕심을 원천 봉쇄하고자 한다면 반드시 수익 실현(매도) 2단계를 활용하여 목표가에 자동적으로 매도할 수 있도록 습관처럼 예약 매매 주문 또는 장전 매도 주문을 해야 한다. 최소 3년 동안 실전 투자(매수) 3단계와 수익 실현(매도)2단계 법칙을 유지한다면 좋은 습관으로 자리 잡을 것이다.

황금의 법칙을 지켜라 ·188

수익 투자에 맞는 황금의 법칙 ·193

예시로 배우는 황금의 법칙 ·201

6장

황금의 법칙

주식 투자 전쟁터에서 무엇이 두려우랴!
호랑이처럼 강한 수익 투자 지침과 함께했다면
두려워하지 말고 급락하면 땡큐하며 추가 매수하라!

황금의 법칙을 지켜라

약속을 지켜라, 교통 법규를 지켜라, 회사 규정을 지켜라, 근무 시간을 지켜라, 법을 지켜라, 예의를 지켜라, 학교 교칙을 지켜라, 조리법을 지켜라, 사용법을 지켜라, 규칙을 지켜라, 레시피를 지켜라 등 삶을 살아가는 데에는 수많은 '지켜라'가 존재한다. '지켜라'라고 하는 것을 지킨다고 해서 자신에게 큰 이득이 생기지는 않지만, 지키지 않음으로 인해 발생할 수 있는 손해를 막아 준다. 물론 지키지 않는다고 해서 지금 당장 큰 손해를 입지 않을 수도 있다. 들키지 않으면 우선 눈앞에 손해는 벗어나는 것처럼 보인다. 하지만, 꼬리가 길면 밟히듯이 지키지 않으면 반드시 문제가 발생되고 때로는 목숨까지 잃을 수도 있다.

세 살 버릇 여든까지 간다는 말이 있듯이 한 번 잘못된 습관이나 버릇은 쉽게 고쳐지지 않는다. 하지만, 영국 대학교의 연구에 따르면 66일만 잘 지켜서 습관화시키면 좋은 습관으로 유지될 확률이 높다고 하니 66일 법칙을 잘 활용하여 원하는 좋은 습관을 만들기 바란다. 특히 주식 고수가 되고 싶은 개인 투자자들이라면 당연히 실전 투자(매수) 3단계, 수익 실현(매도) 2단계, 황금의 법칙, 0123 투자 법칙 등을 꾸준히 지켜야만 좋은 습관처럼 몸과 마음에 스며들어 배이게 된다.

실전 투자(매수) 3단계를 거쳐서 저평가된 유망 가치주를 싸게 샀다면 수익 실현(매도) 2단계를 통해서 매도하여 수익 실현하면 된다. 항상 명심해야 하는 것은 어떤 누구도 절대적 최저점을 알 수 없다는 것이다. 실전 투자(매수) 3단계를 거쳐서 저점에 매수한 것 같았지만, 외부 환경, 내부 환경 등에 의해 주가가 급락할 수도 있다. 다시 말해 아무리 각종 데이터를 분석해서 상대적 저점에 매수하려고 해도 100% 완벽하게 저점에 매수할 수 없다는 것이다. 그러므로 항상 강조하듯이 주식 고수는 예상 밖의 상황이 발생했을 때 슬기롭게 대응해서 이겨내거나 그 상황을 잘 이용해서 기회로 삼아야 한다.

황금의 법칙의 전제 조건은 어떤 누구도 주가의 오르내림을 완벽하게 알 수 없다는 것을 인정하고 인지해야만 한다. 그래야만 법칙에 따라 투자를 할 수 있다. 또한 주가의 내림에 스트레스를 받는 것이 아니라 "땡큐" 하며 기뻐할 수 있다.

황금의 법칙을 완벽하게 이해하고 습득한 개인 투자자들은 주가가 내려가면 내려갈수록 기분이 좋아진다. 왜냐하면 더 싸게, 더 많이 살 수 있기 때문이다. 그런데 대부분의 개인 투자자들은 주가가 내려가면 내려갈수록 억울해하고 스트레스를 받는다. 자신이 투자한 종목에 대한 확신이 없기 때문에 지속적으로 하락하거나 급락하면 끝없이 내려갈 것 같고, 더 잘못되면 상장 폐지가 되지 않을까 하는 두려움을 가지고 있기 때문이다. 하지만, 주식의 神이 창안한 실전 투자(매수) 3단계를 철저하게 지켜서 투자한 개인 투자자라면 자신이 투자한 종목에 대한 확신을 가지고 있기에 어떤 경우라도 재상승하여 수익의 기쁨을 준다는 것을 알고 있다. 특히 실전 투자를 통해 몇 번만 경험해도 황금의 법칙에 대한 절대적 믿음은 철옹성처럼 어떤 외부의 침략에도 무너지지 않고 강하게 버텨서 지켜낼 것이다.

누군가 100g당 700만 원의 가치를 가진 황금을 500만 원에 팔겠다고 한다면 여러분은 어떻게 할 것인가? 그냥 사기일 것 같으니까 처음부터 쳐다보지 않을 것인가? 아니면 무조건 믿고 살 것인가? 아니면 그 황금이 색깔만 황금인지, 겉에만 황금이고 속은 철인지를 알아보겠는가? 다양한 방법으로 스스로 분석하거나, 전문가에게 맡겨 분석하고 황금인지 아닌지를 판단한 후 스스로에게 구매 여부를 물어보기 바란다.

처음부터 쳐다보지도 않는 사람은 주식 투자를 도박이나 투기로 생각하거나 위험한 사업이라고 생각해서 주식 투자 근처에도 가지 않거나 아무리 주위에서 주식 투자가 좋다고 해도 스스로의 원칙에 의해 투자를 하지 않는 사람이다.

무조건 믿고 사는 개인 투자자들을 비하하는 말로 불나방 또는 개미라고 부른다. 남들이 장에 간다고 하니 똥장군을 지고 장에 가는 꼴이 된다. 무조건 믿고 사는 개인 투자자들의 대부분은 남들에 의해 자신의 몸속에 잠자고 있는 욕심이라는 괴물을 잠에서 깨도록 하여 추격 매수하게 된다. 즉 자신이 가지고 있는 욕심이라는 괴물에 의해 자신 스스로가 잡아먹히는 것이다.

황금인지 아닌지 다양한 방법 등을 통해 스스로가 분석하여 판단하고, 추가로 전문가에게 철저하게 분석하도록 하여 분석한 자료를 받은 후 다시 한번 분석하고 판단해서 황금이면 사고, 황금이 아니라고 판단되면 사지 않으면 된다. 이런 방식으로 판단하고 투자하는 사람이 진정한 주식 고수인 것이다.

스스로가 판단해도 황금이고, 전문가가 판단해도 황금이고, 그 외 다양한 전문 기관의 평가서도 황금이라면 당연하게 매수해야 한다. 이렇게 투자하는 것이 첫 번째 관문인 실전 투자(매수) 3단계인 것이다. 그런데, 며칠 또는 몇 개월 후 누군가가 똑같은 황금을 500만 원이 아닌 350만 원에 팔겠다고 내놓았다면 여러분은 어떻게 할 것인가? 당연하게 다시 한번 팔겠다고 내놓은 황금을 분석해야 할 것이다. 그런데 지난번 분석한 결과와 같다면 여러분은 어떻게 할 것이지를 스스로에 물어보면 된다. 아마 추가로 더 많이 매수할 것이다. 지난번에 1,000만 원을 주고 200g을 샀다면, 700만 원을 주고 같은 양인 200g을 살 수도 있지만, 진짜 황금이라는 것을 확신하는 사람은

1400만 원을 주고 400g 이상을 더 살 것이다. 전문가라면 황금을 더 싸게 준다고 한다면, 기회는 지금이라고 판단하고 두 배, 세 배 등 더 많이 살 것이다. 왜냐하면 기회는 그렇게 자주 오지 않기 때문이다. 과거 IMF, 금융 위기, 코로나19를 잘 생각해 보면 어떻게 하는 것이 정답이었을지 알 수 있다.

황금의 법칙과 흔히 말하는 물타기는 출발선이 다르다. 황금의 법칙은 투자한 종목이 황금이라는 전제 조건이 성립되어야 적용이 되는 것이고, 물타기는 투자한 종목이 색깔만 황금처럼 보이는 것이다. 그러므로 황금의 법칙과 물타기를 혼동하면 안 된다. 황금의 법칙은 돈을 더 많이, 더 빨리 버는 것이지만, 물타기는 돈을 더 많이, 더 빨리 버리는 것이다. 버는 것을 선택할지 버리는 것을 선택할지는 개인 투자자가 결정할 일이다.

다시 한번 강조하지만, 황금의 법칙은 실전 투자(매수) 3단계를 철저하게 지켜서 투자한 종목이 급락하거나 하락했을 때 "땡큐" 하며 추가 매수하는 것을 말한다. 믿고 따르면 큰 수익이 돌아올 것이다.

수익 투자에 맞는 황금의 법칙

황금을 싸게 판다고 하면 당연하게 그냥 사는 것이 아니라 황금인지 아닌지를 명확하게 분석하고 판단한 후 사야 한다는 것은 충분히 인지했을 것이다. 그렇다면 이제 남은 숙제는 언제 황금의 법칙을 적용하여 투자하는 것이 효율적일까 하는 것이다.

황금의 법칙을 효율적으로 활용하여 추가로 매수하는 방법은 다음과 같이 지침서를 따르면 된다.

첫 번째, 목표 수익이 3% 이하인 수익 투자를 하는 개인 투자자들은 현재 수익률이 -7% ~ -10% 사이에서 황금의 법칙에 따라 추가 매수를 하면 된다. 추가 매수는 같은 금액 또는 같은 주식 수로 하면 되는데, 만약 자금적 여유가 된다면 처음 투자 대비 2배의 수량 또는 2배의 투자금을 하는 것이 훨씬 효과적이다.

두 번째, 목표 수익이 10% 이하인 수익 투자를 하는 개인 투자자들은 현재 수익률이 -10% ~ -15% 사이에서 추가 매수를 하면 된다. 추가 매수는 목표 수익 3% 이하와 같이 같은 금액 또는 같은 주식수로 하거나, 자금적 여유가 된다면 처음 투자금의 2배 또는 수량을 2배를 하는 것이 훨씬 효율적이다.

세 번째, 목표 수익이 30% 이하로 수익 투자를 한다면 현재 수익률이 -15% ~ -20% 사이에서 추가 매수를 하면 된다. 추가 매수는 같은 금액 또는 같은 수량만큼 투자를 하면 된다.

네 번째, 목표 수익이 30% 초과로 수익 투자를 한다면 현재 수익률이 -20% ~ -30% 사이에서 추가 매수를 하면 된다. 추가 매수는 같은 금액 또는 같은 수량만큼 투자를 하면 된다.

황금의 법칙에 따라 추가 매수를 한 후 같은 수익률로 수익 투자를 하면 더 빨리 목표 수익률을 달성할 수 있고, 수익도 2배 이상 많다. 만약 처음 설정한 수익률이 아니라 목표가로 수익 투자를 한다면 같은 수익률보다 기간을 상대적으로 앞당길 수는 없겠지만, 더 많은 수익률과 더 많은 수익을 예상할 수 있다.

목표수익 3%이하 수익투자에 대한 황금의 법칙

평균 매수가	10,000원	종목 현재가	9,000원
수량	100주	현재 수익률	-10.00%
같은 수량	100주	추가매수후 수익률	-5.26%
같은 금액	1,000,000원	추가매수후 수익률	-5.00%
두배 수량	200주	추가매수후 수익률	-3.57%
두배 금액	2,000,000원	추가매수후 수익률	-3.33%

목표수익 10%이하 수익투자에 대한 황금의 법칙

평균 매수가	10,000원	종목 현재가	8,500원
수량	100주	현재 수익률	-15.00%
같은 수량	100주	추가매수후 수익률	-8.11%
같은 금액	1,000,000원	추가매수후 수익률	-7.50%
두배 수량	200주	추가매수후 수익률	-5.56%
두배 금액	2,000,000원	추가매수후 수익률	-5.00%

목표수익 30%이하 수익투자에 대한 황금의 법칙

평균 매수가	10,000원	종목 현재가	8,000원
수량	100주	현재 수익률	-20.00%
같은 수량	100주	추가매수후 수익률	-11.11%
같은 금액	1,000,000원	추가매수후 수익률	-10.00%
두배 수량	200주	추가매수후 수익률	-7.69%
두배 금액	2,000,000원	추가매수후 수익률	-6.67%

목표수익 30%초과 수익투자에 대한 황금의 법칙

평균 매수가	10,000원	종목 현재가	7,000원
수량	100주	현재 수익률	-30.00%
같은 수량	100주	추가매수후 수익률	-17.65%
같은 금액	1,000,000원	추가매수후 수익률	-15.00%
두배 수량	200주	추가매수후 수익률	-12.50%
두배 금액	2,000,000원	추가매수후 수익률	-10.00%

황금의 법칙에 따라 추가 매수를 하면 표와 같은 결과가 나온다. 황금의 법칙에 따라 추가 매수를 할 때 얼마만큼 더 추가로 매수할지는

각자의 자금 여력에 따라 다를 수 있으므로 위의 표는 참고 자료로 활용하면 된다.

황금의 법칙에 따라 추가 매수를 했을 경우, 수익률과 수익금이 어떻게 변할지 계산해 보면 추가 매수를 해야 할지 하지 말아야 할지가 더 확실하게 판가름이 날 것이다.

실전 투자(매수) 3단계를 거쳐서 목표 수익을 3%에 두고 수익 투자를 했는데, 시장의 영향으로 -10%까지 하락했다고 가정하면, 10,000원을 주고 산 주식의 주가가 9,000원이 되었고, -10%의 손실률을 나타내고 있을 것이다(세금, 수수료 등에 의해 세후 수익은 차이가 날 수 있으므로 세전 수익으로 계산한다). 개인 투자자의 경우 자신이 투자한 종목이 -10% 정도 손실이 나면 마치 습관적인 것처럼 손절을 해야 하나 하는 생각이 든다. 그 이유는 수많은 전문가와 기관에서 마치 손절을 하지 못하면 멍청한 투자자처럼 취급하거나 여론 몰이를 하기 때문에 하기 싫어도 바보 멍청이로 취급받기 싫은 마음에 자신도 모르게 손절할까 말까 고민을 하게 되고, 대부분 손절한다. 그래야 말도 안 되는 기회의 손실이라는 명분을 앞세운 전문가들의 말을 따른다. 항상 강조하지만 손절할 것 같으면 애초에 투자를 하지 않는 것이 수익 투자의 원칙이다. 그 한 예로 매일 돈을 벌어야 하는 개인 투자자들을 위해 개발한 시초가에 투자하는 수익 투자의 경우는 -3%에 손절하는 것을 원칙으로 하고 있다. 하지만 시초가에 투자하는 종목 역시 손절을 하지 않고 황금의 법칙을 적용하면 때가 되면 수익 실현을 반드시 한다. 그 이유는 시초가에 투자하는 종목 역시 저평가된 유망 가치주이기 때문이다. 그러므로 시초가 투자를 제외하고는 어떤 경우라도 손절을 할 생각을 꿈에서라도 하지 않는 것이 좋다.

다시 황금의 법칙으로 돌아가서 이야기하면, 3% 수익 투자를 한 종목이 -10%가 되었을 때, 같은 수량으로, 같은 금액으로, 두 배의 수량으로, 두 배의 금액으로 추가 매수할 수 있다. 이때 개인 투자자는 선택할 수 있는 것이 처음 10,000원 주고 투자했을 때 목표가 10,300원에 수익 실현할 것인지, 처음 목표 수익률 3%에 투자할 것인지를 정해야 한다. 처음 목표가 10,300원에 두고 수익 실현(매도) 2단계에 거쳐서 매도를 한다면 다음과 같은 결과를 예상할 수 있다.

목표수익 3% 수익투자에 대한 황금의 법칙을 지켰을 때 수익률과 수익금 변화						
평균 매수가	10,000원	종목 현재가	9,000원	처음 수익률&수익금	3.00%	30,000원
수량	100주	현재 수익률	-10.00%	처음 목표가	10,300원	
같은 수량	100주	추가매수후 수익률	-5.26%	같은목표가 수익률&수익금	8.42%	160,000원
같은 금액	1,000,000원	추가매수후 수익률	-5.00%		8.72%	174,444원
두배 수량	200주	추가매수후 수익률	-3.57%		10.36%	290,000원
두배 금액	2,000,000원	추가매수후 수익률	-3.33%		10.63%	318,889원

같은 수량으로 추가 매수할 경우는 수익률이 3%에서 8.42%가 되고 수익금 역시 30,000원에서 160,000원이 된다. 같은 금액으로 추가 매수할 경우는 수익률이 3%에서 8.72%가 되고, 수익금은 30,000원에서 174,444원이 된다. 만약 수량을 두 배로 추가 매수하면 수익률

은 10.36%, 수익금은 290,000원이 되고, 금액을 두 배로 추가 매수하면 수익률은 10.63%, 수익금은 318,889원이 된다. 처음 투자했을 때 목표가 10,300원을 추가 매수의 기회 없이 수익 실현했다면 수익률 3%, 수익금 30,000원에 그쳤을 것을, 주가가 -10% 하락한 덕분에 최대 수익률 10.63%, 수익금 318,889원으로 수익률은 약 3.5배, 수익금은 무려 10.62배가 된다. 결론적으로 시간은 조금 더 걸렸을 수 있지만, 수익률적인 측면이나 수익적인 측면에서는 급락하지 않고 수익을 실현한 것보다 몇 배의 이익이 되는 것이다. 그러므로 주가가 급락하면 땡큐하며 추가 매수해야 하고, 주식 고수라면 주가가 하락하면 하락할수록 즐거워해야 한다는 결론이 나온다.

단, 저평가된 유망 가치주가 아닌 테마주, 작전주, 급등주 등에 속아서 추격 매수한 경우는 황금의 법칙을 적용하면 안 된다는 사실을 명확하게 인지하여야 한다. 황금의 법칙은 반드시 실전 투자(매수) 3단계를 철저하게 거쳐서 매수한 종목에만 적용되는 수익 투자 지침이다.

목표수익 10% 수익투자에 대한 황금의 법칙을 지켰을 때 수익률과 수익금 변화						
평균 매수가	10,000원	종목 현재가	8,500원	처음 수익률&수익금	10.00%	100,000원
수량	100주	현재 수익률	-15.00%	처음 목표가	11,000원	
같은 수량	100주	추가매수후 수익률	-8.11%	같은목표가 수익률&수익금	18.92%	350,000원
같은 금액	1,000,000원	추가매수후 수익률	-7.50%		19.71%	394,118원
두배 수량	200주	추가매수후 수익률	-5.56%		22.22%	600,000원
두배 금액	2,000,000원	추가매수후 수익률	-5.00%		22.94%	688,235원

목표수익 30% 수익투자에 대한 황금의 법칙을 지켰을 때 수익률과 수익금 변화						
평균 매수가	10,000원	종목 현재가	8,000원	처음 수익률&수익금	30.00%	300,000원
수량	100주	현재 수익률	-20.00%	처음 목표가	13,000원	
같은 수량	100주	추가매수후 수익률	-11.11%	같은목표가 수익률&수익금	44.44%	800,000원
같은 금액	1,000,000원	추가매수후 수익률	-10.00%		46.25%	925,000원
두배 수량	200주	추가매수후 수익률	-7.69%		50.00%	1,300,000원
두배 금액	2,000,000원	추가매수후 수익률	-6.67%		51.67%	1,550,000원

목표수익 100% 수익투자에 대한 황금의 법칙을 지켰을 때 수익률과 수익금 변화							
평균 매수가	10,000원	종목 현재가	7,000원	처음 수익률&수익금		100.00%	1,000,000원
수량	100주	현재 수익률	-30.00%	처음 목표가		20,000원	
같은 수량	100주	추가매수후 수익률	-17.65%	같은목표가 수익률&수익금		135.29%	2,300,000원
같은 금액	1,000,000원	추가매수후 수익률	-15.00%			142.86%	2,857,143원
두배 수량	200주	추가매수후 수익률	-12.50%			150.00%	3,600,000원
두배 금액	2,000,000원	추가매수후 수익률	-10.00%			157.14%	4,714,286원

목표 수익 10%, 30%, 100%를 목표 수익률로 설정한 수익투자의 경우 역시 황금의 법칙을 적용하여 추가 매수를 할 경우 수익률적인 측면뿐만 아니라 수익금의 측면에서 훨씬 효율적이라는 사실을 판단할 수 있다. 목표 수익을 100%에 둔 수익 투자의 경우는 운이 좋아 한두 달 만에 수익을 실현할 수도 있지만, 최소한 5년은 기다린다는 마음으로 투자를 한다고 할지라도 수익 실현이 될 때까지 장마철에 비 오는 것보다 더 많은 주가의 내림을 경험하게 될 것이다. 이때 황금의 법칙을 깨닫고 있는 개인 투자자라면 "땡큐" 하며 추가 매수를 하겠지만, 그렇지 못한 투자자들은 주가의 하락이나 손실률로 두려움이나 스트레스를 받게 된다. 개인 투자자가 자신이 투자한 종목이 -30%의 손실률을 나타내고 있다면 대부분은 손절하거나 실망할 것이다. 하지만 수익 투자 지침서에 따라 투자를 하는 개인 투자자들은 절호의 기회가 왔다고 환호성을 치면서 "땡큐" 하며 추가 매수를 할 것이다. 똑같은 환경이 주어졌지만, 수익 투자 지침서에 따라 투자를 하는 개인 투자자는 기뻐하지만, 그렇지 못한 투자자는 두려워하고 불안해하면서 엄청난 공포와 함께 스트레스를 받는다. 여러분이 어떤 투자자로 살지는 실전 투자(매수) 3단계, 수익 실현(매도) 2단계, 황금의 법칙 등에서 제

공된 자료를 보고 판단하면 된다.

　이 책에서 제공된 자료를 근거로 수익 투자에 확신을 가지고 투자를 한다면 어떤 개인 투자자도 반드시 돈으로부터 자유를, 시간으로부터 자유를, 스트레스로부터 자유를 얻을 수 있다. 만약 이 책에서 제공된 자료나 투자법에 대해 의문점이 있다면 주식의 神이 운영하는 주식 고수 카페(www.godstock.net)의 '무엇이든 물어보세요' 게시판에 문의를 하면 된다.

　주식 투자를 하다 보면 전혀 예상하지 못한 이유로, 혹은 이유 없이 주가가 급락하는 경우를 자주 경험할 수 있다. 아무리 주가가 급락하더라도 실전 투자(매수) 3단계에서 판단한 회사 가치의 변화가 없다면 황금의 법칙에 따라 추가로 매수를 하면서 때를 기다리면 된다. 그러면 늦으면 2년, 최악의 경우라도 5년 이상만 기다리면 반드시 수익 실현을 할 수 있을 것이다.

예시로 배우는 황금의 법칙

이론과 실전이 모두 일치해야만 사실 완벽한 이론이 된다. 그렇다면 황금의 법칙은 이론과 실전이 맞는지 삼성전자(목표 수익 3%), 케어랩스(목표 수익 10%), 사조대림(목표 수익 100%) 등의 자료를 근거로 분석하여 판단해 보자.

삼성전자를 목표 수익 3%로 설정하고 수익 투자를 한다면, 5일 이동 평균선이 10일 이동 평균선을 통과하려는 일봉 수익 투자 시점인 8월 25일부터 9월 17일 사이에 76,200원에 매수할 수 있다. 물론 다른 수익 투자 시점(8월 27일경 10월 28일경)에서 76,200원보다 더 저점에서 매수하거나, 76,200원보다 더 고점(3월 30일경, 5월 27일경, 7월 29일경)에서 매수할 수 있지만 황금의 법칙이 적용되지 않고 목표 수익 3%가 실현이 되어 버리기 때문에 황금의 법칙이 적용되지 않는다. 그러므로 황금의 법칙이 실전에 어떻게 적용되는지를 판단해 보기 위해서는 8월 25일부터 9월 17일에 매수를 해야만 가능하다.

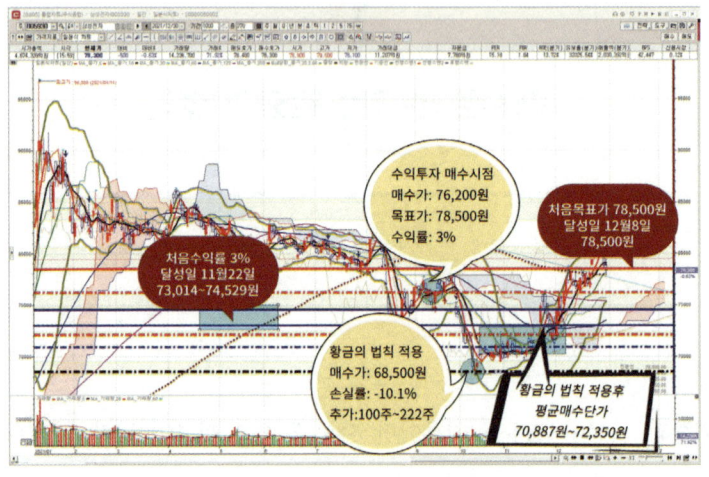

　　삼성 전자를 76,200원에 매수했다고 가정하면 78,500원 이상이 되어야 목표 수익 3%를 달성할 수 있다. 그런데 매수 시점 9월 17일 이후인 9월 18일부터 하락하기 시작해서 10월 13일 68,300원까지 하락했다. 이때 황금의 법칙을 적용하여 -10%의 손실 시점(68,500원)에서 추가 매수를 하게 되면, 평균 단가가 70,887원(금액 두 배로 추가 매수)에서 72,350원(같은 수량으로 추가 매수)가 된다. 평균 단가 대비해서 수익률 3%를 적용하면 73,014원(73,100원)에서 74,520원(74,600원)이 목표가가 된다. 평균 단가에 대비해서 목표 수익률 3%를 같게 하여 수익 실현(매도) 2단계를 거친 뒤 예약 매매, 장전 매매 등을 하게 되면, 11월 22일경에 목표 수익률에 도달하게 되어 수익 실현하게 된다. 만약 목표 수익률이 아니라 처음 목표가에 맞게 수익 투자를 하기로 결정하고 수익 실현 2단계에 따라 매도하게 되면 12월 8일에 78,500원으로 매도하여 수익을 실현하게 된다.

황금의 법칙에 따라 추가 매수한 후 같은 목표 수익률에 수익 투자할 것인지, 같은 목표가에 수익 투자를 할 것인지 둘 중 어떤 것을 선택해도 옳다. 단지 목표 수익률을 같게 하는 것이 자신에게 맞는지, 목표가를 같게 하는 것이 자신에게 맞는지는 자료를 보고 판단하기 바란다. 물론 항상 삼성전자처럼 결과가 나오지는 않는다.

삼성전자를 목표수익 3%에 두고 수익투자를 한 후 황금의 법칙에 따라 추가매수 했을 때 **수익률과 수익금 변화**

	평균 매수가	종목 현재가		처음 수익률 /목표가/수익		78,486원	228,600원	같은 목표가 - 같은 수익률		
	76,200원		68,500원		3.00%					
수량	100주	현재 수익률	-10.10%	같은목표가 수익투자 (12월 8일)		같은 수익률 수익투자 (11월 22일)		기간차	수익률차	수익금차
같은 수량	100주	추가매수후 수익률	-5.32%	8.48%	1,227,200원	3.00%	434,100원	16일 손해	5.48%	793,100원
같은 금액	7,620,000원	추가매수후 수익률	-5.05%	8.79%	1,339,451원	3.00%	457,200원	16일 손해	5.79%	882,251원
두배 수량	200주	추가매수후 수익률	-3.61%	10.44%	2,225,800원	3.00%	639,600원	16일 손해	7.44%	1,586,200원
두배 금액	15,240,000원	추가매수후 수익률	-3.37%	10.72%	2,450,303원	3.00%	685,800원	16일 손해	7.72%	1,764,503원

같은 목표가를 두고 투자한 경우 같은 수익률을 두고 투자한 경우보다 기간적인 측면에서는 16일이 더 걸렸다. 하지만 수익률적인 측면에서는 5.48%~7.72%만큼 더 벌었고, 수익금적인 측면에서는 793,000원~1,764,503원만큼 더 벌었다. 기간을 앞당길 것인지 수익률이나 수익금을 더 높게 할 것인지는 자신의 스타일에 맞게 선택하면 된다. 여기서 중요한 것은 황금의 법칙에 따라 추가 매수를 하는

것이 추가 매수를 하지 않는 것보다 훨씬 더 유리하다는 것이다. 추가 매수를 하지 않은 것보다는 기간적인 측면에서도 효율적이고, 수익률적인 측면에서도 효율적이고, 수익금적인 측면에서도 효율적이다. 그러므로 황금의 법칙에 따라 추가 매수를 하지 않을 이유는 존재하지 않는다. 황금의 법칙은 더 많은 수익, 더 많은 수익률, 더 짧은 투자 기간을 위해 반드시 필요한 지침서이므로 반드시 원칙에 따라 추가 매수를 해야만 한다. 그래야 진정한 주식 고수가 된다.

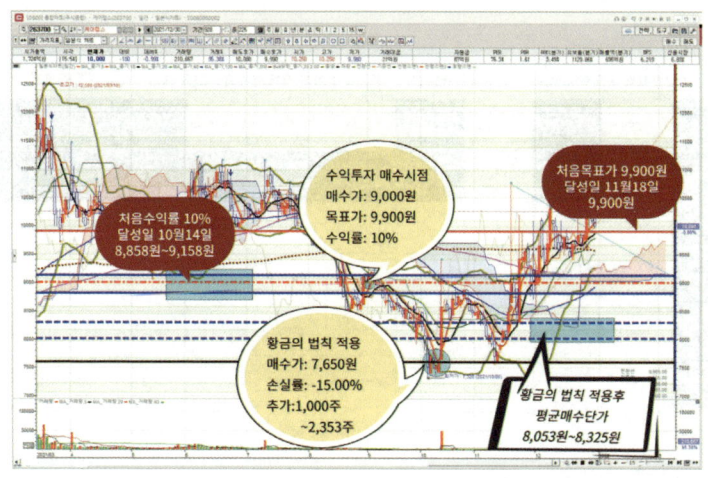

케어랩스의 목표 수익을 10%로 설정하고 수익 투자를 한다면 일봉 수익 투자 시점인 8월 30일에서 9월 7일 사이에서 9,000원에 매수할 수 있다. 그런데 9월 8일 이후로 하락하기 시작하여 10월 6일 7,320원 (-18.67% 손실)까지 하락했다. 10% 수익 투자에 맞는 황금의 법칙의 지침서에 따라 -10%~-15% 사이에 추가 매수를 해야 하므로 7,650원에서 추가 매수를 했다고 할 수 있다. 10월 6일 주가가 7,320원 ~8,070원 사이였으니 7,650원에 매수할 수도, 더 저점에서 매수할 수도 있었을 것이다. 추가 매수를 한 후 평균 단가를 계산하면 8,053원(금액 두 배로 추가 매수)에서 8,325원(같은 수량으로 추가 매수)이 된다. 10% 수익 투자인 케어랩스 역시 같은 수익률 10%를 목표 수익률로 두고 수익 실현 2단계에 따라 매도할 수도 있고, 같은 목표가 9,900원을 목표가로 두고 수익 실현 2단계에 따라 매도할 수도 있다.

황금의 법칙에 따라 추가 매수한 후 두 가지 방식 중 하나를 선택하여 수익 실현 2단계에 따라 매도한 뒤 결과를 분석해 보면 다음과 같이 나온다.

케어랩스를 목표수익 10%에 두고 수익투자를 한 후 황금의 법칙에 따라 추가매수 했을 때 수익률과 수익금 변화

평균 매수가	9,000원	종목 현재가	7,650원	처음 수익률 /목표가/수량	10.00%	9,900원	900,000원	같은 목표가 - 같은 수익률		
수량	1,000주	현재 수익률	-15.00%	같은목표가 수익투자 (12월 8일)		같은 수익률 수익투자 (11월 22일)		기간차	수익률차	수익금차
같은 수량	1,000주	추가매수후 수익률	-8.11%	18.92%	3,150,000원	10.00%	1,665,000원	35일 손해	8.92%	1,485,000원
같은 금액	9,000,000원	추가매수후 수익률	-7.50%	19.71%	3,547,059원	10.00%	1,800,000원	35일 손해	9.71%	1,747,059원
두배 수량	2,000주	추가매수후 수익률	-5.56%	22.22%	5,400,000원	10.00%	2,430,000원	35일 손해	12.22%	2,970,000원
두배 금액	18,000,000원	추가매수후 수익률	-5.00%	22.94%	6,194,118원	10.00%	2,700,000원	35일 손해	12.94%	3,494,118원

처음 케어랩스를 매수할 당시, 9,900원을 목표가로 두고 수익 투자한 경우는 목표 수익률 10%를 두고 수익 투자를 한 경우보다 기간적인 측면에서는 35일을 손해를 봤지만, 수익률적인 측면에서

는 8.92%~12.94%까지 더 많은 이익을 봤고, 금액적인 측면에서도 1,485,000원~3,4984,118까지 더 많은 이익을 봤다. 위와 같은 자료를 근거로 하여, 개인 투자자는 35일이라는 시간을 더 투자해서 목표가 30,000원에 수익을 실현할 것인지, 아니면 35일이라는 시간을 단축하기 위해 목표 수익률 100%에 수익 실현을 할 것인지를 결정하면 된다. 다시 말해 35일이라는 시간을 더 투자하면서 발생하는 더 높은 수익률과 더 많은 수익금에 만족한다면 목표가 30,000에 수익 실현하는 것이 맞고, 차라리 기간을 35일 정도 단축시킨 후 그 자금을 다른 종목에 투자를 하는 것이 더 좋다고 생각하는 투자자라면 같은 목표 수익률 100%에 수익 실현하는 것이 옳다.

삼성전자는 목표 수익 3%, 케어랩스는 목표 수익 10%를 두고 수익 투자를 한 경우에 주가의 급락으로 인해 황금의 법칙에 따라 추가 매수한 결과 더 많은 수익금과 더 높은 수익률 그리고 수익 실현 기간을 단축했다. 삼성전자와 케어랩스의 결과만을 제공하면 많은 투자자들은 목표 수익을 낮게 잡을 경우에만 황금의 법칙이 적용되는 것이 아닌가 하는 의문을 가질 수 있다. 그러므로 목표 수익을 100%로 두고 수익 투자를 하면 어떤 결과가 나오는지 함께 분석해 보고 판단해 보자.

목표 수익을 100%에 두고 사조대림에 수익 투자를 한다면 어떤 결과가 나올지 자료를 근거로 분석해 보고 판단해 보면 목표 수익이 낮은 경우나 높은 경우에 관계없이 황금의 법칙이 얼마나 중요한 투자 지침인지 깨닫게 될 것이다.

사조대림은 목표 수익을 100%에 두었기 때문에 매수할 때 월봉 수익 투자 시점인지, 주봉 수익 투자 시점인지를 판단해야 하고, 최종적으로 일봉 수익 투자 시점인지를 판단해야 한다. 또한 매수 당시 최대 목표가를 계산하여 100% 이상 목표가가 나오는지 판단한 후 100% 수익 투자를 해야 한다.

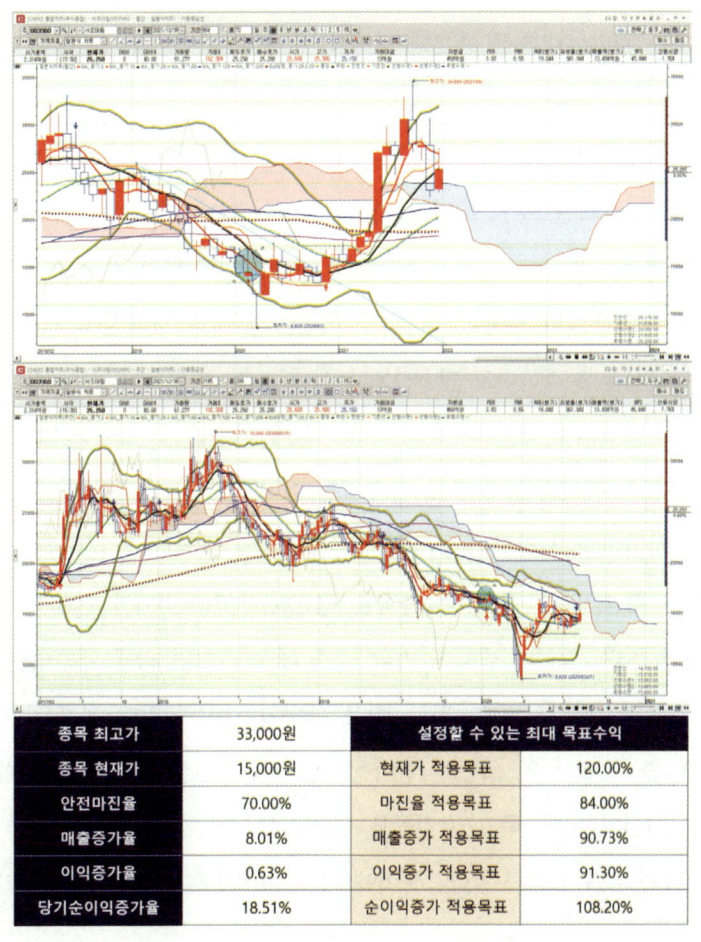

		설정할 수 있는 최대 목표수익	
종목 최고가	33,000원		
종목 현재가	15,000원	현재가 적용목표	120.00%
안전마진율	70.00%	마진율 적용목표	84.00%
매출증가율	8.01%	매출증가 적용목표	90.73%
이익증가율	0.63%	이익증가 적용목표	91.30%
당기순이익증가율	18.51%	순이익증가 적용목표	108.20%

사조대림의 월봉 차트와 주봉 차트를 보면 1월에서 9월 사이가 월봉 수익 투자 시점, 주봉 수익 투자 시점이라는 것을 알 수 있다. 월봉도 저점, 주봉도 저점에 있다. 월봉도 수익 투자 시점이고, 주봉도 수익 투자 시점일 때 사조대림의 최대 목표가를 매수 가격 15,000원을 기준으로 계산해 보면 108.20%가 가능하다는 것을 알 수 있다. 그러므로 수학적, 과학적, 통계적, 객관적 자료를 통해 15,000원에 매수를 하면 목표 수익 100%를 충분히 달성할 수 있다는 결론을 얻을 수 있다.

목표 수익이 100%인 경우는 일봉 수익 투자 시점이 크게 비중을 차지하지 않지만, 수익 투자가 가장 근본이 되는 싸게 사서 비싸게 팔기 위해서는 반드시 일봉 수익 투자 시점을 파악해서 투자를 해야만 한다. 사조대림의 일봉 수익 투자 시점(5일 이동 평균선이 10일 이동 평균선을 통과하려고 할 때)을 분석해 보면 2020년 1월 31일부터 2월 18일 사이에 사조대림을 15,000원에 매수할 수 있다. 2월 24일 12.75%까지 급등을 하면서 상승세를 이어갈 것 같았지만 2월 25일부터 하락하기 시작하여 8,620원(손실률 -42.53%)까지 하락했다. 그러므로 황금의 법칙을 따라 손실률 -30%(10,500원)에서 추가 매수를 해야만 한다. 황금이 법칙에 따라 추가 매수를 하면 평균 매수 단가는 11,667원~12,750원이 되고, 처음 매수할 당시와 같이 목표 수익률 100%를 두고 수익 실현을 한다면 목표가는 23,333원(23,400원)~25,500원이 된다. 목표 수익률을 100%로 두고 수익 투자를 하게 되면 21년 5월 18일~26일 사이에 매도되어 수익 실현이 된다. 만약 처음 목표가인 30,000원을 목표가로 두고 수익 투자를 했다면 91일이 더 지난 8월 17일에 수익 실현을 하게 된다.

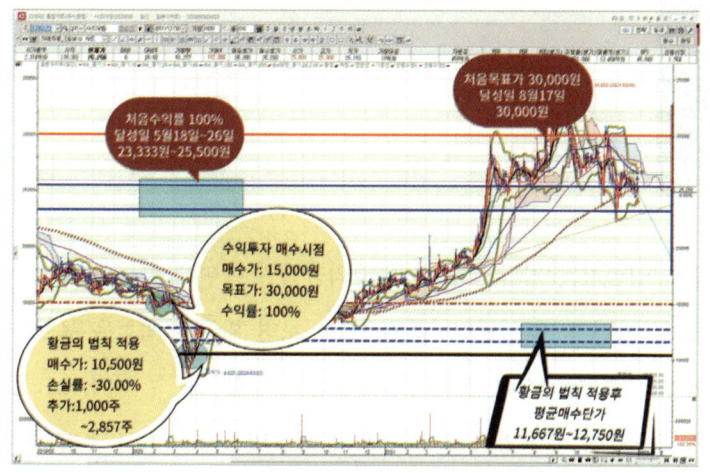

목표 수익을 100%에 둔 사조대림을 황금의 법칙에 따라 투자를 하게 되면, 같은 목표가로 했을 때는 같은 수익률을 했을 때보다 수익률적인 측면에서 35.29% ~ 57.14% 더 높게 수익을 실현했고, 수익금적인 측면에서는 9,000,000원 ~ 25,714,286원만큼 더 많이 벌었다. 특히 추가 매수를 하지 않았을 때와 비교를 해 보면 수익률적인 측면에서는 35.29% ~ 57.14% 더 높지만, 수익금적인 측면에서는 19,500,000원 ~ 55,714,286원을 더 많이 벌었다.

사조대림을 목표수익 100%에 두고 수익투자를 한 후 황금의 법칙에 따라 추가매수 했을 때 **수익률과 수익금 변화**

평균 매수가	15,000원	종목 현재가	10,500원	처음 수익률 /목표가/수익	100.00%	30,000원	15,000,000원	같은 목표가 · 같은 수익률		
수량	1,000주	현재 수익률	-30.00%	같은목표가 수익투자 (12월 8일)		같은 수익률 수익투자 (11월 22일)		기간차	수익률차	수익금차
같은 수량	1,000주	추가매수후 수익률	-17.65%	135.29%	34,500,000원	100.00%	25,500,000원	91일 손해	35.29%	9,000,000원
같은 금액	15,000,000원	추가매수후 수익률	-15.00%	142.86%	42,857,143원	100.00%	30,000,000원	91일 손해	42.86%	12,857,143원
두배 수량	2,000주	추가매수후 수익률	-12.50%	150.00%	54,000,000원	100.00%	36,000,000원	91일 손해	50.00%	18,000,000원
두배 금액	30,000,000원	추가매수후 수익률	-10.00%	157.14%	70,714,286원	100.00%	45,000,000원	91일 손해	57.14%	25,714,286원

수익 실현하는 기간은 같은데, 수익금적인 측면에서는 비교할 수 없을 만큼 차이가 많이 난다. 결론적으로 보면 황금의 법칙은 목표 수익률이 높으면 높을수록 효과가 더 높다는 것을 알 수 있다. 그러므로 목표 수익률에 관계없이 철저하게 황금의 법칙에 따라서 추가 매수를 해야 한다는 결론에 도달하는 것이다.

주식의 神이 창안한 황금의 법칙은 누구나 욕심과 두려움을 버리고 확신을 가지고 황금의 법칙을 따라서 투자한다면 반드시 더 빠르게 수익을 실현하고, 더 높은 수익률을 실현하게 되고, 더 많은 수익금을 얻게 된다. 단, 반드시 명심해야 하는 것은 실전 투자 3단계를 철저하게 거쳐서 통과된 저평가된 유망 가치주의 경우에만 적용된다는 것이다. 작전주, 테마주, 세력주 등을 추격매한 경우는 황금의 법칙을 어떤 경우라도 적용시키면 오히려 더 큰 손실을 입을 수 있다.

황금의 법칙이 얼마나 효과적인지는 삼성전자, 케어랩스, 사조대림으로 확인할 수 있었다. 주식의 神이 앞서 서술한 다양한 데이터를 가지고 증명을 해 보여도, 혹자는 황금의 법칙에 맞는 종목만 골라서 데이터를 만든 것이 아닌지 의심을 할 수도 있다. 하지만 스스로 실전 투자(매수) 3단계를 철저하게 지켜서 매수한 종목을 분석해 보면 99% 이상 정확하다는 것을 스스로 깨닫게 될 것이다. 누구나 의심을 할 수 있다. 그리고 의심하는 것은 당연한 것이다. 하지만 실전 투자(매수) 3단계를 통과한 저평가된 유망 가치주의 데이터를 가지고 스스로 분석해 보고 판단해 보면 황금의 법칙이 맞는지 틀린지 바로 알 수 있을 것이다. 며칠만 스스로 자료를 분석해 보면 답이 나온다. 그러므로 두려워하거나 주저하지 말고 직접 눈으로 확인해 보기 바란다.

7장

0123 투자 법칙

투자 법칙, 원칙 등을 숫자로 만들어 기억하면 효율적이다!

손해보고 팔지 마라
(0의 법칙 첫 번째: 손절 0)

    0의 법칙 첫 번째인 '손해를 보고 팔지 마라'는 어떤 경우라도 손절할 생각을 하지 말라는 뜻이다. 그러려면 개인 투자자들은 손절할 주식을 애초에 사지 말아야 한다. 아니, 쳐다보지도 말아야 한다.

    자신의 소중한 돈을 지키며 키워 가려고 한다면 어떤 분야에 투자를 하더라도 신중에 신중을 더해서 투자를 해야 한다. 부동산, 금, 다이아몬드, 채권, 선물 등 어떤 분야에 투자를 하든 마찬가지다. 아무렇게나 투자를 해도 돈을 벌어주는 투자는 이 세상에 존재하지 않는다는 것은 누구나 공감할 것이다.

    자신의 소중한 돈을 주식에 투자하고 할 때는 손해를 보고 매도를 하려는 생각이 있거나 원칙이 있다면 주식 투자를 시작조차 하지 말아야 한다. 많은 전문가들이 손절을 해야만 효율적으로 투자를 할 수 있는 것처럼 주장하지만, 수학적으로 조금만 접근하거나 한 발짝 물러서서 상식적으로만 생각해도 그들이 주장하는 기회의 손실이나 효율적인 투자가 얼마나 엉망인지 알 수 있다.

만약 개인 투자자가 손절가를 15%에 두었다고 가정해 보자. 만약 당신이 운이 나쁘게 손절을 4번 정도만 하면 당신의 자산은 거의 반토막이 되고 만다. 그런데 왜 유사 투자 자문사, 증권사, 증권 방송 등의 전문가들은 종목을 추천할 때 반드시 손절가를 두는 것일까? 어쩌면 90% 이상의 전문가들은 손절을 해야만 효율적으로 자금을 효율적으로 운영할 수 있다고 주장하면서 주식 투자 시장에서 손절을 못하는 사람들을 우매하다고까지 말한다. 그런데 주식의 神은 손절할 것 같으면 주식 투자를 시작조차 하지 말라고 한다. 그럼 누구의 주장이 더 정확한지 스스로 분석해 보고 판단해 보기 바란다.

첫 번째, 상식적으로 접근해 보자. 전문가들은 A라는 종목이 급락하면 손절을 한 후 B라는 다른 종목에 투자를 해서 A라는 종목에서 손해를 본 것을 B라는 종목에서 이익을 실현해서 손실을 만회해야 한다고 주장한다. 이런 주장을 그냥 들어 보면 그럴싸해 보인다. 그런데 전문가들에게 명확하게 질문하라. B라는 종목은 진짜 손해를 보지 않고 수익을 낼 수 있는지 말이다. 만약 B라는 종목은 어떤 경우라도 손실을 보지 않고 이익을 볼 것이라고 주장을 한다면, 다시 물어보라. 왜 괜히 A라는 종목에 투자를 하게 해서 손실을 보게 만들었냐고 말이다.

어떤 답변을 할지 궁금하다.

주가의 오르내림을 어떤 누구도 알 수 없다. A라는 종목은 주가의 오르내림을 잘못 판단했고, B라는 종목은 주가의 오르내림을 정확하게 안다는데, 그것은 주식 투자의 기본이 되는 주가의 오르내림은 아무도 알 수 없다는 것에 위배된다. 그러므로 그런 주장을 하면서 종목을 추천한다면 어떻게 해야 할지 스스로 판단하면 된다.

두 번째, 왜 손절하면 안 되는지 수학적, 과학적, 객관적으로 분석해보자. 손절가는 전문가들의 성향에 따라서 -3%~-15%까지 범위를 두는 것이 대부분이다. 손절가를 -3%에 두고 투자를 해야 한다고 주장하는 전문가들은 10번의 손절로 -27%만큼 손실이 날지라도, 30%의 수익을 단 한 번이라도 낼 수 있다면 수학적으로 더 큰 이익이 된다고 주장한다. 하지만 어느 누구도 10번 만에 성공할지 20번 만에 성공할지 확신을 가지고 이야기할 수 없다. 항상 강조하지만, 죽은 시계일지라도 하루에 2번은 시간을 정확히 맞출 수 있다.

또한 손실률 3%가 단일성에 그치지 않는다는 사실 또한 명심해야 한다. 손실률 3%는 하루에도 여러 번 반복될 수 있다. 손절가 3%의 경우, 22번 정도 손절하면 자산의 50%가 날아갈 수 있다. 자산의 50%가 날아가면, 원상복구하기 위해서는 주가가 2배 상승해야만 가능하다. 그렇다면 손절가 15%의 경우는 어떨까? 4번 정도만 손절하면 손절가 15% 역시 당신의 자산을 50% 정도 날아가게 한다. 그런데 왜

애널리스트, 유사 투자 자문 회사, 투자 자문사, 방송 등에서는 손절을 강조할까? 개인 투자자가 손절하게 되면 누구에게 이익이 될까? 의심을 가져본 적은 없는가? 손절 역시 하나의 거래이다. 그러므로 거래가 자주 발생하면 저절로 이익이 생기는 국세청, 증권사 등이 어쩌면 가장 큰 이익을 챙기지 않을까 생각된다.

조금만 생각해 보면 손절할 이유가 없는데, 왜 개인 투자자는 맹목적으로 손절을 할까? 개인 투자자가 우매해서 그럴까? 아니면 몰라서 그럴까? 한 번쯤은 깊게 생각해 볼 만하지 않을까? 어쩌면 개인 투자자들이 손절을 하면 할수록 이익이 되는 곳에서 만들어 놓은 프레임에 빠져서 허우적대는 것은 아닐까 생각해 본다.

장기에 훈수를 두듯이 한 발짝 물러서서 조금만 깊게 손절에 대해서 생각해 보면 손절을 해야 한다고 주장하는 이유를 합리적인 관점에서 그 이유를 파악할 수 있다.

첫 번째, 주식의 神을 제외한 90% 이상의 개인이나 기관에서 손절을 해야 한다고 주장하고 있기 때문에 손절은 주식 투자 시장에서 너무나 당연한 것처럼 여겨진다. 즉, 주식 투자 시장에서는 누구나가 인정하는 하나의 진리인 것처럼 지금까지 교육되어져 왔기에 개인 주식 투자자들은 자신도 모르게 관습화된 것이라고 볼 수 있다.

두 번째, 주식의 神을 제외한 기관이나 전문가들의 말을 들어 보면 너무나 진실인 것처럼 보이기 때문이다. 주식 투자 전문가가 계속 하락하고 있는 주식을 가지고 있어도 의미가 없다고 말하면서 빨리 손절하기를 권한다. 더 좋은 종목으로 갈아타서 빨리 손해를 회복해야 한다. 만약 손절이 50%까지 내려가면 주가가 내려간 상태에서는 주가가 2배 이상 상승해야지 원금을 회복할 수 있다고 수치적으로 이야기하면 50% 이상 손실을 보았을 때는 원금 회복이 매우 어렵다고 설명을 한다. 그러면 사칙연산만 할 수 있어도 개인 투자자는 수학적으로 금방 계산할 수 있다. 100원 주고 산 주식이 50원이 되면 사실 50% 손실을 본 것이지만 50원의 주식이 100원이 되려면 50원 시점에서 보면 100원이 되려면 100% 이상 상승 즉, 주가가 2배가 되어야 한다는 결론이 나온다. 개인 투자자 입장에서는 짧은 기간에 주가가 2배가 된다는 것은 현실적으로 어렵게 보인다. 그런데 손실이 50%가 될 때까지 무모하게 주가가 상승하기를 기다리지 말고, 손실 20%에서 손절을 하게 되면 주가가 100원인 주식이 80원이 되었을 때 손절한 후 상승하는 종목을 매수해서 25%(운 좋으면 하루 만에 회복)만 상승하면 본전으로 회복할 수 있다고 주장을 하면 개인 투자자의 대부분은 손절을 해야만 한다는 것이 설득될 것이다.

수학적으로 계산하여 확률적으로 분석해 보면 당연히 손실 50%가 될 때까지 기다리는 것보다 손실 20% 때 손절한 후 수익이 날 것 같은 좋은 종목을 찾아서 투자를 새롭게 하는 것이 맞을 것 같은 판단이 선다. 하지만 여기서 개인 투자자들이 놓치는 아주 중요한 사실이 있다. 그것은 바로 애널리스트, 유사 투자 자문 회사, 증권사가 추천해 줄 다음 종목이 빠른 시간 내에 수익을 내어 원금을 회복해 준다는 보장이 없다는 것이다.

0의 법칙의 첫 번째 법칙인 '손해 보고 팔지 마라'를 지키기 위해서는 반드시 투자를 할 때 실전 투자(매수) 3단계를 철저하게 지켜서 투자를 해야 하며, 수익 실현(매도) 2단계의 지침서에 따라서 목표 수익에 도달하면 미련 없이 매도하여 수익 실현을 해야 한다. 특히 운이 좋아 저평가된 유망 가치주가 급락하거나 지속적으로 하락하면, 황금의 법칙에 따라 추가 매수해서 수익 실현 기간을 단축시키고, 더 높은 수익률을 얻고, 더 많은 수익금을 벌면 된다. 주식 고수 주가가 급락하거나 지속적으로 하락하면 "땡큐" 하며 추가 매수를 해야지 손절하면 안 된다.

수익 투자 지침서인 실전 투자(매수) 3단계, 수익 실현(매도) 2단계, 황금의 법칙, 0123 투자 법칙에 따라 내재 가치, 미래 가치, 청산 가치를 수학적, 과학적, 객관적으로 평가하여 저평가된 가치주를 찾아낸 후 매수 시점을 각 회사가 가지고 있는 정형화된 차트를 분석하여 저점에서 매수를 하게 된다면 어떤 경우라도 손절하지 않는 주식 고수가 될 수 있다.

버핏의 투자 1원칙과 2원칙을 기억하라. 버핏의 투자 1원칙은 "절대로 돈을 잃지 마라"이고, 투자 2원칙은 "제1원칙을 절대로 잊지 말라"이다. 버핏보다 수익률 높은 주식 고수가 되고 싶다면 버핏의 투자 1원칙과 2원칙을 지키는 것이 기본이다.

기간이 정해진 돈으로 투자하지 마라
(0의 법칙 두 번째: 기간 정해진 돈 0)

0의 법칙 두 번째, "기간이 정해진 돈으로 투자하지 마라"를 기억하라. 기간이 정해진 돈으로 투자를 하면 꼭 필요할 시점이 되어서 주가가 급락하는 경우가 허다하다. 그러므로 어떤 경우라도 기간이 정해진 돈으로 투자를 하지 말아야 한다.

흔히들 기간이 정해진 돈을 여윳돈으로 착각하는 경우가 많다. 내년에 결혼 자금으로 사용할 돈, 몇 개월 후 사용할 학자금이나 등록금, 부동산 중도금과 잔금, 갚아야 하는 대출금 등과 같이 기간이 정해진 돈은 대출해서 투자하는 것보다 훨씬 더 위험한 돈이다. 주식 투자 시장에서는 반드시 지켜지는 독특한 법칙이나 징크스가 있다. 투자자가 기간이 정해진 돈으로 투자를 하면 처음에는 돈을 버는 것 같은데, 돈을 사용해야 할 시기가 다가오면 언제 그랬냐는 듯이 반드시 주가가 급락하여 손해를 보고 팔아야지만 돈을 마련할 수 있는 상황이 발생한다는 것이다. 그러므로 기간이 정해진 돈은 투자를 하는 것은 연장이 가능한 대출해서 투자하는 것보다 훨씬 더 나쁜 상황을 만드는 것이니 절대로 그런 돈으로 주식 투자를 하지 말아야 한다.

주식 투자에 있어서 반드시 있어야 하는 것은 무엇일까? 회사, 시간, 정보, 공부 등과 함께 주식 투자에 있어서 절대로 없어서 안 되는 것은 주식에 투자할 수 있는 자금이다. 사실 돈이 없으면 실전 투자(매수) 3단계의 지침서를 통해서 아무리 좋은 저평가된 유망 가치주를 찾았다고 할지라도 먹을 수 없는 그림의 떡이나 잡을 수 없는 무지개와 같다. 만약 투자할 돈이 없다면, 지금 당장 알바를 구해서라도 월 40만 원 이상씩 투자할 수 있는 자금을 마련해야만 주식 투자가 가능하다. 아무리 훌륭한 요리사도 음식 재료가 없으면 요리를 못 만드는 것과 같다.

주식 투자를 함에 있어서 반드시 있어야 하는 것이 돈이라는 것을 부정하는 사람은 없을 것이다. 처음 주식 투자에 입문하는 사람은 투자금의 규모가 중요한 것이 아니라 어떤 돈으로 투자를 하느냐가 훨씬 더 중요하다. 하지만 투자자의 대부분은 주식 투자를 하려면 최소한의 금액이 있어야 한다는 생각을 가지고 있고, 적은 금액으로 주식 투자를 하면 왠지 창피스럽게 생각하는 경우가 많다. 이러한 분위기 역시 국내에 퍼져 있는 잘못된 주식 투자 습관과 주식 투자 분위기 때문일 것이다.

주식 투자를 한 번이라도 해 본 사람은 직접 경험했거나, 주식 투자를 해 본 적이 없는 사람일지라도 주위에 주식 투자를 하는 사람들로부터 최소 한 번 이상은 투자 성공 스토리와 실패 스토리를 들어봤을 것이다. 처음엔 아주 적은 돈으로 주식 투자를 했는데 투자할 때마다 돈을 벌어서 조금 더 많이 투자했는데 엄청난 적자를 봤다는 성공 스토리와 실패 스토리를 많이 들어봤을 것이다. 예를 들어 적은 돈으로 투자했을 때 한 번 수익을 실현할 때마다 10%의 수익을 얻었다고 가정해 보자. 처음에는 주식 투자에 대한 두려움과 큰 기대를 가지고 있지 않았기에 100만 원을 가지고 투자했다면, 수익을 실현할 때마다 10만 원이라는 돈을 벌었을 것이다. 이런 악마의 행운이 여러 번 자신에게 일어나면 마치 자신이 주식 투자의 천재인 것으로 착각하게 된다. 자신도 모르게 1,000만 원을 투자했더라면, 1억 원을 투자했더라면 등 "했더라면"의 신화를 머릿속에 그리게 되고 결국엔 사용하지 말아야 하는 기간이 정해진 돈을 투자하게 되어 엄청난 손해를 보는 경우가 허다하다. 뉴스나 신문에 자주 나오는 스토리, "결혼 자금으로 투자했는데 손실이 엄청나서 결혼을 미루어야 하나?" 하는 개인 투자자들의 고민을 이야기하는 기사를 자주 접했을 것이다.

산수 계산을 할 줄 아는 사람은 누구나 쉽게 99칸 집을 지을 수 있다. 10만 원 투자하면 1만 원을 벌고, 100만 원을 투자하면 10만 원을 벌고, 1,000만원을 투자하면 100만 원을 벌고, 1억 원을 투자하면 1,000만 원을 벌었을 것이라고 쉽게 계산할 수 있다. 하지만 초심자의 행운이나 소위 주식의 神이 말하는 악마의 행운은 그렇게 오래가지 못한다. 1년 평균 수익률이 버핏보다 높은 주식 고수가 되기 전까지는 어떤 경우라도 자신의 투자 자산의 20% 이상을 투자하지 말아야 하고, 매월 적금식으로 투자하는 개인 투자자도 월 40만 원 이상 투자하지 않는 것이 좋다. 돈을 많이 벌고자 하는 욕심보다는 돈을 잘 벌 수 있는 실력을 키우는 것이 우선이기 때문이다.

악마의 행운을 자주 접하게 되는 주식 투자 입문자는 자신도 모르게 기간이 정해진 돈에 눈길이 가게 된다. 등록금, 아파트 전세금, 상가 보증금, 결혼 자금, 아파트 잔금 등 짧게는 1개월에서 길게는 1년 정도까지 활용할 수 있는 돈이 생길 수 있다. 만약 처음 주식 투자를 시작했을 때 악마의 행운이 오지 않고 주식 투자로 손해를 봤다면 손도 대지 않을 돈까지 투자하면서 머릿속이 복잡해지기 시작한다. 특히 실패보다 성공 스토리가 부각되어 잠재되어 있었던 욕심이라는 괴물을 자극하여 자신도 성공 스토리에 도전하게 된다. 특히 악마의 행운으로 수익 실현이 1개월 안에 여러 번 성공했다면, 자신의 여유 자금은 최소 3개월은 되니 2개월까지만 투자를 해서 수익을 얻은 후 더 이상 투자를 하지 않으면 된다는 나름 철저한 계산으로 투자를 한다. 하지만 백발백중 기간이 정해진 돈이 필요할 시기까지 수익 실현은 고사하고 오히려 엄청난 손실을 보고 있는 계좌를 보게 될 것이다.

주식 투자 실패담의 대부분은 처음에는 돈을 벌었는데, 너무나 정확한 정보라고 판단해서, 기간이 정해진 돈으로 주식에 투자했거나, 무리한 대출이나 무리한 레버리지를 활용하여 더 많은 돈을 벌려고 하다가 가산 탕진을 했다는 슬픈 이야기가 대부분의 주류를 이루고 있다.

주식 투자라는 전쟁터에서 전투를 하려면 반드시 군자금이 필요하다. 주식 투자의 군자금은 다른 전쟁과 다르게 규모가 중요한 것이 아니라 돈의 종류가 중요하다는 것을 반드시 인정하고 인지해야 한다. 죽을 때까지 평생 사용하지 않아도 되는 돈을 가지고 주식 투자라는 전쟁터에 참가해야 한다는 것을 명심 또 명심해야 한다.

마젤란 펀드를 이끈 투자의 달인 피터 린치의 말처럼 주식장이 하락하는 것은 1월의 눈보라만큼 일상적이다. 그러므로 절대로 기간이 정해진 돈을 가지고 주식 투자를 하는 것은 뛰어내리면 죽는 낭떠러지에서 맨몸으로 뛰어내리는 것과 같은 행동이다.

기간이 정해진 돈을 투자하는 것은 시한부 인생을 사는 것과 같다. 그러므로 시한부 인생을 살고 싶지 않으면 기간이 정해진 돈을 가지고 주식 투자를 하면 안 된다. 기간이 정해진 돈을 가지고 주식 투자를 하는 것은 휘발유를 몸에 붓고 폭탄이 터지고 불이 활활 타오르고 있는 주식 투자 전쟁터에 뛰어 들어가는 것과 같다.

타인에게 의존하지 마라
(0의 법칙 세 번째: 의존 0)

　주식 투자의 실패담은 대부분 카더라 통신 때문이다. 주식 고수가 되고 싶은 개인 투자자라면 어떤 누가 주식 정보를 제공하더라도 그 주식 정보는 참고용이지 결정용이 아니다. 주식 고수는 스스로 다양한 정보를 취합해서 수학적, 과학적, 통계적, 객관적으로 분석한 후 결정해야 한다. 주가의 상승, 하락에 따른 모든 책임은 자신에게 있다는 마음을 가져야만 남에게 의존하지 않고 스스로 판단할 수 있다. 실패도 자신의 몫이고 성공도 자신의 몫이다. 그러므로 남에게 의존하려는 생각 자체를 버려야 한다. 초등학생이 과목 시험을 치는데, 선생님으로부터 시험 과목을 배울 수는 있어도 시험을 잘 치기 위해서는 스스로 노력을 해야 하고, 직접 문제를 읽고 공부를 한 것을 바탕으로 해서 문제를 직접 풀어야 한다. 그런데 많은 개인 투자자들은 남이 가르쳐 주는 정답만 외워서 시험을 치려고 한다. 그러니 그 답이 가짜일 경우는

0점을 맞거나 부정행위가 들통이 나면 퇴학 처분까지 받을 수 있다. 그리고 정답이라고 가르쳐 주는 사람 역시 시험을 칠 수 있는 사람이라서 상식적으로 생각해도 자신이 100점 받기를 원하지 남이 100점 받기를 원하는 사람은 없다.

"타인에게 의존하지 마라"는 누구도 믿지 말고 정보로서만 받아들이고, 스스로 판단해서 결정하라는 뜻이다. 타인에 의한 결정은 0%, 스스로 판단에 의한 결정은 100%를 지켜야 한다. 전문가의 의견, 말, 정보, 교육은 자신에게 맞는 수익투자법을 찾기 위한 일련의 과정일 뿐이다.

주식 투자에 대한 실패 경험을 이야기하라고 하면 가장 많이 이야기하는 첫 구절이 친구를 믿었는데, 가족을 믿었는데, 전문가의 말을 믿었는데, 확실한 정보라고 해서 믿었는데, 수없이 나오는 말이 믿었는데 실패했다는 것이다. 믿은 사람이 잘못일까, 믿게 한 사람이 잘못일까? 심리학적으로 왜 많은 사람들이 사기꾼에 속는 줄 아는가? 그것은 자신의 욕심에 때문에 자신 스스로가 자신에게 사기를 치기 때문에 발생하는 것이다. 자신 스스로에게 사기를 치도록 하는 욕심은 시간의 욕심, 성과의 욕심, 비교하는 욕심, 물질적 욕심, 금전적 욕심뿐만 아니라, 지위, 명예, 가족 문제, 체면, 육체적 이익, 정신적 이익 등도 포함된다. 이러한 욕심을 상대박이 충분히 채워줄 것 같았기에 자신 스스로가 자신에게 사기를 당하도록 합리적인 이유를 넣어서 설득시킨 결과로 흔히 말하는 사기를 당했다고 주장한다.

한 번이라도 사기를 당한 경험이 있다면 스스로 가슴에 손을 얹고 양심적으로 아무런 욕심이 없었는데 사기를 당한 적이 있는지 스스로 판단해 보면 없을 것이다. 고사성어에 견리사의(見利思義)라는 말이 있다. 어떤 이익을 상대방이 주려고 할 때 견리사의(見利思義)라는 말을 떠올리면 절대로 사기를 당하는 일이 없다. 내가 이익을 취하지 않는데 어떻게 사기를 당하겠는가? 앞서 말한 것처럼 욕심은 반드시 물질적인 것만을 말하는 것은 아니다. 잘난 체를 하려는 마음, 누군가 친해지고 싶은 마음 등도 하나의 욕심이나 이익으로 생각을 한다면 어떤 경우라도 사기를 당하지 않을 것이다.

다시 주식 투자로 돌아와서, 주식 투자를 함에 있어서 남을 믿지 말고 자신 스스로 판단하여 투자를 해야 하는 이유는 첫 번째, 투자자의 마음가짐과 자세에 대한 문제이다. 자신의 삶은 남이 아니라 자신이 변해야만 자신의 변함의 정도에 따라 세상이 함께 보조를 맞추어 변한다. 즉, 자신이 변해야만 주변이 변한다. 그런데 대부분의 사람은 자신은 변하려고 하지 않고 남이 자신의 뜻에 따라 변하기만을 바란다. 이러한 행동이나 마음가짐은 자신의 잘못된 행동조차도 합리화하려고 하고, 만약 문제라도 생기면 핑계만 만들려는 마음이 생기지 스스로 반성해서 앞으로 나아가려는 마음이 생기지 않는다. 자신에게 발생하는 모든 결과는 남에 의해서가 아니라 자신에 의한 것이라는 것을 명심해야 한다.

주식 투자에서 어떤 결정을 내리든, 어떤 일을 진행하든 자신 스스로가 결정한 것은 자신의 책임으로 인정할 때 사람은 발전이 있다. 주식 투자 역시 마찬가지다. 주식 투자라는 전쟁터는 가짜 정보와 감언이설이 판을 치고, 개인 투자자들의 돈을 빼먹기 위해 다양한 전략 전술이 전개되는 전쟁터이다. 이런 전쟁터에서 타인의 말이나 정보에 의존을 해서 투자를 한다는 것은 자신의 피와 땀으로 만든 소중한 자산을 남에게 가져다 받치는 결과를 낳게 된다.

주식의 神이 창안한 수익 투자 지침 역시 제공되는 다양한 데이터를 스스로 분석해 보고 옳고 바르다고 생각하면 따르는 것이지 무작정 따라서는 결코 오래가지 못한다. 주식 고수가 되려면 수익 투자의 원칙을 꾸준히 지키면서 최소 3년 이상 동안은 실전 투자를 통해 터득한 이론과 경험이 밑거름이 되어야 평생 버핏보다 수익률 높은 주식 고수로 살아갈 수 있다.

주식의 神이 주식 고수 카페(www.godstock.net)와 가치주 쇼핑몰인 '주식농장두배로(www.twobaero.com)'에서 제공해 주는 종목도 아무리 철저하게 내재 가치, 미래 가치, 청산 가치 등을 분석하여 정보를 제공했다 하더라도 가치주 정보를 받은 개인 투자자는 스스로 실전 투자(매수) 3단계를 철저하게 거쳐서 왜 종목을 추천했는지 분석하고 판단해서 스스로 판단해도 저평가된 유망 가치주가 맞다는 생각이 들면 매수(투자)를 해야 한다.

만약 조금이라도 의심스러운 것이 있으면 매수(투자)를 무작정 투자하지 말고, '무엇이든 물어보세요' 게시판을 통해 직접 물어보든지 아니면 다른 전문가에게 물어본 후 정보를 취합해서 최종 결정을 해야 한다. 그래야만 마음속에서는 스스로 판단하여 결정했다는 자부심이 생기고, 차후 어떤 누가 잘못된 정보를 제공하더라도 흔들리지 않고 목표가가 도달할 때까지 편안하게 수익 투자를 할 수 있다.

일본 증시 최후의 승부사 고레카와 긴조는 "종목은 전문가나 네트워크에서 추천하는 것이 아니라 자신이 공부하고 판단해서 고르는 것"이라고 했으며, 역발상 투자의 대가 데이비드 드레먼은 "전문가들의 의견과 보고서에 늘 의문을 가져라"라고 했다. 주식 투자자는 반드시 자신 스스로 판단하고 결정하는 습관을 익히고 배워야 한다.

실력이 없으면 돈을 빌리지 마라
(0의 법칙 네 번째: 대출 0)

　대출은 빚이다. 돈을 빌리는 순간 돈을 사용하지 않고 가만히 있어도 갚아야 할 이자가 발생한다. 개인 투자자들이 주식 투자를 하는 가장 큰 이유는 저평가된 유망 가치주를 싸게 사서 투자를 하기만 하면 때가 되면 배당금도 주고 때가 되면 주가가 상승하여 자산을 늘려주기 때문이다. 즉, 개인 투자자는 일을 하지 않아도 투자한 회사에 근무하는 임직원이 불철주야 일을 해서 자신의 자산을 늘려주기 때문이다. 그와 마찬가지로 돈을 빌려준 사람은 가만히 있어도 돈을 빌린 사람은 직장에 다니든지, 사업을 하든지 수단과 방법을 가리지 않고 돈을 벌어서 이자를 갚아야 한다. 무엇보다도 대출 기간이 도래했을 때 대출 기간이 연장이 되지 않으면 돈을 갚아야 하는 상황이 반드시 존재한다.

　개인 투자자가 은행에 1억 원을 신용으로 대출을 했는데, 은행 이자가 연 6%라고 가정해 보자. 그런데 자신의 투자 실력은 연 3%라고 가정하면 매년 300만 원씩 적자가 난다. 그러므로 주식 투자를 할 때는 최소한 자신의 투자 실력이 버핏의 수익률 22%보다 높거나 아니면 최소 은행 이자의 2배 이상이 되지 않을 때는 금융권에서 돈을 빌려서 주식 투자를 하면 안 된다. 또한, 버핏보다 수익률이 높은 주식 고수라고 할지라고 가능하면 5년 이상 대출 기간을 확보하거나 최소 3년 이상을 확보를 해야 수익 투자 지침서에 따라 안정적으로 투자를 할 수 있다.

가족, 친구, 직장 동료 등 개인에게 돈을 빌리는 것은 빌려준 사람의 개인적 상황이 나빠져 돈을 빨리 갚아야 하는 상황이 발생할 수 있으므로 어떤 경우라도 개인에게 돈을 빌려서 투자를 하면 안 된다.

대출로 돈을 빌린 사람은 잠을 자도 이자가 붙는다. 그러므로 대출을 해서 주식 투자를 하는 것은 열심히 돈을 벌어서 돈을 빌린 기관이나 사람에게 당신이 힘들게 모은 자산과 당신의 시간을 빼앗기는 것과 같다. 요즘 시대에 조금만 신용이 있거나, 직장을 다니거나, 전세 아파트만 있어도 금융 기관에서 쉽게 대출을 할 수 있다. 대출을 해 주는 기관은 은행과 같은 제1금융권뿐만 아니라 저축 은행, 보험사 등 많은 곳에서 쉽게 대출을 할 수 있다. 또한 케이뱅크와 같은 인터넷 은행에서는 기존의 오프라인 은행보다 더 저렴하게 대출을 해 주고 클릭 몇 번만 하면 대출이 된다. 너무 대출하기가 편리하다 보니 대출을 너무 쉽게 생각하는 경우가 많다. 만약 대출할 때 6개월 이상 시간이 걸리고 그 절차가 매우 까다롭고, 필요한 서류들이 많다면 대출을 알아보다가 대출을 포기할 것이다. 하지만 요즘은 전화 한 통이면 신용도에 따라 1억 원 이상의 대출도 쉽게 된다.

대출하기 좋은 세상에서 주식 투자를 하면 초심자의 행운이나 악마의 행운으로 몇 개월만 높은 수익을 내면, 개인 투자자들은 자신만의 계산기로 계산을 해서 주식 투자가 영원히 황금 알을 낳아 주는 거위라고 착각하고 흔들리게 된다.

특히 인터넷 검색창에 주식 투자를 검색하기만 하면 1년에 1000% 이상 수익을 내었다고 하는 주식 투자 관련 광고들로 도배가 된다. "100만 원으로 몇 억을 벌었다.", "한 달에 수십, 수백 % 이상 수익을 실현하고 통장을 공개해 준다.", "공개되지 않은 자료로 미리 매수를 하기 때문에 엄청난 수익을 올릴 수 있다.", "매수 시점과 매도 시점을 미리 알려주니 쉽게 매수해서 매도한다." 등의 광고를 자주 접하게 되면 자신도 모르게 현혹이 되어 비싼 정보료나 강의료를 내고, 대출을 해서 투자를 한다. 왜냐하면 1,000만 원 투자보다는 1억 원 투자가 훨씬 더 많은 이익을 안겨 주기 때문이다.

개인을 주식 투자하도록 유혹하는 수많은 문구로 마음이 설레고 있는데, 전화 한 통화면 1억 원 이상 대출을 해 준다는 광고를 인터넷,

스마트폰, TV 등을 통해 알게 되면, 어느 순간 본격적으로 주식 투자를 한 번 해 볼까, 하는 마음이 생긴다. 그 결과 완성되지 않는 실력으로 1억 원이라는 돈을 대출한 후, VIP, VVIP 등의 주식 정보나 리딩의 대가로 많게는 500만 원~1000만 원 이상을 지급하고 투자를 해 보지만 대부분은 실패로 끝난다.

기간의 욕심, 수익의 욕심, 비교하는 욕심을 자극하는 광고에 현혹되어 비싼 정보 이용료나 리딩 비용을 지급하고 최고급 정보로 돈을 많을 벌 수 있을 것 같지만, 막상 회원 가입을 하고 실전 투자를 해 보면 결과는 신통치 않다. 만약 돈을 많이 벌어 줄 것처럼 광고하는 회사가 주장하는 것처럼 돈을 많이 벌 수 있다면 굳이 여러분을 회원으로 가입시킬 필요 없이 자신들이 직접 투자하면 되고, 그 정도 실력이면 전 세계의 많은 금융사들이 서로 스카우트하려고 난리법석일 것이다. 현존하는 투자자들 중에 가장 부자인 버핏의 1년 평균 수익률이 22%라는 점과 10% 수익을 200번만 성공해도 1억 9천만 배로 자신이 늘어난다는 사실만 명심하면 그들이 주장하는 수익률에 대해 합리적인 의심을 가져볼 만하다. 혹자는 가입하기 전에 급등할 것이라는 종목의 문자를 받았는데, 처음에는 무시하다가 지속적으로 문자가 와서 그 종목에 대해 지켜보았다. 하루에 상한가를 가는 종목도 있고, 매일 10% 이상 상승하는 것은 다반사이었기에 나름 검증을 한 달 이상 한 후 비싼 정보료를 주고 회원 가입을 했었는데 정보를 받아서 실전 투자를 해 보니 결과는 나빴다고 이야기한다. 사실 이런 개인 투자자들이 너무 많아서 수년간 무료로 급등주 정보를 제공하면서 어떤 경우라도 급등주를 가지고 대박을 만들 수 없다고 급등주 근처에도 가지 말라고 했지만, 기간의 욕심, 수익의 욕심, 비교하는 욕심에 눈이 어두운 개인 투자자들은 결국엔 급등주에 투자를 하는 것을 보았다. 그래서 급등주로 투자하는 것을 막는 것보다는 급등주로 수익 투자를 할 수 있는 방법을 2년 이상 연구하다가 매일 1% 이상 버는 수익 투자, 즉 1% 수익 투자를 개발하게 되어 개인 투자자들에게 공개를 했다. 그리고 1년간 다시 급등주 정보를 매일 15개 이상 무료로 제공하고, 급등주로 대박은 없으니 매일 1% 수익 투자를 연습하여 전문가가 될 수 있도록 지속적으로 급등주 정보와 함께 1% 수익 투자 지침서를 제공했다.

2022년부터는 급등주 찾는 법을 주식의 神이 운영하는 카페(https://cafe.naver.com/herareading/10672)와 유튜브 등에 업로드했다. 스스로 급등주를 찾아본다면 급등주 정보에 현혹되어 무리하게 추격 매수를 하거나, 실력도 없으면서 대출하여 투자하려는 것을 막을 수 있을 거라 기대하고 있다.

실력이 되지 않은 개인 투자자들이 주식 투자라는 전쟁터에서 금융기관 등을 통해 대출하여 군자금을 마련하여 전쟁터에 참여하는 것은 칼도 제대로 휘두를 수도 없는 사람이 전쟁터의 전리품이 탐나서 목숨을 잃을 수 있다는 것을 모르고 욕심에 발버둥 치면서 싸우는 꼴이다.

돈도 잃고 목숨도 잃을 수 있다. 그러므로 우선 실력을 쌓는 데 집중하고, 실력이 쌓이더라도 가능하면 자신의 여윳돈으로 투자하고, 최소 은행 금리의 3배 이상 수익률을 낼 수 있는 투자 실력이 쌓이면 그때 충분한 기간을 가지고 대출을 해서 투자를 해도 늦지 않다.

실력이 없는 개인 투자자가 금융 기관, 개인 등에 돈을 빌려서 투자를 하는 것은 결국 자신의 노동의 대가까지 이자로 내야 하는 상황이 발생할 수 있으므로 어떤 경우라도 은행 이자 3배 이상 벌 수 있는 실력이 될 때까지는 돈을 빌려서 투자를 하면 안 된다.

금융 기관으로부터 대출을 하는 것보다 더 위험한 것은 개인으로부터 돈을 빌리는 것이다. 개인에게 돈을 빌리는 것은 결론적으로 말하면 돈을 빌려준 사람과의 좋았던 관계가 돈을 빌리는 순간부터 영원히 사라질 수 있다는 것을 염두에 두어야 한다. 만약 누군가가 아무런 조건 없이 돈을 준다면 모를까, 개인으로부터 돈을 빌리는 행위는 어떤 경우도 하지 말아야 한다. 가장 큰 이유는 돈을 빌려준 사람의 여건이나 상황이 바뀌어 돈이 급하게 필요하게 될 때, 주식에 투자되었던 모든 계획이 뒤틀릴 수 있다. 왜냐하면 처음 돈을 빌릴 때는 5년 이상 원금을 갚지 않고 이자만 내도 된다고 해서 빌렸고, 그 기간에 맞게 충분히 여유를 가지고 수익 투자를 하고 있는데 갑자기 돈을 빌려준 개인의 상황이 바뀌어 어쩔 수 없이 돈을 급하게 마련하여 돈을 돌려줘야 하는 상황이 발생했다고 생각을 해 보면, 돈을 빌려준 사람이나 돈을 빌린 사람이나 얼마나 엄청난 스트레스를 받을지 생각하면 답이 쉽게 나온다. 물론 다행히 수익을 내고 있는 상황이라면 익절하고 갚으면 되지만, 손실이 나고 있는 상황이라면 문제가 더 심각해진다.

금융 기관에 대출하는 것은 이자보다 3배 이상 수익을 낼 수 있는 실력이 쌓이면 금융 시스템을 이용하는 것이 당연하고 가능하지만, 개인에게 돈을 빌리는 것은 아무리 실력이 쌓여도 빌리면 안 된다.

주식 투자라는 전쟁터에서 필요한 돈은 돈의 규모가 아니라 돈의 종류임을 반드시 명심해야 한다. 평생 사용하지 않아도 되는 돈으로 투자를 한다면 당신은 편안하게 저평가된 주식을 저점에서 사서 그 회사의 가치가 제대로 평가되었을 때 매도하여 이익을 얻으면 되므로 주식 투자를 하면서 돈으로부터 자유를 얻을 수 있고, 시간으로부터 자유를 얻을 수 있고, 주식 투자를 통해 스트레스를 받을 일이 없다. 돈을 빌려서 투자를 하지 않으면, 수익 투자 지침서에서 가장 중요하게 첫 번째 목표인 주식 투자를 통해 스트레스 받지 않는 행복한 투자를 하면서 평생 여유로운 삶을 누릴 수 있다.

주식 투자는 1,000원으로도 시작할 수 있을 뿐만 아니라, 큰 목돈이 당장 없더라도 알바를 하면서도 월 40만 원씩 아니 월 10만 원씩 투자를 하면서 자산을 조금씩 늘여갈 수 있다.

수학적으로 계산을 해 보면 월 1.7%의 수익률만 유지하면서, 20년간 월 40만 원씩 투자를 꾸준하게 한다면 20년 후에는 월 40만 원씩 투자한 돈이 13억 원 이상이 된다는 것은 이미 복리 계산법에서 설명했다. 또한 목돈을 투자한 다고 가정하면 월평균 3% 수익률을 유지한다면 20년 후 자산은 1,205배가량 증가하게 된다. 그러므로 지금 당장 돈을 대출해서 많은 돈을 벌려고 욕심을 부리지 말고, 우선 버핏보다 수익률 높은 주식 고수가 되어야 한다. 주식 고수가 되면 시간과 투자금만 있으면 저절로 부자가 된다. 대출보다는 버핏보다 수익률 높은 투자 실력을 먼저 키운 후 금융시스템을 활용하여 자신의 자산을 늘여가기 바란다.

　수익 투자 지침서에서 자주 강조하는 것은 지금 당장 투자자금의 규모가 중요한 것이 아니라 영리한 사냥꾼(주식 고수)처럼 자신이 원하는(자신에게 맞는 수익 투자) 사냥감(저평가된 유망 가치주)이 다니는 좋은 길목(상대적 저점 매수)을 찾아서 자신의 능력(처음 목표 수익)에 맞는 덫(장전 매도 주문 또는 예약 매매)을 놓아 사냥감을 잡는(수익 실현) 실력을 키워야 한다. 만약 예상한 기간 내에 잡히지 않아도 반드시 잡히게 되어 있으니, 황금의 법칙을 지켜가며 잡힐 때까지 기다리면 되는 것이다. 영리하고 훌륭한 사냥꾼이 사냥감이 다니는 좋은 길목을 찾는 데 노력을 하고, 사냥감이 다니는 길목을 보는 당신의 안목을 키우고, 사냥감 크기에 맞는 덫을 놓듯이 자신에게 맞는 수익 투자를 찾아서 수익 투자 지침을 따라 3년 이상 꾸준하게 실전 투자를 하면 반드시 버핏보다 수익률이 높은 주식 고수가 될 것이다.

"아무도 쳐다보지 않는 넝마 주식에서 금빛을 발견한 거북이처럼 투자하라"라고 말한 일본 증시 최후의 승부사 고레카와 긴조의 원칙을 보자. "경제, 시세 동향으로부터 항상 눈을 떼지 말고 늘 수중의 자금만으로 투자하라."라는 말처럼 빌린 돈이 아닌 자신의 돈으로, 기간이 정해진 돈이 아닌 평생 사용하지 않아도 되는 여윳돈으로 주식 투자를 해야 한다.

수익 투자 지침을 지켰다면 두려워 마라
(0의 법칙 다섯 번째: 두려움 0)

주식 투자를 함에 있어서 가장 스트레스를 받는 것이 주가의 하락으로 인해 수익률이 마이너스를 가리키고 있을 때일 것이다. 어쩌면 주식 투자를 한 후에 주가의 지속적인 하락, 급락 등으로 생기는 두려움이나 흔들림은 당연히 생기는 인간의 감정일 것이다.

수익 투자 지침에 따라 투자할 회사의 내재 가치, 미래 가치, 청산 가치를 수학적, 과학적, 통계적 객관적으로 판단하여 현재 시점에서 저평가되어 있는지를 판단한 후 저평가되어 있다고 판단한 경우 투자하고 있는 회사가 가지고 있는 차트의 형태를 보고 최저점에서 매수를 해야 한다. 주가의 지속적인 하락이나 급락에 의해 스트레스를 받는 것이 아니라 "땡큐" 하며 추가 매수 기회를 노릴 것이다. 같은 종목에 같은 주가의 하락일지라도 실전 투자(매수) 3단계를 거쳐서 투자를 한 사람은 "땡큐" 하며 기뻐할 것이고, 투자하는 회사에 대해서 잘 알지 못함에도 불구하고 돈을 많이 벌 수 있다는 정보를 준 사람에 의해 투자했다면 두려움과 공포감으로 엄청난 스트레스를 받을 것이다. 이렇게 큰 차이를 보이는 이유는 수학적, 과학적, 통계적, 객관적 자료 등을 기본으로 해서 분석하고, 판단을 하여 투자한 경우는 그 판단에 대한 확신이 선다. 하지만 누군가로 인해 투자를 했다면 대부분 회사의 가치보다는 빠르게 많은 돈을 벌겠다는 욕심으로 투자한 것이라는 것은 자신이 스스로 너무 잘 알기에 스트레스를 받는 것이다.

자신에게 맞는 수익 투자 지침을 따라서 매수한 종목은 비옥한 토양에 심어 놓은 좋은 품종의 씨앗처럼, 싹이 나고, 묘목으로 자라고, 큰 나무로 자라고, 열매가 열리듯이, 투자한 종목도 반드시 때가 되면 수익 실현 2단계에 따라 매도되어 돈을 벌 수 있다는 것을 확신하게 된다.

주식 투자를 하다 보면 누구나 언제 싸게 사서 언제 비싸게 팔아야 할까 고민을 하게 된다. 특히 자신이 매수한 종목이 계속 하락할 경우에는 그 고민과 두려움이 배로 증가한다. 수익률이 마이너스를 가리키고 있을 때 두려움을 느끼고 자신이 결정한 투자에 대한 믿음이 흔들리기 시작하게 되면, 더 내려갈 것 같은 두려움에 절대로 하지 말아야 "손해를 보고 팔지 마라"를 어기고 손절을 하게 된다. 주가의 지속적인 하락이나 급락뿐만 아니라 몇 개월간 아니 1년 이상 지루하게 소폭으로 주가의 오르내림을 보여주면, 왠지 목표가까지 도달할 수 없을 것 같고, 왠지 시간 낭비를 하는 것 같고, 기회의 손실을 가지는 것 같아서 자신이 정한 목표가까지 기다리지 못하고 초조한 마음에 작은 수익만을 챙기고 매도하거나 작은 손해를 보고 손절하고 만다.

자신의 소중한 돈을 투자할 때 철저하게 수익 투자 지침에 따라서 투자를 하지 않으면, 조금만 하락해도 손절하고, 조금만 횡보해도 익절 또는 손절을 하게 되는 최악의 투자 습관을 가지게 된다.

주식장이 좋거나 운이 좋아서 투자하자마자 원하는 대로 수익 실현이 되면 누구나 어떤 투자 철학, 원리, 원칙 등을 지켜나갈 수 있다. 하지만 주식장의 하락은 장마철에 비가 오는 것처럼, 겨울에 추운 날씨처럼 자주 있다. 그러므로 투자할 때 수익 투자 지침서에 따라서 확신을 가지지 않고 투자를 한다면, 언제든지 장이 좋지 않으면 자신만의 투자 철학이 무너지게 된다.

주가의 지속적인 하락이나 급락에 대한 두려움이 자신이 투자한 종목에 대한 확신이 없기 때문인데, 그 확신은 누구로부터 오는 것이 아니라 자신 스스로 투자할 종목을 실전 투자 3단계를 거쳐서 철저하게 분석하고 검증한 후 투자를 해야만 만들어지는 것이다.

주식 투자라는 전쟁터에 참가한 군인이 두려움, 불안감, 공포 등에 휩싸인다면 총 한 발을 제대로 쏘지 못하고 전사를 하거나 아니면 전쟁터에서 모든 것을 잃고 도망을 가게 된다. 이런 사태를 만들지 않기 위해서는 피바람이 몰아치는 전쟁터에 나가기 전, 실전보다 더 강한 훈련을 통해 몸과 마음을 강건하게 만들어야 하며, 직간접적 경험을 통해 스스로 생각해도 베테랑이 되었다고 판단되었을 때 전쟁터에 나간다면 백전백승할 확률이 매우 높다. 좋지 않은 상황에서도 흔들릴 이유가 없다는 것을 명심해야 한다.

버핏의 스승이자 투자의 아버지인 벤저민 그레이엄의 말처럼 주식시장의 변덕스러운 주가의 오르내림에 속지 말아야 한다. 그 변덕에 속는 사람만 바보가 되고 패배자가 된다.

팔다리가 없는 동기 부여 연설가인 닉 부이치치(Nick Vujicic)가 "최고의 장애는 당신 안에 있는 두려움이다"라고 말한 것처럼, 주식 투자에서 가장 큰 장애물은 당신이 스스로 만든 불확실성에 대한 두려움이다. 수익 투자 지침에 따라 투자를 하게 되면, 스스로가 만든 확신 때문에 두려움을 없앨 수 있다.

투자한 것을 지켜보지 마라
(0의 법칙 여섯 번째: 감시 0)

어떤 농부가 자신의 터전을 마련하기 위해 전국 방방곡곡을 찾아다니면서 씨앗이 자라기 비옥한 땅을 발견하고 땅을 샀다. 그리고 자신이 가장 잘 키울 수 있고, 자신의 전문 분야인 과일나무, 채소 등의 농작물의 씨앗을 찾기 위해 노력한 결과 우수한 품종의 씨앗을 마련하게 되었다. 농부는 즐겁고 행복한 마음으로 신나게 자신이 찾은 비옥한 땅에 품종이 좋은 씨앗을 심었다. 농부가 찾은 좋은 땅은 씨앗이 자랄 수 있는 모든 환경을 갖추고 있어 시간만 지나면 자신이 심어 놓은 씨앗으로부터 풍성한 수확을 할 수 있는 정말 좋은 땅이었다. 그런데 농부는 급한 마음에 비만 조금만 와도, 햇살만 좋아도 심어 놓은 씨앗이 잘 자라는 자신의 땅을 파헤쳐 씨앗을 확인하고 다시 파묻고, 바람이 조금 심하게 불어도 씨앗이 자라고 있는지 다시 땅을 파헤쳐 확인하고 다시 파묻기를 반복하였다. 만약 농부가 틈만 나면 땅을 파헤쳐 씨앗에 싹이 났는지 확인을 한다면, 농부가 심혈을 기울여 아무리 비옥한 토양과 좋은 씨앗을 찾았다고 할지라도 아무런 결실을 맺지 못하고 씨앗은 썩어 문드러지고 말 것이다.

비옥한 토양과 좋은 씨앗을 구했음에도 불구하고 농사에 실패한 이유는 자신 스스로가 찾은 비옥한 땅과 좋은 씨앗을 믿고 기다리지 못했기 때문이다. 만약 농부가 자신이 찾은 비옥한 땅과 좋은 씨앗을 믿고, 심어 놓은 씨앗이 잘 자랄 것을 확신하고 수확할 때까지 잊고 기다렸다면 어떻게 되었을까? 비옥한 땅은 좋은 씨앗이 잘 자랄 수 있도록 영양분을 잘 공급했을 것이고, 비바람이 불고, 천둥번개가 쳐도 여기에 굴하지 않고 씨앗을 튼튼하게 잘 자라게 되어 농부에게 큰 수확의 기쁨을 안겨 주었을 것이다.

수익 투자 지침에서 가장 중요한 원칙은 비옥한 땅과 좋은 씨앗을 저렴하게 사는 것처럼 실전 투자(매수) 3단계의 원칙에 따라 회사의 내재 가치, 미래 가치, 청산가치를 수학적, 과학적, 통계적, 객관적으로 평가하여 저평가된 유망 기업을 찾아낸 후 다양한 정보나 차트의 정형화 기법 등을 이용하여 가능한 상대적 저점에서 저렴하게 매수하는 것이다. 그리고 그 매수한 종목에 대해서는 어떤 두려움과 흔들림 없이 목표가가 도달할 때까지 편안하게 보유하다가 자신이 정한 목표가가 도달하면 미련을 두지 말고 매도하여 수익을 창출하는 것이다.

수익 투자 지침 원칙에 따라 매수한 저평가된 유망 가치주는 비옥한 땅에 좋은 씨앗을 심어 놓은 것처럼 기업의 힘과 시간의 힘을 믿고 기다리면 알아서 성장하므로 농사처럼 물을 주거나 거름을 주거나 농약을 치지 않아도 때가 되면 열매를 안겨다 주는 농사보다 훨씬 편안하고 효율이 높은 사업이다. 그러므로 원칙에 따라 저평가된 유망 가치주를 매수다면 매수했다는 사실조차 잊어버리고 살면 어느 날 당신도 모르게 성장되어, 원하는 수확을 안겨줄 것이다. 비바람, 천둥번개와 같은 자연 현상에 흔들리는 않는 농부는 비옥한 땅에 좋은 씨앗을 심어 놓은 후 때가 되어 풍성한 수확의 계절이 오면 수확만 하면 된다.

주식 투자에 있어서 수확하는 가장 좋은 투자법은 수익 실현(매도) 2단계에 따라 HTS, MTS을 보지 않고 원칙에 따라 예약 매매, 장전 매매 등을 하면서 주가의 오르내림에 신경을 쓰지 않고 사는 것이다. 그러면 자신도 모르게 어느새 성장하여 매도 체결이 되어 수익 실현의 기쁨을 안겨다 준다.

가치 투자의 귀재인 버핏은 주식 시장을 매일 보지 말고, 10년 이상 보유하지 않으려면 단 10분도 보유하지 말라고 했다. 원칙에 따라 매수한 저평가된 유망 가치주는 알아서 성장하므로 당신의 목표가가 도달하기 전까지는 편안하게 보유하면서 기다리면 된다.

대장주 또는 1등 기업에 투자를 하라
(1 또는 10의 법칙 첫 번째)

주식 시장에서 너무나 명확한 사실은 성장하는 기업만 성장하고, 성장하는 기업 중에서도 1등 기업 또는 대장주만이 큰 수익을 안겨 준다는 사실이다. 그러므로 가능하면 각 분야의 대장주 기업에 투자를 해야 한다. 각 분야에서 1~2등이 될 가능성이 높은 기업에 골고루 투자를 하면 반드시 주식 투자라는 전쟁터에게 큰 승리를 얻을 수 있다.

마케팅 불변의 법칙에서 반드시 고려해야만 하는 사항은 소비자의 인식은 고집이 무척 세고 정말 게으르다는 사실이다. 소비자의 인식 속에 어느 제품, 사람, 기업 등에 대한 특정한 단어가 인식되는 순간 쉽게 다른 단어로 바뀌지 않는다. 쉬운 예로, 우리는 달에 착륙한 최초의 사람, 비행기를 처음 만든 사람, 전화기를 처음 발명한 사람 등 처음 어떤 분야에 이룩한 사람을 기억하지만 2등부터는 잘 기억하지도 않고 기억하려고도 하지 않는다.

  주식 투자 시장에서도 쉽게 알 수 있다. 단순하게 애플과 삼성전자의 주가를 비교해도 1등 기업과 2등 기업의 가치가 얼마나 차이가 나는지를 쉽게 판단할 수 있다. 누구나 예측하듯이 4차, 5차 산업 시대는 반드시 온다. 아니 이미 왔다고 할 수도 있다. 4차, 5차 산업 시대가 왔다고 해서 모든 기업이 급성장하는 것은 아니다. 즉, 성장할 기업만 성장하게 된다. 그리고 나머지 기업은 겨우 명맥만 유지하거나 파산을 하거나 다른 업종으로 변경을 하게 된다. 왜냐하면 그 기업이 시장에서 크게 성장하거나 심지어 살아남을 수 없는 이유는 시장 역시 1등 기업과 함께 일을 하기 좋아하기 때문이다.

  주식 투자를 함에 있어서 자주 회자되고 자주 이야기되는 기업이 어떤 기업일까? 최근 2022년 대선을 봐도 알 수 있다. 1위부터 3위 정도는 사람들의 입에 오르내리지만 나머지 대선 주자가 누구였는지도 모르는 사람이 많다. 그러므로 주식 투자를 할 때 반드시 고려해야 할 사항은 같은 4차, 5차 산업 분야(인공 지능, 가상 현실, 증강 현실, 드론 등)의 기업 중 어떤 기업을 선택할 것인가가 중요하다. 왜냐하면 크게 성장할 기업만 크게 성장하기 때문이다. 그리고 주가도 마찬가지이다. 주가를 상승시킬 요인이 있어야만 세력이 되든 누군가 주도하든 주가를 상승하게 한다.

주식 투자라는 시장 아니 전쟁터에서 무조건 이기려면 4차, 5차 산업 분야의 기업들 중에서 내재 가치, 미래 가치, 청산 가치가 우수한 기업들을 찾아내고, 찾아낸 기업들 중에서 저평가된 기업을 찾아내고, 그 저평가된 기업들 중에서도 1등 기업이 될 것 같은 기업에 투자를 해야 큰 수확을 얻을 수 있다. 만약 어떤 기업이 1등이 될지 결정하기 곤란할 정도로 비슷한 점수를 가졌다면, 각 분야에 상위 3종목씩 투자를 하게 되면 확률적으로 3종목 중에 한 종목이 1등 기업이 될 확률이 높아진다. 고사성어에 막상막하(莫上莫下)라는 말이 있다. 같은 분야에 막상막하의 기업이 여럿이 있다면 골고루 매수(투자)하는 것이 효율적이고 아쉬움이 없다.

수익 투자 지침에 따라 회사의 내재 가치, 미래 가치, 청산 가치를 수학적, 과학적, 객관적으로 분석하고 판단하여 저평가된 좋은 가치주를 찾는 가장 큰 이유가 바로 1등 기업이 될 만한 기업을 감정이나, 막연한 기대로 찾는 것이 아니라 정확한 데이터를 근거로 해서 찾아야 실패할 확률이 없기 때문이다. 수익 투자 지침에 따라 찾아낸 모든 기업이 1등 기업이 될 수는 없다. 하지만 수익 투자 지침에 따라 찾아낸 기업들 중에는 반드시 1등 기업이 존재한다. 그러므로 각 분야별로 골고루 매수해 놓으면 어떤 종목은 큰 이익을 주고, 어떤 종목은 최소한 목표가는 달성시킬 수 있을 것이다. 그러므로 수익 투자 지침을 따르는 투자자는 주식 투자라는 경기장에서 어떤 기업이 1등 기업이 될지 마음속으로 정해 놓고 경주를 지켜보면, 경마, 경정 등을 보는 것보다 훨씬 더 스릴을 느낄 수 있을 것이다.

　버핏의 스승인 벤저민 그레이엄의 말처럼 주식 투자는 덜 알려지고 재정이 탄탄한 실속 있는 기업을 내재 가치보다 싸게 사는 것이 핵심이다. 지금 현재는 10등 정도처럼 보이지만 미래에 1등이나 2등을 할 수 있는 저평가된 유망 가치주에 투자를 하게 된다면 목표한 수익을 충분히 달성할 수 있다.

10종목 이상 분산 투자하라
(1 또는 10의 법칙 두 번째)

주식 투자에서 가장 명심해야 할 격언은 "달걀을 한 바구니에 담지 마라"처럼 10종목 이상에 분산 투자하는 것이 좋다. 과거 HTS, MTS가 발달되지 않았을 경우에는 한 사람이 10종목 이상 컨트롤하는 것이 쉽지 않았다. 하지만 스마트폰 하나로 전 세계 어디에서나 주식 거래를 할 수 있는 세상에서는 10종목 이상 골고루 분산 투자를 하는 것은 과거 1~2종목 관리하는 것보다 더 쉽다. 특히 수익 실현(매도) 2단계에 따라 수익 투자를 하면 주가 창을 굳이 보지 않아도 수익 실현이 가능하다.

주식 투자를 하면서 흔히 말해 몰빵, 한 방 등을 노리고 기간과 수익의 욕심을 부리는 투자를 하게 되면 백전백패할 가능성이 매우 높다. 주식 투자에 있어서는 손자병법에 나오는 지피지기면 백전불태를 반드시 생각해야 한다. 그러려면 수익 투자 지침서에 따라서 철두철미하게 수학적, 과학적, 통계적, 객관적 자료를 근거로 해서 주식 투자를 해야만 한다. 수익 투자 지침에 따라서 투자를 하는 가장 큰 이유는 투자의 성공 확률을 높이기 위한 것이다. 즉, 주식 투자는 데이터를 근거로 확률을 높이는 게임을 해야 한다. 그래야만 안전하게 자기 자산을 보호하면서 주식 투자를 통해 이익 실현을 할 수가 있다.

0123주식 투자 법칙의 첫 번째 법칙이 "손해를 보고 팔지 마라"이다. 어떠한 경우라도 손절하지 않기 위해서는 주가의 하락 등으로 본의 아니게 황금의 법칙을 지켜가면서 장기간 보유해야 하는 경우가 발생한다. 왜냐하면, 주가의 오르내림은 5년 이상 멀리 예측은 할 수 있어도 짧은 기간 내에 정확하게 오르내림을 판단할 수 있는 사람은 없다. 심지어 하늘에 계신 신들도 수천만 명, 수억 명의 사람이 각양각색의 색깔을 가지고 운영하는 주식 투자의 흐름을 정확하게 알기는 쉽지 않을 것이다. 왜냐하면 수없이 많은 사람들의 마음을 모두 한 방에 신이 간파하기는 쉽지 않기 때문이다.

아무리 정확한 데이터를 완벽하게 분석한다고 할지라도 그 데이터는 과거의 데이터이지 미래의 데이터가 아니다. 그러므로 과거의 데이터를 가지고 짧은 시간 내에 주가의 오르내림을 100% 정확하게 맞히기 힘들다는 것이다.

수익 투자 지침에 따라서 아무리 좋은 저평가된 유망 가치주를 저점에 매수했다고 할지라도, 청천벽력 같은 일이 일어나지 말라는 법이 없기 때문이다. 국내의 경우만 해도 대기업 오너가 구속될지, 북한에서 핵 실험을 할지, 국가에서 원전 사업을 포기할지, 유가가 갑자기 급등할지, 회사 임원의 도덕적 결함이 발생할지, 회사의 제품에 치명적인 문제가 발견될지, 그 누구도 미래를 완벽하게 장담할 수 없다. 그러므로 가능하면 다양한 분야에 저평가된 좋은 가치주를 분산 투자 해야 한다.

확률적으로 10개 기업 중 2개의 기업이 예상에서 벗어난 청천벽력 같은 문제가 갑자기 발행해서 그것을 해결하는 데 5년 이상이 걸릴지라도 나머지 8종목이 여러분의 자산을 불려주기 때문에 전혀 문제가 되지 않는다. 그리고 일정한 기간이 지나면 내재 가치, 미래 가치, 청산 가치가 있는 기업은 반드시 재반등을 시작해서 수익을 안겨 준다. 그러므로 분산 투자를 해야 설령 한두 종목이 급락을 하여 장기간 동안 저점에 머물러도 스트레스 받을 수 있다. 왜냐하면 다른 종목으로 돈을 벌면서 조금 더 긴 시간을 기다리면 되기 때문이다.

만약 개인 투자자가 자신의 전 재산을 한 종목에 흔히 말해 '몰빵'을 하면서 투자를 했다고 가정하자. 그리고 운이 좋게도 40년 동안 1000번을 투자 성공했다고 하면 엄청난 부를 얻었을 것이다. 그런데 1000번 성공 후 운이 나쁘게 딱 한번 종목을 잘못 선택하여 예상치 못한 이유로 종목이 상장폐지가 되었다면 40년 동안 쌓아 올린 자산은 한 순간에 모두 날아가게 된다. 하지만 분산 투자했을 경우 설령 2종목이 파산이 되더라도 8종목의 수익으로 1~2년이면 충분하게 상장 폐지된 종목의 투자금을 만회할 수 있다. 왜냐하면 수익 투자 지침을 따르는 주식 고수는 최소 1년 평균 수익률이 22% 이상이 되기 때문에 빠르면 1년, 늦어도 2년이면 손해 본 자산을 만회할 수 있다. 그러므로 최소 10종목 이상 분산 투자를 하는 것이 좋고, 아무리 좋은 종목을 찾더라도 한 종목에 자산의 20%를 넘지 않는 범위 내에서 투자를 해야만 설령 투자한 종목이 상장 폐지가 되더라도 1~2년 안에 손해를 본 자산을 회복할 수 있다.

주식 투자는 한꺼번에 많이 버는 것이 중요한 것이 아니라 자신에게 맞는 목표 수익을 정해서 수익 투자 지침 따라서 투자를 하는 것이 중요하다. 2% 수익을 36번 성공한 것이나, 3% 수익을 24번 성공한 것이나, 100% 수익을 한 번 성공한 것이나 수익률적인 측면에서 같다. 물론 어떤 수익 투자법이 100% 수익을 빨리 달성할지는 아무도 모른다. 그러므로 자신에게 맞는 수익 투자법에 따라 꾸준하게 투자를 하면 되는 것이다.

10년 이상 성장할 기업에 투자하라
(1 또는 10의 법칙 세 번째)

 10년 이상 성장할 기업에 투자하라. 4차, 5차 산업과 관련된 인공지능, 자율 주행차, 헬스, 바이오, 드론, 3D 프린터, AR, VR, 메타버스, 음성 인식, 홍채 인식, 안면 인식, 콘텐츠, 반드시 필요한 소비재, 국방, HMR, 공유 경제, 물류, 전기차 등과 관련된 저평가된 유망 가치주를 저점에 투자해야 한다. 그래야만 시간이 지남에 따라 기업도 스스로 성장해서 원하는 열매를 준다.

 주식 투자에서 자타 공인하는 투자자의 귀재들이 가장 많이 권장되는 투자 방식이 지속적으로 성장하는 기업을 찾아서 시간의 힘과 기업의 힘을 믿고 장기 투자를 하는 것이다. 장기 투자를 하게 되면 매일 HTS, MTS를 쳐다볼 필요 없고, 주가의 오르내림에 일희일비할 필요도 없다. 단지 꾸준하게 성장할 기업만 찾아서 투자하기만 하면 시간이 지남에 따라 기업은 성장하므로 그냥 기다리면 된다. 꾸준하게 성장할 기업만 찾고, 10년 이상 투자할 자금의 여력만 있다면 가장 편하고, 안전하고, 효율적인 투자법일 수 있다. 하지만 장기 투자에 있어서 절대로 간과해서는 안 되는 것은 시간이 지나면 지날수록 무조건 주가가 상승하는 것이 아니라는 것이다. 과거 한진해운만 보더라도 한진해운을 상장 폐지하기 5년 전에 산 사람은 자신이 투자한 돈이 휴지 조각이 될 줄은 꿈에도 생각하지 못했을 것이다. 그러므로 주식 투자에 있어서 가장 중요한 것은 기간에 포커스를 장기 투자가 아니라 자신에게 맞는 수익 투자 지침서에 따라서 내재 가치, 미래 가치, 청산 가치 등이 우수한 저평가된 유망 가치주를 저점에 매수한 후 수익 실현(매도) 2단계를 통해서 자신의 목표 수익까지 때를 기다리는 것이다.

성장하는 기업인 네이버의 주가가 2,000원 정도일 때 매수한 사람이 2021년도에 네이버 주식을 매도했다면 200배 이상으로 자산을 증가시켰을 것이다. 하이닉스 역시 2,500원에 매수한 후 지금까지 보유하고 있었다면 현재 수십 배 이상으로 자산을 증가시켰을 것이다. 삼성전자 역시 수백 배 이상의 수익을 낼 수 있을 것이다. 하지만 사양 산업에 투자한 사람은 이미 상장 폐지가 되어 휴지 조각이 되었을 수 있고, 아니면 그 가치가 하락하여 많은 손해를 보고 있는 경우도 있을 것이다.

주식 투자자라면 반드시 집고 넘어가야 할 것이 왜 이런 현상이 발생하느냐 하는 것이다. 분명 같은 시기에 같은 돈을 투자했지만 한쪽은 수십, 수백 배로 자산이 증가했지만, 다른 한쪽은 자산이 모두 날아가거나, 많은 손실을 보고 있다. 이러한 현상이 일어나는 가장 큰 이유는 투자할 당시 그 회사에 대한 내재 가치, 청산 가치, 미래 가치를 스스로 철저하게 분석하고 평가하지 않고, 전문가들이 투자하라고 해서, 남들이 좋다고 해서, 남들이 그 회사에 투자한다고 해서 등 자신의 판단이 쏙 빠지는 경우가 허다하다. 특히 미래가치를 계산하지 못하고 눈앞에 보이는 주가의 상승만 보고 추격 매수하는 경우도 많다.

지금 현재 미래 가치를 높게 평가할 기업은 어떤 기업일까? 아마 현재 주식 투자를 하고 있는 대부분의 사람들은 이미 알고 있다. 4차, 5차 산업과 관련된 회사에 투자를 해야만 미래를 보장받을 수 있다는 사실은 누구나 체감하고 느낄 것이다. 하지만 막상 투자를 할 때는 당장 급등할 것 같은 기업, 작전주, 테마주 등에 추격 매수한 후 수익 실현하기를 목을 빼고 기다린다. 그 결과의 답은 뻔하다. 자산을 탕진하는 것도 모자라 매일 스트레스 때문에 정신과 몸도 망가진다.

수익 투자 지침인 실전 투자(매수) 3단계, 수익 실현(매도) 2단계, 0123투자 법칙 등에 따라서 투자를 하면 작전주, 테마주 등에 속아 추격 매수할 수도 없고, 망할 회사에 투자할 수도 없다. 그러므로 반드시 수익 투자 지침에 따라서 미래에 성장할 저평가된 유망 가치주를 저점에 싸게 매수한 후 자신의 목표 수익에 도달하면 수익 실현(매도) 2단계에 따라 돈을 벌면 된다.

10개 이상 체크 리스트를 통해 투자하라
(1 또는 10의 법칙 네 번째)

　주식 투자를 하기 전, 매도 클릭을 하기 전, 매수하고자 하는 종목에 대해 최소 10개 이상의 체크 리스트를 분석하고, 평가하고, 판단하고, 검토한 후 결정하라. 수익 투자 지침 중 하나인 실전 투자(매수) 3단계를 거쳐서 분석하고, 평가하고, 판단하고, 검토할 때 최소 10개 이상의 체크리스트를 만들어야 한다. 매출액, 영업 이익, 당기 순이익, 매출액 변화, 영업 이익 변화, 당기 순이익 변화, PER, PBR, PSR, ROE, 부채율, 유보율, 유동 자금, 시가총액, 대주주 지분율, 매매 동향, 저점 대비 상승율, 고점 대비 하락률, 배당률, 월봉 차트, 주봉 차트, 일봉 차트, 이동 평균선, 거래량, 차트 정형화, 최대 목표가, MACD, CCI, OBV, 일목균형표, RSI, 추세선 변화, 정부 정책, 외부 환경, 소송, 특허, 개발, 공시, 악재, 호재 등의 체크 리스트를 작성하고, 각 체크 리스트에 범위를 정해서 다양한 점수를 매겨서 작성하는 것이 좋다. 당연히 회사 관련된 다양한 뉴스, 보도 자료, 분석 자료, 종목 토론 등도 체크하고, 주식 담당자와 통화도 해 보고, 회사의 업종, 제품 등도 분석해 보고, 가능하면 회사도 방문 등 개인 투자자로서 할 수 있는 다양한 방법의 분석, 평가, 판단 등을 한 후 결정해야 한다. 그래야만 수익 투자에 맞게 설정한 목표가 또는 목표 수익률까지 흔들리지 않고 보유할 수 있다. 누가 추천을 해 주더라도, 수백 % 아니 수천 %의 이익을 줄 것 같은 종목이라도 자신이 만든 체크 리스트를 분석, 평간, 판단한 결과 확신이 서지 않으면 투자하지 말고 다른 종목을 찾아야 한다.

작은 물건을 하나 사도 비교 사이트, 할인 사이트, 공동 구매 사이트 등을 둘러보고 각종 성능을 비교해 보고 사는데, 유독 자신이 피와 땀으로 모은 자산을 투자하면서 스스로 판단, 분석, 평가하지 않고, 누군가의 어떤 정보에 의해 좌지우지되어 쉽게 결정하고, 어처구니없게도 적지 않은 금액을 투자한다. 왜 개인 투자자들은 쉽게 자신의 소중한 돈을 무작정 투자 할까? 그 이유는 크게 세 가지 이유 때문이다.

첫 번째, 욕심 때문이다. 기간의 욕심, 수익의 욕심, 비교하는 욕심 때문이다. 남들 보다 빨리 많이 벌고 싶은 욕심에 타인이 파 놓은 유혹적인 말에 자신 스스로를 합리화하고 스스로에게 사기 친 결과로 결국엔 큰 손실을 입는다. 사람이라면 누구나 기간의 욕심, 수익의 욕심, 비교하는 욕심이 생기기 마련이다. 하지만 실력이 뒷받침해 주지 않는다면 그것은 공허한 메아리에 불가하다.

두 번째, 사고자 하는 물건 등은 누구나가 쉽게 가격이 비싼지, 저렴한지, 성능이 좋은지 나쁜지 등 쉽게 스스로 판단을 할 수 있지만 주식 투자를 할 종목에 대해서는 너무나 변수가 많은 것 같아서 도저히 공부를 해서는 알 수 없을 것 같은 두려움에 의해 전문가로 보이는, 정확한 정보인 것처럼 들리는 정보 등을 가지고 투자를 하기 때문이다. 사실 조금만 공부하면 어떤 전문가보다 자신에게 맞는 수익 투자에서는 최고의 전문가가 될 수 있는데, 어느 누구도 가르쳐 주지 않고, 무조건 나만 믿고 따라 오라는 식의 투자 리딩이 주식 시장을 장악하고 있기 때문일 것이다.

세 번째, 남에게 핑계를 대려는 아주 좋지 못한 습관 때문에 그렇다. 만약 잘못되었을 경우를 대비하여 남의 탓으로 돌려, 스스로의 잘못이 아닌 남의 잘못이라는 합리화를 하면서 정신적 스트레스를 줄일 수 있다는 것이다. 자신은 투자를 안 하려고 했는데 그 사람이 너무 좋다고 해서 투자를 했는데 손실을 입었다. 자신은 관심이 없었는데 친구가 정말 확실하다고 해서 처음에는 조금 투자를 했는데 잘 맞는 것 같아서, 큰돈을 투자했는데 하필이면 주위 환경이 좋지 않아 급락하는 바람에 엄청난 손실을 입었다. 수많은 주식 투자 실패 스토리 등을 들어보면 자신의 잘못은 그들을 믿은 것이고, 나머지는 대부분 남의 잘못으로 돌리려는 잘못된 습관 때문이다. 그런데 중요한 사실은 아무리 자신 자신을 합리화해도 결국 손해는 자신의 소중한 자산을 날린 자신이라는 것이다. 그러므로 핑계를 대려는 시간에 열심히 공부하고 연구해서 자신에게 맞는 수익 투자법을 터득하는 것이 좋다.

주식 투자에 필요한 종잣돈을 만들기 위해 얼마나 많은 노력과 시간을 투자했는지 한 번 더 생각해 본 후 최종 투자 결정을 한다면 남의 말을 무조건 믿고 투자하는 어리석은 행동은 하지 않을 것이다.

주식 투자는 수학적, 과학적, 통계적, 객관적으로 체크 리스트를 작성하여 접근해야 한다. 그런데 많은 개인 투자자들은 로또처럼 요행을 바라는 경우가 많고, 누군가로부터 남들이 알지 못하는 1급 비밀을 가지고 많은 수익을 얻고자 하는 허황된 욕망에 의해 자주 실수를 하게 되는 것이다. 로또는 로또에서 찾아야 하고, 남들이 알지 못하는 비공개 정보로 투자를 하다가는 잘못되는 경우에는 감옥에 갈 수 있다는 것을 명심해야 한다.

주식 투자의 절대 비법은 누구나 알고 있듯이 아주 심플하게 "싸게 사서 비싸게 팔아라"이다. 좀 더 정확하게 말하면 저평가된 유망 가치주를 상대적 저점에서 싸게 사서, 자신의 목표 수익에 맞게 비싸게 파는 것이다. "장고 끝에 악수를 둔다"는 말이 있듯이 너무나 단순한 논리를 너무 어렵게 접근하기 때문에 실수를 많이 하는 것이다.

주식 투자의 귀재 버핏도 1년 평균 수익률이 22% 정도 수준이다. 하지만 50년간 복리를 계산하면 자산이 20,797배 정도로 늘어난다.

그런데 많은 광고를 보면 한 달에도 수십 % 벌 수 있을 것처럼 광고한다. 항상 강조하지만, 수익 10%를 200번만 성공하면 자산이 1억 9천만 배로 늘어난다. 그런데 한 달에 수십 %, 수백 %의 수익을 낼 수 있다면 굳이 개인 투자자들에게 비싼 회비를 받으려고 노력할 필요가 있을까? 그냥 자신이 직접 투자를 하면 몇 년 내에 전 세계 최고의 부자가 될 텐데 말이다. 항상 좋은 조건 뒤에는 보이지 않는 함정이 있다는 사실을 명심하고, 항상 견리사의(見利思義)하면 남들이 파 놓은 함정에 빠지는 일은 없을 것이다.

주식 투자라는 사업을 하고자 하는 개인 투자자면 반드시 자신의 수익 투자에 맞는 최소 10개 이상의 체크 리스트를 만들어 체크 리스트를 통과한 종목만 투자하는 습관을 만들어야 한다.

1시간 이상 HTS, MTS를 보지 마라
(1 또는 10의 법칙 네 번째)

주식 투자의 정도(正道)는 자신의 수익 투자에 맞는 종목을 지침서에 맞게 상대적 저점에서 매수한 후 자신의 목표 수익에 매도하는 것이다. 그런데 HTS, MTS를 보고 있으면 팔고 싶은 유혹, 사고 싶은 유혹에 빠져 잘못된 판단을 하게 된다. 주식 고수는 투자한 주가가 지속적으로 하락하면, 언제 더 저점에서 더 많은 주식을 매수할지 고민하고, 상승하면 추격 매수하지 않아야 한다. 그런데 일반적으로 개미라고 불리는 개인 투자자들은 상승하면 추격 매수하고, 하락하면 손절한다. 즉, 주식 고수의 투자 패턴과 정반대 방향으로 움직이는 것이다. 특히 주가 창을 지속적으로 보면서 자신 스스로가 자신의 싼 가격보다 비싸게 팔려고 노력한다. 하지만 사실 현실적으로는 쉽지 않다. 물론 주식의 神이 개발한 거래량이 많고, 상승 기류가 있는 종목을 활용하여 1% 수익 투자는 할 수 있다. 하지만, 1% 수익 투자는 지속적으로 주가 창을 보다가 1% 수익 투자 지침서에 따라서 사고팔고를 해야 한다. 하루 종일 주가 창을 볼 수 있는 전업 투자자라면 모를까, 일반적인 개인 투자자는 불가능한 수익 투자법이다. 그러므로 개인 투자자들은 급등주를 가지고 수익 투자하는 1% 수익 투자는 하지 않는 것이 좋다. 개인 투자자들은 시초가 종목 수익 투자, 종가 종목 수익 투자, 3% 수익 투자, 100% 이하 수익 투자 중 자신에게 맞는 수익 투자를 찾아서 하면 된다.

요리에 사용하는 칼조차 자유자재로 다룰 수 없는, 방금 요리업계에 발을 담근 사람이 세계적인 요리사처럼 칼도 멋지게 잘 다루고, 모두가 감탄하는 맛있는 요리를 만들겠다는 것은 어불성설이다. 칼을 잘 다루지 못하는 어린아이에게 조금만 실수하는 손을 다칠 수 있는 예리한 칼을 준다면 어떻게 될까? 잘못하면 손가락이 잘려 영원히 요리사의 꿈을 포기해야 하는 경우도 발생할 수 있다.

요리사가 사용하는 잘 드는 예리한 칼처럼 HTS, MTS는 개인 투자자가 언제든지 클릭 하나로 사고 팔 수 있도록 해 주는 무서운 무기와도 같다. HTS, MTS를 이용하면 전 세계 어디에서나 누구나 쉽게 모든 자산을 클릭 한 번에 투자할 수도 있고, 손해를 보고 팔 수도 이익을 보고 팔 수 있다. HTS, MTS가 보여주는 주가의 오르내림은 마치 불나방을 유혹하는 불빛처럼 개인 투자자를 유혹한다. 그러므로 HTS, MTS 등을 마음대로 가지고 놀 능력이 생기기 전까지는 멀리하는 것이 좋다. 시시때때로 변하는 주가의 오르내림에 영향을 받지 않고 소신껏 자신에게 맞는 수익 투자를 할 수 있는 사람들조차도 굳이 HTS, MTS를 매일 하루에 1시간 이상 볼 이유가 없다. 단, 급등주를 가지고 1% 수익 투자를 하는 사람은 제외다.

주식 투자를 하는 가장 큰 목표는 돈으로부터 자유, 시간으로부터 자유, 스트레스로부터 자유를 얻기 위한 것이다. 시간으로부터 자유를 얻기 위해서는 실전 투자(매수) 3단계를 통해서 투자하고, 수익 실현(매도) 2단계를 통해서 매도하고, 급락하거나 지속적인 하락이 있으면 황금의 법칙에 따라 추가 매수하면 된다. 특히 수익 실현(매도) 2단계를 통해서 매도를 하면 장전에 자동으로 자동 매도 주문을 하게 되고, 주가가 상승하여 목표가에 도달하면, 자동적으로 매도가 되므로 굳이 주가 창을 보고 있을 이유가 없다. 수익 실현(매도) 2단계를 통해서 매도가 되어 다시 투자금이 생기거나, 적금이나 보너스, 급여 등으로 투자 자금이 생길 때 실전 투자(매수) 3단계를 통해서 투자를 하면 된다. 실전 투자(매수) 3단계, 수익 실현(매도) 2단계, 황금의 법칙 등의 지침서에 따라 매수, 매도를 하면 주식 투자에 투자되는 시간은 하루 평균 1시간이 되지 않을 것이다. 어쩌면 하루 평균 10분도 되지 않을 수 있다. HTS, MTS를 뚫어지도록 쳐다본다고 해서 주가가 하락하여 더 싸게 살 수 있거나, 지속적으로 쳐다본다고 해서 주가가 상승하여 빠른 시간 내에 목표가에 팔 수 있는 것이 아니라, 때가 되어야 상승하여 수익을 안겨다 준다. 다시 말해 아무리 주가 창을 쳐다보고 있다고 해서 개인 투자가가 주가의 오르내림을 정확하게 파악할 수도 없고, 주가의 오르내림을 좌지우지할 수도 없다. 그러므로 HTS, MTS 등을 지켜보는 것은 주식 투자에 아무런 도움이 되지 않으므로 쳐다보고 있지 않는 것이 좋다. 다만 장이 시작하기 전에 예약 매매가 되었는지 반드시 확인해야만 다 잡은 고기를 놓치는 경우를 막을 수 있고, 매수할 때는 철저하게 실전 투자 3단계를 거쳐서 가능한 저점에 매수하려고 노력해야 한다.

HTS, MTS 등은 매수할 때만 집중해서 저점에 매수하기 위해 시간을 투자하고, 그 외에는 혹시 매도 주문 시 매도가 등을 잘못 입력할 수도 있으니 장전에 예약 매매 또는 장전 매도 주문이 잘 되었는지 확인하기 위해서 30분 정도만 시간을 투자를 해도 충분하다. 물론 주식 공부를 하는 사람은 HTS, MTS 등이 가지고 있는 다양한 기능을 공부해야 하고, 다양한 기능을 어떻게 자신의 수익 투자에 활용할지 연구하는 것은 당연히 해야 하는 것이다. 단, 주가의 오르내림만을 쳐다보는 시간은 하루 평균 1시간 이상 할 이유가 없다. 왜냐하면 주가 창을 하루 종일 쳐다보면서 기도한다고 해서 주가가 오르거나 내리지 않기 때문이다.

최소 2년은 보유한다고 생각하라
(2 또는 20의 법칙 첫 번째: 보유기간 2년)

    수익 투자의 기본 원칙에는 "늦으면 2년, 최악의 경우는 5년 이상 기다린다는 마음으로 투자하라"라는 원칙이 있다. 개인 투자자뿐만 아니라, 전문가, 주식 고수, 투자 기관 등 누구도, 어떤 기관 등도 주가의 오르내림을 정확하게 알 수 없다. 다만 주가의 오르내림의 확률을 맞히기 위해 일목 균형표, 이동 평균선, MACD, CCI, OBV 등 다양한 지표와 보조 지표를 통해서 찾고자 노력하고 있다. 하지만 어떤 방법도 100% 완벽하게 저점을 찾거나 고점을 찾을 수 없다.

    어느 누구나 배우고 지키기만 하면 버핏보다 1년 평균 수익률이 높은 주식 고수가 될 수 있는 투자법을 개발하기 위해 수많은 데이터 등을 다양한 방법으로 분석하고, 평가하고, 판단하면서 개발한 수익 투자 지침서는 90% 이상의 확률 어쩌면 99% 이상의 성공 확률을 가지고 있다. 수익 투자 지침서에 따라서 상대적 저점에 매수하면 목표 수익률이 100% 이하라면 늦으면 2년, 최악의 경우라도 5년 이상만 기다리면 된다는 것을 데이터 등을 통해 알 수 있었다. 물론 목표 수익이 100%를 초과할 경우는 10년 이상이 걸릴 수도 있다. 하지만 가장 효과적인 수익 투자법인 100% 이하 수익 투자를 한다면 늦으면 2년, 최악의 경우라도 5년 이상 기다린다는 마음가짐으로 투자를 하면 누구나 스트레스 받지 않고 자신의 목표 수익까지 편안하게 기다릴 수 있다.

주식 투자에 있어서 자신만의 마음가짐, 투자 철학 등을 만들기 전에 반드시 버려야 하는 것이 기간의 욕심, 수익의 욕심, 비교하는 욕심이다. 특히 기간의 욕심은 최저점 최고점을 알 수 없는 인간의 힘으로는 절대로 가져서는 안 되는 욕심이다. 기간의 욕심을 버리고 자신에게 맞는 수익 투자를 하는 가장 좋은 방법이나 마음가짐은 수익 투자 지침서에 따라서 내재 가치, 미래 가치, 청산 가치 등이 우수한 저평가된 유망 가치주를 찾은 후 저점에서 매수했다면, 2년에 이자를 3% 주는, 중간에 해약할 수 없는 은행 예금에 가입한다는 마음으로 투자를 하면 된다. 이런 마음가짐을 가지면, 은행은 2년이 되어야 3% 또는 약정 이자를 주지만, 주식 투자는 때에 따라서 며칠 만에 주기도 하고, 심지어 몇 분 또는 몇 시간 만에도 주기도 한다.

최소 2년 동안 기다려야 한다는 마음으로 투자를 하게 되면 2년 동안 자신이 설정한 목표가나 목표 수익률에 달성될 때까지 여유롭게 기다릴 수 있다. 주가의 오르내림에 스트레스를 받지 않고 투자하는 가장 좋은 방법 중에 하나이다. 설령 2년이 지나서도 자신의 목표 수익을 달성하지 못할지라도, 이미 2년 이상을 기다렸기 때문에 당신의 목표 수익까지 아무런 망설임 없이 5년 이상 더 기다릴 수 있다. 항상 강조하지만 좋은 주식을 찾기 위해 당신에게 주어진 시간의 75% 이상 아니 90% 이상을 투자를 하라. 확신을 가지고 저평가된 유망 가치주에 투자를 한다면 어떤 외부 환경에도 흔들림 없이 2년 이상은 기다릴 수 있다. 이런 마음은 결국 당신의 자산을 증가시키는 가장 큰 밑거름이 될 것이다.

여유로운 삶을 살기 위해서는 세 가지가 필요하다. 돈이 필요한 만큼 충분하게 있어야 하고, 인생을 즐길 수 있는 시간이 충분해야 하며, 돈을 벌기 위해 큰 스트레스를 받지 않는 것이다. 주식 고수가 되면 여유로운 삶을 살기 위해 필요한 세 가지 모두를 한꺼번에 가질 수 있다. 그러므로 최소 2년 이상 기다린다는 마음가짐으로 투자하면 어느새 자신도 모르게 주식 고수가 되어 있는 자신의 모습을 발견하게 될 것이다.

한 종목의 최대 비중은 20%이다
(2 또는 20의 법칙 첫 번째: 비중 20% 이하)

    주식 투자에 있어서 가장 기본은 분산 투자이다. 물론 분산 투자를 할 때 10개 이상의 종목을 투자할 수도 있고, HTS, MTS 등을 잘 활용하시는 분들은 50개 이상의 종목에 투자할 수도 있다. 그런데 가끔 개인 투자자들이 분산 투자를 잘못된 방식으로 하는 경우가 많다. 예를 들어 순자산 1억 원을 가지고 있는 개인 투자자가 10개의 종목에 투자를 한다면, 가장 기본이 되는 방식은 한 종목당 1,000만 원을 투자하는 것이다. 그런데 어떤 분들은 분산 투자를 종목 수만 늘리면 되는 것으로 오해를 하거나, 너무 무리한 추가 매수를 해서 9개 종목에는 500만 원(5%)씩 투자를 하고 나머지 한 종목에 5,500만 원(55%)을 투자하는 경우가 있다. 이런 경우 만에 하나 그 한 종목이 전혀 예상하지 못한 외부 환경이나 내부 환경으로 상장 폐지가 된다고 가정해 보면 앞이 캄캄해질 것이다. 수익 투자 지침에 따라서 투자를 하는 개인 투자자는 반드시 하지 말아야 하는 행동은 흔히 말하는 '몰빵'이다. 몰빵을 하시는 분들의 논리나, 이론 등을 보면 타당성이 있어 보인다. 정말 좋은 종목을 고르고 골라서 몰빵을 하면 그 종목이 반드시 상승하게 되므로 여러 종목에 자금을 나누어서 투자하는 것보다 훨씬 효과적이며, 한 종목에 자신이 없는데 어떻게 여러 개 종목에 투자를 할 수 있느냐 하면서 '몰빵'의 우수성과 가능성을 강조하는 투자자들도 많다. 하지만 몰빵은 여러 차례 이야기했듯이 40년 동안 잘하다가도 한 번 잘못하면 평생 동안 쌓아 올린 공든 탑이 무너질 수 있으므로 절대로 하면 안 된다. 단, 주식에 투자하는 자금 1억 원이 자신의 순자산에 20%밖에 되지 않는다면 한 종목에 집중 투자를 해도 괜찮다. 그것은 큰 의미에서 몰빵은 아니기 때문이다.

수익 투자 지침서에 따라 철저하게 수학적, 과학적, 통계적, 객관적으로 종목을 분석하고, 평가한 후 저평가된 유망 가치주를 찾아낸 후 그 종목이 저점으로 내려올 때 매수를 하지만, 예상한 투자 기간 안에 수익 실현을 하면 다행이지만 그렇지 못한 경우도 허다하다. 그러므로 주식 투자를 좀 더 재미있게 즐기려면 최대 한 종목당 높은 비중을 준다고 할지라도 20%가 넘어서는 안 된다. 만약 모든 종목을 20% 비중으로 투자를 한다면 최소 5종목에 투자를 하게 된다. 앞서 말했듯이 전혀 예상하지 못한 청천벽력 같은 문제로 그 회사가 5년 이상을 기다릴 수 있다. 어쩌면 10년을 기다릴 수 있는데, 한 종목에만 목매고 있을 수는 없다. 그러므로 반드시 한 종목의 비중을 20% 이하로 두고 투자를 해야만 한다.

한 종목의 비중을 20% 이하로 두면 설령 한 종목이 상장 폐지가 되더라도 주식 고수는 1년 평균 수익률이 버핏보다 높기 때문에 1~2년이면 상장 폐지로 날린 돈을 충분하게 복구할 수 있다. 그러므로 주가의 오르내림에 스트레스 받지 않고 투자를 하고자 한다면 어떤 경우라도 20% 이상 비중을 두고 투자를 하면 안 된다.

국내에 상장된 2,100개 이상의 종목 중에는 몰빵하려는 종목이 아니더라도 충분하게 이익을 실현시켜 줄 종목이 많기 때문에 굳이 한 종목에 목을 매지 않아도 된다.

한 종목에 투자하는 비중을 20% 이하로 두고 투자해야만 하는 이유는 어떤 외부 환경이나 예상치 못한 내부 환경에 의해 투자한 회사가 상장 폐지가 되더라도 슬기롭게 잘 극복할 수 있기 때문이다.

신문 2부 이상을 읽어라
(2 또는 20의 법칙 첫 번째: 신문 2부 구독)

성공한 사람들 중 많은 사람들이 어릴 때 돈을 벌기 위해 신문 배달을 했다. 버핏도 신문 배달을 했다는 것은 주식 투자자면 한 번쯤 읽거나 들어 보았을 것이다. 신문 배달을 한 어린이가 나중에 커서 성공한 사람이 된 이유는 아마도 어느 누구보다도 세상의 정보를 미리 파악했기 때문이 아닐까 생각해 본다.

주식 투자를 하는 사람은 미래를 남보다 빠르고 정확하게 예측해서 남들이 관심 없는 분야에 투자를 해야 한다. 미래를 남들보다 빨리 예측하기 위해서는 최소 하루에 신문 2부 이상을 구독해야 한다. "소문에 사고 뉴스에 팔아라."는 말이 있듯이 신문에 보도된 내용을 보고 투자를 한다는 것은 어쩌면 너무 늦게 투자하거나 남들이 파 놓은 함정이나 프레임에 빠져 추격 매수를 하는 결과를 초래할 수 있다. 그러므로 신문을 통해서 당장 오를 주식을 사려고 하지 말고, 미래에 성장할 산업이나 기업을 파악해서 남들이 관심을 가지지 않을 때 매수해야 좀 더 상대적으로 싸게 많이 살 수 있다.

언론 플레이만 하는 종목은 멀지 않아 곤두박질칠 확률이 매우 높고, 이미 고평가되어 있기 때문에 리스크가 상당히 높다. 그럼에도 불구하고 증권 방송, 전문가 등이 좋다고 하고, 뉴스, 보도 자료, 공시 등을 보면 자신도 모르게 투자하고 싶은 욕구가 생기는 것은 당연한 심리다. 하지만, 스마트한 사냥꾼을 절대로 사냥감을 쫓아가지 않는다. 큰 사냥감을 쫓아가면서 사냥을 하면 잘못하다가는 크게 다치거나 목숨도 잃을 수 있다. 하지만 사냥감이 다니는 길목에 덫을 놓아 기다리면 다칠 일도 없고, 길목만 잘 찾으면 손쉽게 원하는 사냥감을 잡을 수 있다.

신문 구독을 하면서 찾아내야 할 것은 아직 알려지지 않았거나, 아직 활성화되지 않은 분야, 아직 저평가된 산업, 기술 분야 등을 남들보다 먼저 읽어 내어 투자를 하려면 반드시 신문을 2부 이상 구독해야 한다. 가능하면 종이 신문을 보는 것이 좋고, 만약 종이 신문을 보는 여건이 되지 않는다면 인터넷 신문을 통해서라도 읽어야 한다.

신문도 자신들의 이익을 위해 기사를 만드는 것이므로 정보가 반드시 정확하지는 않지만 시대의 흐름을 파악하기 위해서는 가장 효율적이다. 만약 금전적인 부담이나 시간적으로 불가능하다면 자신이 투자하고 싶거나, 관심 있는 분야의 신문 기사나 정보라도 반드시 읽어야 바다 한가운데에서도 방향을 잘 잡고 항해를 할 수 있다.

아무리 많은 아이디어와 비법이 있어도 실행하지 않으면 아무런 소용이 없다. 책을 읽는 것, 신문을 읽는 것은 누구에게 물어봐도 좋은 것이라는 것을 알고 있다. 하지만 실천하지 않으면 아무런 소용이 없다. 꿰어야 보배라는 말이 있듯이 반드시 하루에 적어도 신문을 2부 이상 읽는 것을 습관화하면 좋다. 신문의 정보가 약간 변질이 되어도 괜찮고, 허구거나 과대 포장되어도 상관이 없다. 개인 투자자라면 그런 다양한 정보를 통하여 세상을 보는 눈을 키우는 데 목적이 있는 것이다.

책을 20권 이상 읽어라
(2 또는 20의 법칙 첫 번째: 책 20권 이상)

삶에 있어서 가장 중요한 것은 어제보다 나은 오늘을 사는 것이다. 그러려면 반드시 동반되는 것이 평생 자기 학습이다. 평생 자기 학습을 하기 위해 가장 좋은 방법은 강의를 듣거나, 책, 논문 등을 읽는 것이다. 왜냐하면 강의, 책 등에는 강사, 저자 등이 가지고 있는 수십 년간의 노하우를 함축해서 배울 수 있다.

기억에는 배우지 않아도 아는 절차 기억이 있다. 젖을 빠는 기억 등이 그렇다. 그리고 학습 기억 등은 당연히 학습을 통해서만 만들 수 있다. 그 외에도 신념 기억은 학습 등을 하지 않으면 과거에 믿었던 기억 등이 옳다는 기억으로 자리를 잡는 것이다. 신념 기억은 비판적 사유에 약하고 외부에 의해 조정이 쉽게 되는 기억이다. 그러므로 여러분의 삶을 윤택하게 하려면 학습 기억을 증진시켜야 한다. 학습 기억을 증진시키는 가장 좋은 방법은 책을 읽는 것이다.

독서를 함에 있어서 소설책도 좋고, 인문학 책도 좋고, 경영철학, 성공 철학 등 어떤 책도 좋다. 반드시 1년에 20권 이상의 책을 읽어라. 책은 당신에게 수십 년 동안 경험해야 알 수 있는 것을 책을 통해 간접적으로 경험하게 해 주는 이 세상 어떤 것보다도 훌륭한 당신의 조언자이자 정보 제공자가 될 수 있다.

일본의 독서광 다치바라 다카시가 말하는 독서에 대한 생각이다.
첫 번째, 책을 사는 데 돈을 아끼지 마라.
두 번째, 같은 종류나 테마의 책을 여러 권 읽어라.
세 번째, 책을 선택함에 있어서 실패를 두려워 마라.
네 번째, 자신의 수준에 맞는 책을 읽어라.
다섯 번째, 읽다가 그만둔 책이라도 일단 끝까지 넘겨 보라.
여섯 번째, 속독법을 몸에 익혀라.
일곱 번째, 책을 읽는 도중에 메모하지 마라.
여덟 번째, 가이드북에 현혹되지 마라.
아홉 번째, 주석을 빼먹지 말고 읽어라.
열 번째, 책을 읽을 때는 끊임없이 의심하라.
열한 번째, 새로운 정보를 꼼꼼히 체크하라.
열두 번째, 의문이 생기면 원본과 대조하라.
열세 번째, 난해한 번역서는 오역을 의심하라.

열네 번째, 대학에서 얻는 지식은 대단한 것이 아니다. 여하튼 젊을 때 많이 읽어라.

책을 읽는 것은 주식 투자뿐만 아니라 삶을 윤택하게 만들고 어려운 난관에 봉착했을 때 슬기롭게 이겨낼 수 있는 지혜와 에너지를 준다. 특히 자신이 몰랐던 분야에 대한 정보, 기술 등을 터득하는 데 상당한 기간을 단축시킬 수 있다. 그러므로 처음에는 가벼운 책부터 읽기 시작하면 어느새 독서습관이 만들어져 최소 한 달에 2~3권은 읽을 수 있을 것이다. 버핏, 게이츠 등 수많은 성공한 사람들은 수많은 책을 읽고 있다는 사실만 보더라도, 책을 읽는다고 모두 성공하는 것은 아니지만 성공한 사람들은 모두 책을 읽는다는 사실은 변함이 없다.

주식 투자는 수단이지 목적이 아니다
(2 또는 20의 법칙 다섯 번째: 우선순위 2)

주식 투자를 하는 가장 큰 목적은 여유롭고 행복한 삶을 살기 위해서 필요한 돈을 벌기 위해서 시작하지만 많은 개인 투자자들은 주식 투자가 인생이 전부인 것처럼 골방에 처박혀 담배를 피면서, 끼니도 제대로 못 먹으면서, 폐쇄된 공간에 갇혀 폐인처럼 생활하는 사람들이 많다.

주식 투자를 하는 목적은 여유롭게 행복한 삶을 살기 위한 것이지 주식 투자로 돈 좀 벌자고 엄청난 스트레스를 받으면서 할 것 같으면 하지 않는 것이 좋다. 과거와는 다르게 이젠 자신이 좋아하는 일을 하면서 행복하게 살 수 있다. 그런데 주식 투자라는 굴레 속에서 스트레스를 받으면서 살 것 같으면 주식 투자를 애초에 시작하지 않는 것이 좋다. 어떤 사업을 하든, 어떤 직업을 가지든 그것은 행복한 삶을 위한 도구나 수단이지 목적이나 목표가 아니다. 그러므로 주식 투자는 여러분의 인생을 활짝 펴게 할 수단이므로 삶에 있어서 최소 우선순위에서 있어서는 두 번째 이하가 되어야 한다. 주식 투자는 행복한 삶에 필요한 돈을 벌기 위한 단순한 수단이므로 주식 투자가 당신 인생의 전부가 되어서는 안 된다.

직장을 다닌다면 당신의 직장에서 최선을 다하고 정년퇴직을 했다면 당신의 새로운 삶(여행, 취미 등)을 우선순위 1번으로 둬야 한다. 주식 투자는 당신이 돌보지 않아도 스스로 성장하는 마법의 씨앗과 같은 것이다. 그러므로 씨앗을 뿌릴 때 수익 투자 지침에 따라 철저하게 내재 가치, 미래 가치, 청산 가치를 평가하고 분석하여 저평가된 유망 가치주를 저점에서 사서 심어 놓으면 저절로 자란다. 어떤 경우라도 폐인처럼 주식 투자에 당신의 소중한 시간과 인생을 모두 소모하지 마라. 당신이 주가 창을 바라보면서 주식 투자에 소모하는 시간은 투자가 아니라 버려지는 소모의 시간이다. 그러므로 절대로 주식 투자에 자신의 인생을 걸지 마라. 단, 주식 투자에 공부를 하고자 하는 사람은 정말 몰입해서 공부를 해야만 한다. 그러면 어느새 자신도 모르게 주식 투자의 도(道)를 깨우치고 있는 자신이 모습을 발견하게 될 것이다.

하루에 평균 1시간 이상 주가 창을 쳐다볼 이유가 없다. 그러므로 나머지 23시간은 자신의 행복하고 여유로운 삶을 위해 독서, 운동, 직장 생활, 취미 생활 등을 해야 한다. 특히 새로운 것을 배우고 익히면 생활 속에 지혜가 쌓여 주식 투자도 더 잘하게 된다. 특히 많은 책, 강의 등을 통해 공부를 하면 주식 고수뿐만 아니라 삶의 고수가 된다.

주가 상승을 2배 이상 잡지 마라
(2 또는 20의 법칙 여섯 번째: 주가 2배)

 수익 투자 지침서에 따르면 1차 목표 수익의 최댓값은 100%이다. 왜 1차 최대 목표 수익을 100%로 잡았을까? 한 번쯤 의문을 가졌을 것이다. 주식 투자를 조금이라도 해 본 사람은 2년 안에 100% 이상 수익을 내는 것이 결코 쉽지 않다는 것을 안다. 그리고 상승 기류에서도 100%(주가 2배) 수익은 어느 정도 가능한데, 한 번 상승세를 통해 200%(주가 3배) 수익을 내는 것은 쉽지 않은데, 200% 이상은 더 어렵다. 주식의 神이 주식 고수 카페와 주식 농장 두 배로에서 제공한 무료 추천주의 경우 100% 이상 상승한 종목은 9종목이고, 200% 이상 상승한 종목은 2종목밖에 되지 않는다. 그렇다고 해서 100% 이상 상승한 종목이 지속적으로 100% 수익을 내고 있으면 좋지만 대부분은 100% 수익을 유지 못한다. 즉, 만약 9종목 모두 200% 이상 목표 수익을 두고 투자를 했다면 2종목만 수익 실현을 하고 나머지 종목은 아직도 수익 실현을 못한 결과를 가지게 된다. 주식의 神이 창안한 수익 투자 지침은 수많은 실전 데이터를 가지고 철저하게 수학적, 과학적, 통계적, 객관적으로 분석하고 판단하여 지침서를 만들었다. 다시 말해 100% 수익을 두 번 하는 것이 시간적으로 효율적일까? 아니면 200% 수익을 한 번에 하는 것이 효율적일까를 비교해 보면 100% 수익을 2번 내는 것이 기간적인 측면, 자금적인 측면에서 훨씬 효율적이라는 것을 알 수 있다. 또한 개인 투자자가 어떤 종목이 3배 이상 상승할지 판단하기는 결코 쉽지 않다. 3배, 4배, 5배 오를 경우에는 분할 매도라는 좋은 투자법이 있으니 걱정할 필요가 없다. 그러므로 가능하면 주가 상승을 2배 이하로 두고 목표 수익을 설정하는 것이 효율적이다.

주식 투자는 복리 마법의 효과를 보는 투자법이다. 그러므로 2% 수익 투자를 36번 성공, 3% 수익 투자를 24번 성공, 6% 수익 투자를 12번 성공하는 것이나, 100% 수익 투자를 한 번 성공하는 것이나 같듯이, 100% 수익 투자를 2번 성공하는 것이나 200% 수익 투자를 한 번 성공하는 것이나 같다. 그러므로 어떤 수익 투자가 효율적인지, 어떤 수익 투자가 자신에게 맞는지만 찾아서 선택하여 지켜나가면 된다.

수익 투자 지침서에 따라서 1% 수익 투자, 종가 수익 투자, 시초가 수익 투자, 3% 수익 투자, 100% 이하 수익 투자 중 자신에게 맞는 수익 투자를 하는 것이 목표 수익을 한 번에 200%, 300%, 500%, 1000% 두고 수익 투자하는 것보다 기간적인 측면이나 수익적인 측면에서 효율적이다.

PER 20 이하에 투자하라
(2 또는 20의 법칙 일곱 번째: PER 20)

    PER(Price Earing Ratio)은 주가 수익 비율로 주가를 1주당 당기 순이익(납세 후)으로 나눈 값이다. 어떤 기업의 주식 가격이 10,000원이라고 하고 1주당 수익이 1,000원이라면 PER은 10이 된다. PER이 10이 되면, 1년에 벌어들인 순수익(당기 순이익)을 사용하지 않고 10년 동안 모으면 지금 현재의 시총만큼 자금을 축적하게 되는 것이다. 그 결과 그 회사의 가치는 2배가 될 확률이 높아진다. 쉽게 설명하면, 현재 자금이 1억 원 있는데, 세금 후 매년 1000만 원씩 준다고 한다면 10년 후 번 돈이 1억 원이 되고, 기존의 1억 원을 더하게 되면 가치는 2배가 되는 것이다. 물론 기존의 자산 가치가 더 떨어질 수도 더 상승할 수도 있지만 단순하게 계산하면 위와 같은 결과가 나온다. 그럼 PER 20이라는 말은 20년 동안 순수익을 사용하지 않고 모으면 현재 시총만큼 모을 수 있는 것이다. 이율로 단순 계산하면 연 5%

순수익이니 은행보다는 나쁘지 않다. 그러므로 최소 PER은 20 이하가 좋다. PER이 낮으면 낮을수록 좋지만 너무 낮게 잡으면 투자할 종목 수가 줄어들 수 있고, 성장주의 경우는 대부분 투자를 할 수 없는 원칙이 되므로 PER의 값을 잘 설정해서 투자하는 것이 좋다. 단, 목표 수익을 100%에 두고 투자를 한다면 PER은 10 이하면 좋고, 만약 목표 수익을 3% 이하로 두고 투자한다면 PER 30 이상도 괜찮다.

투자하려는 회사가 당기 순이익이 적자이면 PER이 마이너스가 되므로 당기 순이익이 적자인 회사는 투자하지 않는 것을 원칙으로 하는 것이 좋다. 단, 영업 이익은 증가했지만 설비 투자 등의 투자로 인해 당기 순이익 적자가 되는 것은 예외로 두고 투자를 해야 한다.

PBR 2 이하에 투자하라
(2 또는 20의 법칙 여덟 번째: PBR 2)

　PBR(Price Book-value Ratio, 주가 순자산 비율)은 주가를 주당 순자산 가치(BPS, book value per share)로 나눈 비율로 주가와 1주당 순자산을 비교한 수치이다. 즉 주가가 순자산(자본금과 자본 잉여금, 이익 잉여금의 합계)에 비해 1주당 몇 배로 거래되고 있는지를 측정하는 지표이다. 순자산이란 대차 대조표의 총자본 또는 자산에서 부채(유동 부채+고정 부채)를 차감한 후의 금액을 말한다. 장부상의 가치로 회사를 청산할 때 주주가 배당받을 수 있는 자산의 가치를 의미한다.

　회사의 시총이 1,000억 원이고, 발행 주식수가 1,000주라고 하면 한 주당 가격은 1억 원이 된다. 이 회사의 순자산을 계산을 해 보니 2,000억 원이었다고 가정하면 한 주당 가격은 2억 원이 된다. 이릴 때 PBR은 0.5가 된다. 만약 순자산의 가치가 1,000억 원이었다면 PBR은 1이 되는 것이다. 다시 말해 현재 순자산(회사의 가치)과 시총을 비교해서 높게 거래되고 있느냐 낮게 거래되고 있느냐를 판단하는 기준이 될 수 있다. PBR이 높다고 해서 무조건 좋은 것은 아니지만, 매출액이 증가하고 있고, 영업 이익도 증가하고, 당기 순이익도 증가하고 있는데 PBR이 1 이하라면 상당히 저평가되어 있다고 할 수 있다. 22년 1월 7일 기준 카카오가 10만 원인데, PBR이 4.98이고 삼성전자가 78,300원이고, PBR 1.83이다. 단순하게 PBR만 보고 카카오가 더 상승할지 삼성전자가 더 상승할지 명확하게 구분되는 것은 아니다. 하지만, 하나의 지표로 삼을 수 있다. 만약 PBR 2 이하의 기업에만 투자를 한다고 원칙을 정했다면, 카카오에는 주가가 더 떨어져 PBR이 2 이하가 될 때까지는 투자를 못하지만, 삼성전자는 PBR이 2 이하인 1.83이므로 투자가 가능한 것이다.

　목표 수익을 100%로 두고 투자를 할 경우에는 PBR이 1 이하인 기업에 투자를 하는 것이 좋다. 만약 3% 수익 투자를 한다면 PBR이 2 이상인 기업도 괜찮다. 하지만 가능하면 PBR은 2 이하에 두고 종목을 선정해도 충분히 많은 유망 가치주를 찾을 수 있을 것이다.

PSR 3 이하에 투자하라
(3 또는 30의 법칙 첫 번째: PSR 3)

　PSR(Price per Sales Ratio, 주가 매출 비율)은 주가를 주당 매출액으로 나눈 값이다. 주가 매출 비율(PSR)이란 주가를 주당 매출액으로 나눈 것으로 기업의 성장성에 주안점을 두고 상대적으로 저평가된 주식을 발굴하는 데 이용하는 성장성 투자 지표를 말한다. PSR이 낮을수록 저평가됐다고 본다. PSR은 한 주당 계산하지 않고 매출액을 주가 총액으로 나누어도 결괏값은 같다.

　식당을 운영한다고 가정했을 때 식당의 1년 매출이 자신이 투자한 돈(시총)보다 얼마나 큰지 작은지를 알 수 있다. 즉, 만약 매출액이 10억인데 투자한 비용(시총)이 10억이면 PSR은 1인 것이다. 주식 투자로 보면 시가 총액이 1,000억 원인데 매출액이 1,000억 원이면 시가 총액 1,000억 원을 매출액 1,000억 원으로 나누면 PSR이 1이 되는 것이다. 그러므로 PSR이 낮으면 낮을수록 좋은 것이다. 즉 매출이 많은 회사는 판관비, 홍보비, 마케팅비 등을 조정하면 언제든지 더 많은 순이익을 낼 수 있으므로 PSR의 값이 최대 3 이하인 기업을 선택하는 것이 좋다. 그런데 만약 PSR이 5 이상인데 PER가 만약 20 이하라고 하면 그 회사는 매출 대비 순이익이 높은 기업이다. 다시 말하면 판매 마진이 높아 영업 이익률이 높은 회사인 것이다. 이런 기업들은 대부분 바이오제약 관련된 기업들이다. 영업 이익률이 50% 이상인 기업도 많다. 이런 기업의 경우에는 PSR이 3 이상이라고 할지라도 투자를 할 수 있는 기업이다.

매출이 거의 없는 회사가 어느 날 신제품 개발로 매출액, 영업 이익, 당기 순이익 등이 급등하여 기업이 급상승할 수도 있다. 하지만 이런 기업은 미리 투자할 필요 없이 회사가 흑자로 돌아서고 매출, 영업 이익, 당기 순이익이 상승하는 시점에 매수해도 늦지 않고, 개인 투자자들에게는 국내 시장만 2,000개 이상의 투자 가능한 회사가 있으므로 굳이 투자를 서두를 필요가 없다.

3배 이상 상승한 종목에 투자하지 마라
(3 또는 30의 법칙 두 번째: 상승 3배)

　회사가 지속적으로 성장하듯이 주가도 성장 속도에 맞추어서 지속적으로 성장한다면 주가의 흐름을 한 눈에 파악하여 저점에 매수 고점에 매도할 수도 있고, 굳이 주식을 사고팔고 하지 않고 평생 보유해도 시간이 흘러감에 따라 지속적으로 성장하므로 굳이 다양한 투자 방법을 통해서 투자할 이유가 없다. 누구나 쉽게 자신이 좋아하는 산업 분야에 1등 기업에 투자를 해 놓고 있다가 1등 기업이 2등 기업으로 내려오면 과거 1등 기업의 주식을 매도하고, 다시 현재 1등 기업의 주식을 사면 된다. 하지만 회사는 큰 그림으로 보면 지속적으로 성장할 수도 있고, 성장과 쇠퇴기를 반복할 수도 있고, 끝없는 정체기를 누릴 수도 있고, 지속적으로 하락할 수도 있다. 사실 회사의 성장기, 정체기, 쇠퇴기 등을 거치면서 어떻게 변화를 할지 누구도 정확하게 파악할 수 없다. 특히 회사의 성장과 밀접하게 주가가 움직인다면 주가의 오르내림을 파악할 수도 있지만, 주가의 움직임은 회사의 성장기, 정체기, 쇠퇴기 등과 전혀 관계없이 움직이는 경우도 허다하다. 하지만 아무리 성장하는 기업이라고 할지라도 52주 안에 저점 대비 주가가 3배 이상 상승했다면 그 회사에 투자하는 것은 추격 매수를 하는 것과 같다. 물론 더 높게 주가가 오를 수도 있다. 하지만 회사의 성장보다 훨씬 높게 성장한 기업은 결국엔 급락하게 된다. 그리고 하락할 때의 속도는 상승할 때의 속도보다 훨씬 빠르게 하락한다. 10,000원 했던 주가가 상한가 4번 만에 28,550원까지 상승했다고 할지라도, 상승 후 하한가 3번만 맞아도 주가는 28,550원에서 9,790원 정도가 되어 원래 가격 10,000원 이하가 되어 버린다. 물론 실질적인 주가 시장에서는 오르는 속도가 빠를지, 내리는 속도가 빠를지는 아무도 모르고, 종목마다, 그때 상황마다 다르다. 중요한 것은 주가가 3배 이상 상승한 종목은 회사의 상황과는 관계없이 언제든지 급락할 수 있으므로 아무리 미래가 밝은 기업을 찾았다고 할지라도, 찾은 시점의 주가가 저점 대비 3배 이상 상승한 기업은 관심 기업으로만 등록했다가 주가가 다시 급락하면 그때 매수를 하면 되고, 설령 더 상승하여 10배 이상으로 주가가 올랐다면 자신의 투자 종목이 아니었다고 생각하면 그뿐이다. 왜냐하면 개인 투자자에게는 국내 주식만 2,000개 이상이 있기 때문이다.

유망 가치주의 주가는 언제 오를지, 언제 올랐다가 내릴지, 언제까지 내려갈지 아무도 모른다. 하지만 매수하려는 시점에 주가가 얼마나 올랐는지, 얼마나 내렸는지, 거래량은 얼마였는지, 누가 사고, 누가 팔 있는지, 큰 이슈는 있는지, 악재는 있는지, 호재는 있는지 등은 누구나 알 수 있다. 그러므로 누군가 이야기해 주는 장밋빛 미래만 믿고 주가가 3배 이상 상승한 기업에는 투자를 하는 것이 아니라, 철저하게 실전 투자(매수) 3단계를 거쳐서 투자를 하면 3배 이상 오른 종목에 투자하는 경우는 없을 것이다.

월 3% 수익을 얕잡아 보지 마라
(3 또는 30의 법칙 세 번째: 월 3% 수익)

주식 투자를 하는 가장 큰 이유 중에 하나는 복리 마법 효과 때문이다. 아무리 적은 이윤도 시간의 힘이 더해지면 엄청난 결과가 나온다는 것은 여러 차례 복리 계산기로 증명해 보여 줬다. 한 달에 40만 원씩 투자를 하고, 한 달 수익률이 월평균 1.7%만 되어도 20년 후 자산이 13억 원 이상이 된다. 그런데 만약 월 40만 원씩 투자를 하는데, 월평균 3% 수익을 유지하면 20년 후 자산은 165억 원 이상이 된다. 월평균 3%의 수익이 얼마나 큰 결과를 만들어 내는지 복리 계산기로 단순하게 계산만 해도 알 수 있다. 월평균 3% 수익을 유지하기만 해도 10년 후 자산은 34.7배, 20년 후 1,204배, 30년 후 41,821배, 40년 후 1,451,670배가 된다. 20대부터 수익 투자 지침에 따라 투자하면서 월평균 수익률을 3%만 유지하면, 60대에는 누구 못지않은 부를 이룰 수 있다.

월40만원, 월3%수익률, 20년투자 결과

Year	Deposits	Interest	Total Deposits	Total Interest	Balance
0	$400,000.00	--	$400,000.00	--	$400,000.00
1	$4,800,000.00	$1,047,116.18	$5,200,000.00	$1,047,116.18	$6,247,116.18
2	$4,800,000.00	$3,536,589.55	$10,000,000.00	$4,583,705.73	$14,583,705.73
3	$4,800,000.00	$7,085,983.31	$14,800,000.00	$11,669,689.04	$26,469,689.04
4	$4,800,000.00	$12,146,570.10	$19,600,000.00	$23,816,259.14	$43,416,259.14
5	$4,800,000.00	$19,361,756.82	$24,400,000.00	$43,178,015.96	$67,578,015.96
6	$4,800,000.00	$29,648,887.83	$29,200,000.00	$72,826,903.79	$102,026,903.79
7	$4,800,000.00	$44,315,876.87	$34,000,000.00	$117,142,780.66	$151,142,780.66
8	$4,800,000.00	$65,227,496.16	$38,800,000.00	$182,370,276.82	$221,170,276.82
9	$4,800,000.00	$95,042,465.03	$43,600,000.00	$277,412,741.85	$321,012,741.85
10	$4,800,000.00	$137,551,481.48	$48,400,000.00	$414,964,223.33	$463,364,223.33
11	$4,800,000.00	$198,159,174.48	$53,200,000.00	$613,123,397.81	$666,323,397.81
12	$4,800,000.00	$284,571,252.60	$58,000,000.00	$897,694,650.41	$955,694,650.41
13	$4,800,000.00	$407,774,213.74	$62,800,000.00	$1,305,468,864.15	$1,368,268,864.15
14	$4,800,000.00	$583,432,176.87	$67,600,000.00	$1,888,901,041.02	$1,956,501,041.02
15	$4,800,000.00	$833,878,430.17	$72,400,000.00	$2,722,779,471.19	$2,795,179,471.19
16	$4,800,000.00	$1,190,954,902.37	$77,200,000.00	$3,913,734,373.56	$3,990,934,373.56
17	$4,800,000.00	$1,700,060,570.06	$82,000,000.00	$5,613,794,943.62	$5,695,794,943.62
18	$4,800,000.00	$2,425,923,518.31	$86,800,000.00	$8,039,718,461.93	$8,126,518,461.93
19	$4,800,000.00	$3,460,830,519.15	$91,600,000.00	$11,500,548,981.08	$11,592,148,981.08
20	$4,800,000.00	$4,936,360,442.46	$96,400,000.00	$16,436,909,423.54	$16,533,309,423.54

만약 주식의 神도 20대에 누군가에 의해 주식 투자가 도박이나 투기가 아니라 개인이 할 수 있는 가장 안전하고, 수익성 높고, 효율적인 투자라는 것을 배우고 깨달았다면, 어쩌면 다른 사업을 하지 않고 주식 투자에만 집중하여 제법 큰 부를 이루지 않았을까 생각한다. 하지

만 늦게라도 깨달았기에 지금부터 30년 동안 수익 투자 지침서에 따라서 투자를 하면서 자산을 늘려갈 생각을 하면 기분이 좋아진다. 어쩌면 10년 안에 월 천 벌기가 아니라 월 억 벌기에 성공하여 누구나 월 억 벌기를 할 수 있는 수익 투자 지침서를 개발하여 가르치고 있을 수 있다.

급등주로 수익 투자 지침에 따라 1% 수익 투자를 하든, 시초가 종목으로 시초가 수익 투자를 하든, 종가 종목으로 종가 수익 투자를 하든, 3% 수익 투자를 하든, 100% 이하 수익 투자를 하든, 자신에게 맞는 수익 투자를 찾아서 월평균 수익률이 3%(연평균 42.58%) 이상 될 때까지 꾸준하게 원칙을 지켜나간다면 10년 후, 20년 후, 30년 후, 40년 후 제법 큰 부를 이룰 수 있을 것이다. 지금 수익금이 얼마인지를 계산하거나 판단하지 말고, 자신의 월평균 수익률이 3% 이상이 되는지, 1년 평균 수익률이 42.58% 이상이 되는지만 체크하면서 꾸준하게 수익 투자를 한다면 3~5년 안에 반드시 버핏의 수익률 22%보다 높은 수익률을 만들어 낼 수 있을 것이다. 왜냐하면 수익 투자는 감으로 하는 투자가 아니라 철저하게 수학적, 과학적, 통계적, 객관적으로 해야 하는 투자이기 때문이다. 그러므로 적은 금액으로 실전 투자를 하면서 자신에게 맞는 수익 투자가 어떤 것인지 파악하고, 자신에게 딱 맞는 수익 투자를 찾았다면 최소 3년 이상 꾸준하게 수익 투자 지침에 따라 투자를 하면 버핏보다 높은 수익률을 얻게 될 것이다.

30년 이상 투자를 할 수 있다
(3 또는 30의 법칙 네 번째: 투자 30년)

주식 투자는 수십 년간 다양한 사업을 경험을 해 본 개인의 입장에서 보면 개인이 할 수 있는 사업 중 가장 안전하고, 가장 수익성 높고, 시간적인 측면, 비용적인 측면 등 다양한 측면을 계산을 해 봐도 가장 효율적인 사업이다. 특히 클릭할 수 있는 힘만 있어도 사업을 직접 할 수 있다.

주식 투자는 어떤 사업보다도 시간, 공간, 인력, 자금 등에 제약을 받지 않는다. 그리고 무엇보다도 고도의 기술이 필요한 제품 개발, 상품 발굴뿐만 아니라, 어떤 사업에도 성장하기 위해 반드시 필요한 영업이나 마케팅이 필요하지 않다. 특히 B2C, B2B, B2G 등 어떤 사업에 있어서도 고려해야만 하는 고객에 대한 서비스나 고객 만족에 대해 걱정하거나 스트레스를 받을 필요가 없다. 그리고 아무리 규모가 커지더라도 더 많은 공간, 인력, 시간, 자금 등을 보충할 필요가 없다. 10조 이상으로 자금 규모가 커지더라도 자신이 원한다면 1인 기업으로 주식 투자 사업을 계속 운영할 수 있다.

 창업을 해서 사업을 하든, 어떤 회사에 직장인으로 취업을 해서 일을 하든, 일을 하는 기간은 한계가 있다. 가장 큰 이유는 주식 투자 사업을 제외하고는 모두 사람의 관계에서 이루어지는 경우가 대부분이기 때문이다. 나이가 들면 들수록 젊은 구성원들과의 대화나 의견의 차이가 많이 날 수 있다. 하지만 주식 투자는 혼자서 결정할 수 있는 사업이므로 누구의 도움이 필요할 수도 있지만, 원하지 않는다면 자신 스스로 혼자 노력해서 저평가된 유망 가치주를 수익 투자 지침에 따라서 투자를 할 수 있다.

 2020년 한국의 대수명은 평균 83.5세이다. 50세부터 시작한다 하여도, 30년 동안 월 3% 이상의 수익률을 유지한다면 어쩌면 30년 후에는 100억 원 이상, 아니 1,000억 원 이상의 순자산을 가진 흔히 말하는 슈퍼개미가 될 수도 있다. 물론 지금의 목표는 월 천 벌기이다.

 투자 지침에 따라 꾸준하게 투자를 하면 자연스럽게 시간이 지남에 따라 복리 마법 효과로 투자 자금이 늘어나고 나중에 투자 자산이 100억 원 이상이 될 것이라 확신한다. 어쩌면 큰 변수가 없다면 10년 안에도 이루어지지 않을까 생각한다. 물론 투자 자산이 많은 개인 투자자의 입장에서는 100억 원이 적은 돈으로 여겨질 수 있지만, 주식의 神처럼 평범한 50대 가장이 가지기에는 제법 큰 현금성 자산이다.

주식 투자를 하는 사람은 두 가지의 힘을 믿어야 한다. 첫 번째는 투자한 회사의 힘을 믿어야 하고, 두 번째는 시간의 힘을 믿어야 한다. 개인 투자자가 투자한 회사의 힘과 시간의 힘을 믿기만 하면 30년 이상 주식 투자를 하면서 평생 돈, 시간, 스트레스로부터 자유를 얻을 수 있다.

8장

누구나 가능한
1년 수익률 116.32%

5,000만 원을 가지고 1년간 수익 투자하다

　개인 투자자들이 누구나 지침서에 따라 투자를 하기만 하면 누구나 버핏보다 수익률 높은 주식 고수가 될 수 있으니 기간의 욕심을 버리고, 수익의 욕심을 버리고, 비교하는 욕심을 버린 후 스스로 다름을 깨닫고, 바르게 배우고, 꾸준히 익히면 누구나 버핏보다 수익률이 높은 주식 고수가 된다는 것을 증명하기 위해 통장의 수익 결과를 보여주곤 했다. 하지만 개인 투자자의 입장에서는 수익 결과가 좋은 것만을 보여 주면서 수익 투자를 가르친다고 생각할 수도 있을 것 같아, 투자금 5,000만 원으로 1차 목표 수익을 30% 이하로 두고 수익 투자를 하면 1년 후 최종 어떤 결과가 나오는지 보여주고 싶었다. 처음 목표는 항상 강조해 왔던 월평균 수익률이 3% 이상 되는 주식 고수가 되면 1년에 연평균 순수익률이 42.58% 이상이 되어 2년이면 투자 자산이 2배로 늘어난다는 것을 증명해 보여 주고 싶었다. 2020년 7월 1일부터 2021년 6월 30일까지 투자 기간 1년은 코로나19 때문에 결코 쉬운 주식장은 아니었지만, 다행히 처음 목표 수익 42.58%보다 2배 이상의 결과를 보여주면서 프로젝트를 마무리할 수 있었다.

목표수익을 30%이하에 두고 수익투자한 종목

구분	투자한 종목	수익실현 전체회수	구분	투자한 종목	수익실현 전체회수
1	AP시스템	1회	16	아진엑스텍	2회
2	LG유플러스	5회	18	에스피시스템스	2회
3	SK텔레콤	1회	19	우리산업	1회
4	깨끗한나라	2회	20	우리손에프앤지	1회
5	롯데지주	3회	21	이랜텍	12회
6	롯데푸드	1회	22	이수화학	1회
7	모베이스	14회	23	이엠코리아	12회
8	바이오로그디바이스	4회	24	창해에탄올	1회
9	백광산업	1회	25	캠시스	3회
10	부국증권	1회	26	코오롱플라스틱	4회
11	비에이치	7회	27	크린앤사이언스	1회
12	상상인	1회	28	티플랙스	3회
13	샘표	4회	29	한농화성	1회
14	아바코	4회	30	한솔로지스틱스	1회
15	아이센스	2회	31	휴젤	13회

투자 종목 중 5회 이상 수익을 실현한 종목의 주봉 차트를 보면, 왜 수익 투자를 하게 되면 한 종목으로도 여러 번의 수익 실현이 가능하다고 하는지 깨달을 수 있다.

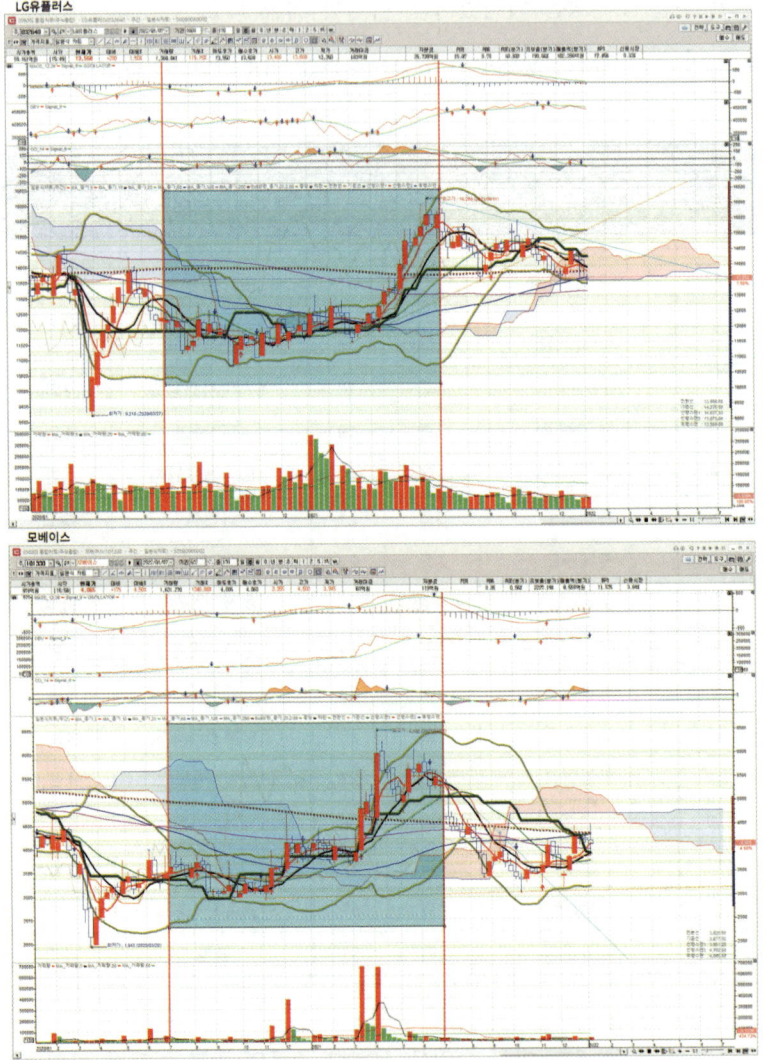

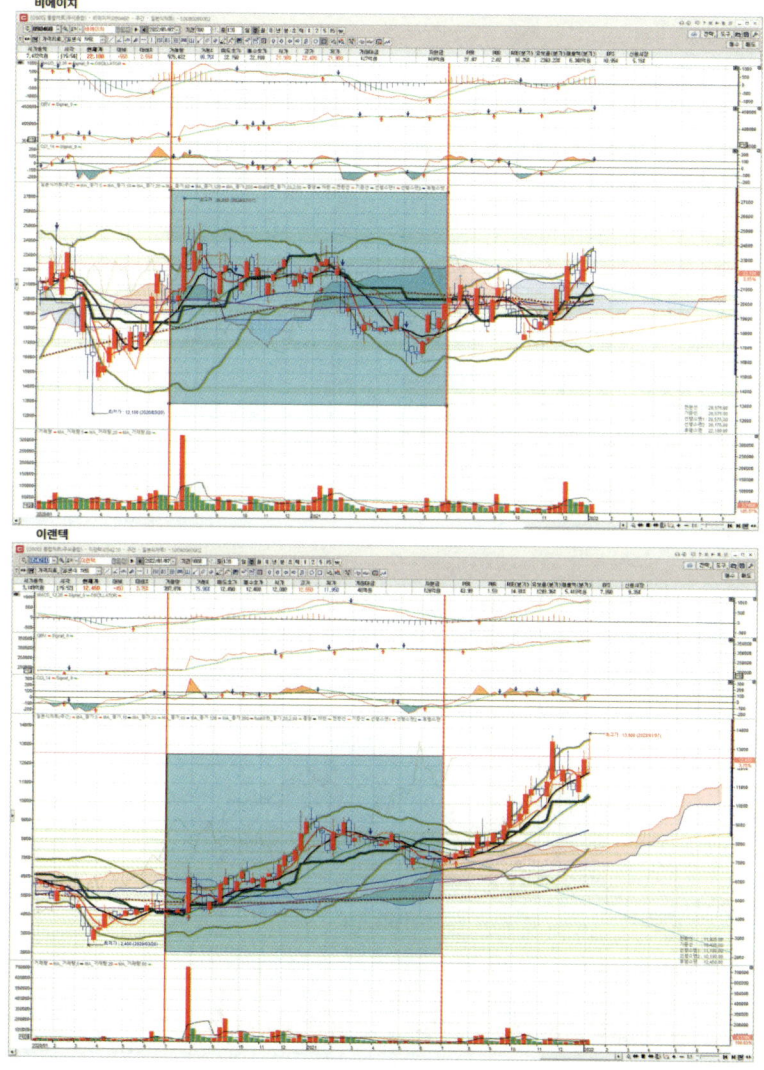

8장 누구나 가능한 1년 수익률 116.32% | 305

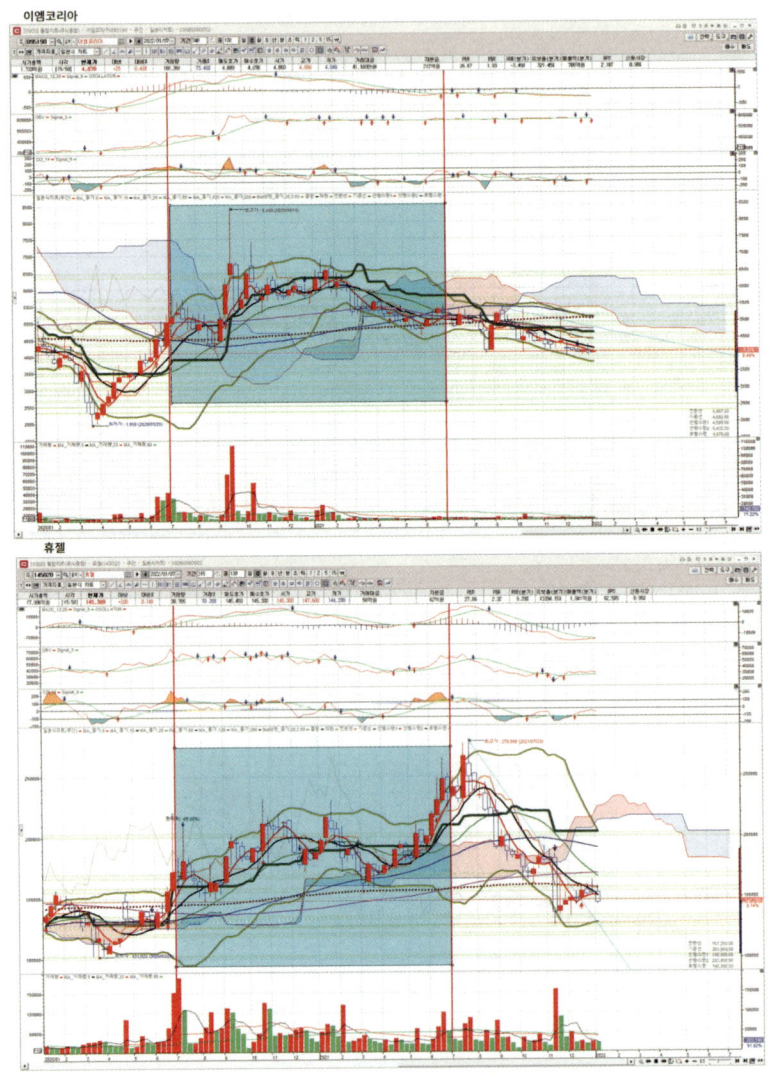

5,000만 원으로 1년 동안 다양한 종목에 투자한 결과를 가지고 목표 수익에 맞는 수익 투자의 효과를 분석하고, 평가해 보면 자연스럽

게 수익 투자의 지침서에 따라서 투자를 하는 것이 얼마나 효율적인지 결과를 가지고 판단할 수 있다.

첫 번째, 목표 수익에 맞게 수익 투자를 하게 되면 다양한 종목에 투자를 할 수 있다. 다시 말해 주가의 오르내림에 신경 쓰지 않고, 실전 투자 3단계를 통해 매수하고, 수익 실현 2단계를 통해 일괄 매도 또는 분할 매도하면 된다. 매도되어 만들어진 투자금은 다시 자신이 원하는 목표 수익에 맞는 종목을 찾아서 같은 방법으로 투자를 하면 되는 것이다.

두 번째, 한 종목이 가지고 있는 주가의 오르내림을 활용한다면 같은 종목으로도 여러 번 수익을 실현할 수 있고, 분할 매도를 효율적으로 한다면 한 종목으로 다양한 목표 수익을 달성할 수 있는 것을 알 수 있다. 세 번째, 수익 투자의 지침서에 따라 투자를 하기만 하면 1년에 순수익 100% 이상도 가능하다는 것이다. 통장에 찍힌 일변 수익률을 보면, 결코 한 방에 엄청난 수익을 안겨줘서 1년에 순수익 116.32%를 성공한 것이 아니라는 것을 알 수 있다. 다양한 30% 이하의 목표 수익이 모여서 116.32%라는 수익을 실현한 것이다. 그러므로 주식의 神이 강조하는 2% 수익 투자 36번 성공, 3% 수익 투자 24번 성공, 6% 수익 투자 12번 성공, 100% 수익 투자는 한 번만 성공해도 결과를 만들어 낸다. 실질적으로 걸린 시간이 어떤 수익 투자가 가장 빠를지는 아무도 예측하지 못하지만 누구나 수익 투자 지침을 지키기만 하면 수익은 얻을 수 있다는 것을 증명해 주고 있다.

네 번째, 수익 투자를 한 대부분의 종목은 2021년 7월 이후로 더 상승한 종목보다는 더 하락한 종목이 더 많다는 사실 하나만으로도 막연하게 장기 투자를 하는 것보다는 자신에게 맞는 수익 투자를 하는 것이 개인 투자자 입장에서는 가장 효율적이라는 것도 증명이 된다.

다섯 번째, 수익 투자를 하면 지겹지 않다는 것이다. 목표 수익에 따라 다르겠지만, 목표 수익을 30% 이하에 두고 수익 투자를 하면 자주 수익 실현을 하게 되어 오랜 기간 보유하기 힘든 투자자들의 성향을 충분하게 만족시켜 줄 수 있다. 1년에 주식 시장이 열리는 날은 250일 정도 된다. 그런데 주식 투자 결과를 보면 84일간 수익 실현을 했다. 그렇다면 3일에 한 번 정도 수익을 실현하는 기쁨을 누렸다는 결론이 나온다. 목표 수익이 낮은 수익 투자를 하면 일주일에도 여러 번 수익을 실현하는 기쁨을 누릴 수 있다.

5,000만 원으로 1억 만들기도 1년 만에 성공했고, 월평균 복리 수익률 3% 이상도 달성했고, 연평균 수익률 42.58%도 성공했다. 더 중요한 사실은 이런 결과를 만들기 위해 특별한 노하우가 들어간 것도, 최고의 전문가가 투자한 것도 아니고, 남들이 모르는 비공개 자료를 가지고 투자를 한 것도 아니다. 단지 목표 수익에 맞는 수익 투자 지침서에 따라 투자를 한 것뿐이다.

매일 통장을 공개하면서 투자를 진행한 사람은 한 가정의 가장인 평범한 50대 남성이다. 특별한 능력, 특별한 기술 등이 없어도 그냥 수익 투자 지침에 따라서 저평가된 유망 가치주를 상대적 저점에 매수한 후 자신의 목표 수익에 도달하면 자동으로 매도될 수 있도록 수익 실현 2단계에 따라 매도 주문만 하면 되는 것이다. 그 이상도 없고, 그 이하도 없는 아주 단순하고 명쾌한 투자법만 지키면 되는 것이다.

목표 수익 30% 이하의 수익 실현 결과를 통해서 굳이 높은 목표 수익에 긴 시간 동안 투자를 하지 않아도 충분한 이익을 얻을 수 있다는 것을 깨닫기를 바란다.

수익을 실현한 84번의 매도 결과 중에 21년 3월 31일에는 손해(-8,351105원)을 보고 매도한 것을 볼 수 있다. 이날은 휴젤을 추가 매수 주문을 한다는 것이 매도 주문을 하여 우습게도 바로 매도되어 어처구니없는 손실을 보았다. 하지만 매도한 물량만큼 더 매수하고, 좀 더 추가 매수하여 6월 9일, 6월 25일, 6월 30일 수익을 실현했다.

21년 3월 31일을 제외하고는 손해를 보고 판 것이 없다는 사실을 알 수 있다. 주식 투자 지침서에 있는 0의 법칙 중 첫 번째인 "손해를 보고 팔지 마라"를 철저하게 지켰다는 것을 알 수 있고, 많은 전문가들이 말하는 손절을 하지 않아도 1년에 116.32%까지 수익을 낼 수 있다는 것을 증명했다.

이 책에 있는 실전 투자(매수) 3단계, 수익 실현(매도) 2단계, 황금의 법칙, 0123 투자 법칙만 지키면 누구나 손절하지 않고, 자신의 원하는 목표 수익을 달성할 것이다.

수익실현일	매도금액	매수금액	매매비용	실현손익	수익률
2020/07/01	2,910,000	2,770,770	7,466	131,764	4.76%
2020/07/02	6,631,100	6,222,608	17,027	391,465	6.29%
2020/07/06	5,077,440	4,818,846	13,180	245,414	5.09%
2020/07/07	11,484,160	10,611,324	29,577	843,259	7.95%
2020/07/08	9,398,000	8,988,972	24,212	384,816	4.28%
2020/07/09	1,285,000	1,255,000	3,297	26,703	2.13%
2020/07/10	3,064,500	2,787,418	7,914	269,168	9.66%
2020/07/13	906,290	819,828	2,334	84,128	10.26%
2020/07/14	1,318,500	1,163,281	3,443	151,776	13.05%
2020/07/15	4,111,590	4,004,048	10,580	96,962	2.42%
2020/07/16	7,111,640	6,393,237	18,498	699,905	10.95%
2020/07/21	3,451,000	3,402,680	8,867	39,453	1.16%
2020/07/28	20,524,000	18,163,984	52,819	2,307,197	12.70%
2020/07/29	38,530,160	33,455,171	99,074	4,975,915	14.87%
2020/07/30	337,530	250,930	863	85,737	34.17%
2020/07/31	1,297,000	1,177,729	3,321	115,950	9.84%
2020/08/03	9,452,535	9,065,031	24,273	363,231	4.01%
2020/08/04	3,845,000	3,652,264	9,865	182,871	5.01%
2020/08/06	3,757,500	3,651,657	9,647	96,196	2.63%
2020/08/12	11,089,500	10,493,646	28,490	567,364	5.41%
2020/08/13	2,823,750	2,741,803	7,252	74,695	2.72%
2020/09/02	1,818,500	1,643,246	4,662	170,592	10.38%
2020/09/10	2,992,500	2,464,871	7,667	519,962	21.09%
2020/09/11	3,959,000	3,739,922	10,159	208,919	5.59%
2020/09/14	4,816,500	4,419,174	12,114	385,212	8.72%

수익실현일	매도금액	매수금액	매매비용	실현손익	수익률
2020/09/18	835,500	749,463	2,094	83,943	11.20%
2020/10/07	1,523,640	1,375,435	3,819	144,386	10.50%
2020/10/12	493,750	433,437	1,237	59,076	13.63%
2020/10/21	156,000	144,479	392	11,129	7.70%
2020/10/30	27,277,100	21,362,214	68,937	5,845,949	27.36%
2020/11/04	4,885,600	4,805,800	12,209	67,591	1.41%
2020/11/11	14,810,000	13,008,338	37,182	1,764,480	13.56%
2020/11/20	44,668,650	43,114,663	112,223	1,441,764	3.34%
2020/11/27	10,748,680	10,085,800	28,361	634,519	6.29%
2020/12/01	1,316,720	1,264,772	3,334	48,614	3.84%
2020/12/02	12,882,500	12,167,564	32,513	682,423	5.61%
2020/12/03	22,250,530	20,387,261	55,786	1,807,483	8.87%
2020/12/11	11,116,760	10,811,191	28,099	277,470	2.57%
2020/12/22	3,015,000	2,962,875	7,537	44,588	1.50%
2020/12/28	532,500	493,812	1,331	37,357	7.57%
2020/12/29	1,152,720	1,081,003	2,648	69,069	6.39%
2020/12/30	11,682,500	11,507,000	26,869	148,631	1.29%
2021/01/05	6,150,570	5,228,235	14,462	907,873	17.36%
2021/01/06	5,512,800	5,194,800	12,875	305,125	5.87%
2021/01/07	9,933,200	9,744,523	23,457	165,220	1.70%
2021/01/08	4,410,000	4,278,345	10,449	121,206	2.83%
2021/01/12	6,984,020	6,724,300	16,415	243,305	3.62%
2021/01/13	13,373,000	12,635,198	31,525	706,277	5.59%
2021/01/14	5,175,500	5,029,271	12,187	134,042	2.67%
2021/01/15	23,553,000	22,776,226	55,282	721,492	3.17%

수익실현일	매도금액	매수금액	매매비용	실현손익	수익률
2021/01/18	13,536,000	12,703,255	31,969	800,776	6.30%
2021/01/19	13,704,000	13,125,915	32,400	545,685	4.16%
2021/01/22	10,118,500	9,749,771	23,862	344,867	3.54%
2021/01/25	10,065,000	9,604,807	23,807	436,386	4.54%
2021/01/27	7,370,000	7,163,644	17,443	188,913	2.64%
2021/02/03	7,380,820	7,198,344	17,384	165,092	2.29%
2021/02/15	10,608,000	10,178,500	25,148	404,352	3.97%
2021/02/19	3,561,400	3,278,042	8,394	274,964	8.39%
2021/02/22	5,079,500	4,909,217	11,981	158,302	3.22%
2021/02/23	805,500	775,140	1,891	28,469	3.67%
2021/03/08	9,925,500	9,382,336	23,378	519,786	5.54%
2021/03/09	14,008,500	13,376,928	33,193	598,379	4.47%
2021/03/09	11,869,420	11,672,570	30,580	166,270	1.42%
2021/03/10	8,570,500	8,286,928	20,283	263,289	3.18%
2021/03/12	6,084,335	5,835,905	15,665	232,765	3.97%
2021/03/17	9,677,500	9,365,155	22,934	289,411	3.09%
2021/03/26	18,415,073	17,507,303	47,427	860,343	4.90%
2021/03/31	66,859,737	75,038,579	172,263	-8,351,105	-11.10%
2021/04/13	4,520,861	4,304,526	11,639	204,696	4.74%
2021/04/19	9,925,800	9,494,044	23,623	408,133	4.30%
2021/04/19	9,400,783	9,155,459	24,217	221,107	2.40%
2021/04/20	14,438,150	13,927,906	34,671	475,573	3.41%
2021/04/23	15,600,808	14,938,162	40,192	622,454	4.15%
2021/04/27	6,525,000	6,228,000	15,457	281,543	4.52%
2021/04/27	9,463,121	9,228,537	24,379	210,205	2.27%

수익실현일	매도금액	매수금액	매매비용	실현손익	수익률
2021/05/10	4,868,467	4,707,121	12,533	148,813	3.15%
2021/05/12	1,263,248	1,205,267	3,252	54,729	4.52%
2021/05/31	24,760,217	24,111,528	63,783	584,906	2.42%
2021/06/03	9,375,850	8,996,482	24,150	355,218	3.93%
2021/06/09	57,711,303	45,483,564	148,697	12,079,042	26.47%
2021/06/18	6,598,006	6,493,410	16,994	87,602	1.34%
2021/06/24	3,944,844	3,710,076	10,156	224,612	6.03%
2021/06/25	28,177,414	21,830,913	72,586	6,273,915	28.65%
2021/06/30	50,335,000	41,705,000	140,598	8,106,291	19.26%
총계	890,981,092	830,195,779	2,244,753	58,157,449	6.79%

　5,000만 원을 투자금으로 투자한 것을 주식 유통 사업으로 생각하고 사업성을 분석해 보면, 매입은 총 830,195,779원 했고, 매출은 890,981,092원을 한 것이다. 일반 유통 사업을 한다면 반드시 필요한 임대료, 보증금, 인테리어, 인건비, 매장운영, 판매 사이트 운영비 등에는 10원 한 장 사용하지 않았지만, 58,157,449원의 당기 순이익을 번 것이다. ROE로 계산하면 116.32가 된다. 전 세계 최고의 ROE를 보여준다고 할 수 있다. PER은 0.86이고, PBR은 0.46, PSR은 0.12이다. 만약 여러분이 투자하고자 하는 종목의 ROE가 115.32, PER이 0.86, PBR이 0.46, PSR이 0.12라고 가정해 보자. 이 종목에 투자를 할 것인지 하지 않을 것인지 생각해 보면 왜 수익 투자 지침에 따라 투자를 해야 하는지 깨닫게 될 것이다.

앞서 설명한 수많은 자료와 실전 투자 결과만을 가지고도 충분히 효율적인 측면이 증명되었다고 할 수 있다. 개인 투자자라면 자신의 인생을 바꾸어 줄 수 있는 명료하고 명확한 수익 투자 지침에 따라 월 40만 원씩 3년 정도만 투자를 해 보면 그것이 얼마나 효율적인지 자연스럽게 깨닫게 될 것이다. 기대수명 83.5에서 100세를 바라보는 시대에서 3년은 결코 긴 시간이 아니지만, 3년 동안 꾸준하게 익혀서 자신의 것으로 만들어 보자.